セーリングクルーザーのシーマンシップ
新装版 スピン・ナ・ヤーン

# CONTENTS

| | | |
|---|---|---|
| | 初めの章 | 6 |
| 01 | 錨は船道具のナンバー・ワン | 8 |
| 02 | 出船入り船一夜の泊まり(1) | 16 |
| 03 | 出船入り船一夜の泊まり(2) | 28 |
| 04 | 錨の綱は頼みの綱 | 40 |
| 05 | 海で行き逢う人々 | 52 |
| 06 | 伝馬を見れば親船が分かる | 60 |
| 07 | ヨットは帆で走ろうよ | 74 |
| 08 | 櫓櫂なき船の… | 84 |
| 09 | シルバーエイジ1人乗りのすすめ | 92 |
| 10 | シングルハンド・クルージングとその装備 | 106 |
| 11 | ボウスプリットと軽風用セール | 122 |
| 12 | ウィンドベーンとオートパイロット | 128 |
| 13 | ヨット暮らしの知恵(1) | 138 |
| 14 | ヨット暮らしの知恵(2) | 152 |
| 15 | 文明の利器もハサミも使いよう　エンジンの工夫いろいろ | 162 |
| 16 | 沿岸ナビゲーションの三つ道具 | 174 |
| 17 | 荒天を乗り切るタクティクス(1) | 190 |
| 18 | 荒天を乗り切るタクティクス(2) | 204 |
| 19 | 古くて新しいナビゲーション　天測航法 | 218 |
| 20 | 海で行き逢う人々(続) | 230 |
| | 終わりの章 | 238 |
| | 著者略歴　ヨット歴と〈春一番Ⅱ〉 | 242 |

セーリングクルーザーのシーマンシップ
新装版 スピン・ナ・ヤーン

ヤーンはロープを構成する一番細い撚りひものことで、ヤーンをたくさん撚り束ねてストランドになり、3本のストランドを撚り合わせてロープができる。現在のような化繊のロープが普及したのは1950年代だから帆船時代のロープはみな麻などの天然繊維だった。手入れにはずいぶん気を使っていたけれども年月がたつと朽ちて弱くなる。そこで古いロープをほぐして、まだ健全な繊維だけを取り出し、それを指先で撚ってヤーンを作った。それを合わせてストランドにし、さらにそれを撚り合わせて雑用のロープにする。軽風のいい日和の暇つぶしの作業で、水夫たちはデッキの日だまりなどにたむろしてこの仕事をする。

# 初めの章

スピン・ナ・ヤーン ● 初めの章

　冗談やら身の上話やら作り話やら、よもやま話がいつまでも続く。作業の性質上、終わる所がない。転じて長々と続く、ホラまじりの無駄話をヤーンと言うようになった。ヤーンを紡ぐのだから、そんな話を続けるのがスピン・ナ・ヤーン（Spin a Yarn.）。

　ヨット道楽は深くて広い。どこまで行っても終わりがない。ヨットに乗り続けて50余年、ヨットの乗り方、道具の使い方、それらシーマンシップの数々をこのヤーンは物語っているが、その背景にある一つのヨット人生の哀歓にも一片の共感を持っていただけるならばとても嬉しい。

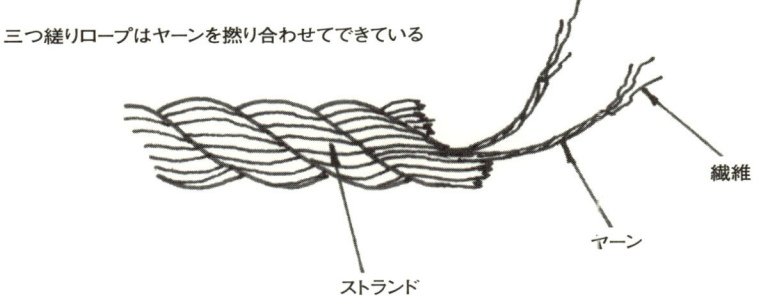

三つ縒りロープはヤーンを撚り合わせてできている
繊維
ヤーン
ストランド

ストックホルム多島海、ウテーの島の教会の沖に停泊する〈春一番Ⅱ〉

# 01 錨は船道具の ナンバーワン

　ヨットで一番大切な道具、それは錨だ。いったん旅に出たら港に入るたびに錨は入れるものと思ってよいし、また潮待ちなどで仮泊する時とか、乗り上げてしまった時に船の姿勢を安定させ、時機を見て引き出しに備えるとか、錨にはたくさんの大切な出番がある。たとえエンジンがなくてもヨットは行動できるが（不便だろうけれども）、錨を積まずにとても港を離れる気にはならない。

　帆船はもともと不確実なものだ。船は帆まかせ、帆は風まかせで、その風はというと、あしたはあしたの風が吹く。この流れ動いてとどまることのない存在を引きとどめ、最低限の確実さを保証するのが錨だ。設備のいいハーバーから日帰りのセーリングに明け暮れしていると、ついこのことを忘れがちだが、それではいけないと思う。

　　　　　　　＊

　スコットランドに恐ろしい潮波と大渦巻で知られる水道がある。領地の争いだったかがあって、デンマークの若い領主がその水道に錨泊することになった。3日3晩その場所にとどまったら彼の勝ちという協定になったのだ。彼は本国の領地の娘たちに呼びかけて、一束ずつの髪の毛を供出してもらった。それは娘のでなければならなかった。

　若い領主を思う娘たちの真心を秘めた錨索は、その恐ろしい錨泊によく耐えた。しかし3日目の夜に西風が唸りをあげて水道に吹き込んで来た時、ついに1本の金髪が

切れた。その娘は本当は娘ではなかったのだそうだ。その1本が切れたために、他の髪の毛も1本また1本と切れていった。そして船も領主も乗員もすべては暗い北海の藻屑と消えたという。ヴァイキングたちの錨に対する祈りにも似た思いがこんな伝説を生んだのだと思う。帆船における錨とは、そのようなものだ。だから錨は何よりもまず、確実に利いてくれなければならない。これが錨の選択の出発点だ。

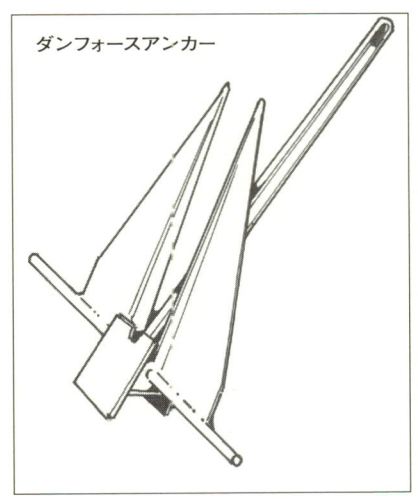

ダンフォースアンカー

## ダンフォースアンカー

ダンフォースアンカーはおそらく今、わが国のクルージングヨットに最も普及している錨だろう。だからいかにも異を唱えているようで具合が悪いのだが、あえていうと私はダンフォースしか積んでない船で1泊以上の巡航に出かける気にはなれない。チェーンを付けたダンフォースは泥はもちろん、たいていの砂にも一応は食い込む。問題は大きい力がかかって引き起こされたあとだ。いったん抜けて滑り出したらまるでそりのように海底を滑って食い込まない。それまでよく利いているぶん、突然滑り出すので始末が悪い。

最も絶望的な状況は海底の沈木とか石などを爪と幹（シャンク）の間にくわえ込んだ時に起こる。引き起こされると反転して変なものをくわえ込むと、爪が下向きにならない。この点はダンフォースに限らず爪がシャンクに対してある角度回転して海底に食い込む形の錨の共通の欠点だ。それから海草の多い海底でダンフオース型が無力なことはよく知られている。

私はダンフォースまたはその類型を次々に試みていた7年間に7回走錨した。たいていは海底の石ころなどをくわえ込んで上がってきた。年に1回走錨してはたまらないから、以後この種類の錨は常用

しないことにした。考えてみるとずいぶん長い間ヨットに乗っているが、ダンフォース型以外の錨ではそんなに派手な走錨をやったことは1度もないように思う。

*

ダンフォース類がだめならクラシックに逆戻りするか、CQR型またはブルースアンカーなどになる。まずクラシックのほうからいこう。

## 西洋のクラシックはフィッシャマン（漁師）アンカー

これはストックアンカーとかアドミラルティ（海軍）アンカーという名もある。錨のマークでお馴染みの典型的な西洋錨で、彼らの間では"昔ながらの頼りになるヤツ"という意味の愛称がある。ダンフォース類は海底に食い込んだ広い爪の面積で力を出すのに対して、こちらはのびのびとした長い腕を海底深く差し込んで、その深さで力を出す。したがって重量あたりの最大保持力では"面積型"におよばないものの、引きずられだしてから後も大きい抵抗を示す。復原力にたとえば、ダンフォースはカタマランで、フィッシャマンはスラックビルジの重排水量型というところだ。こうい

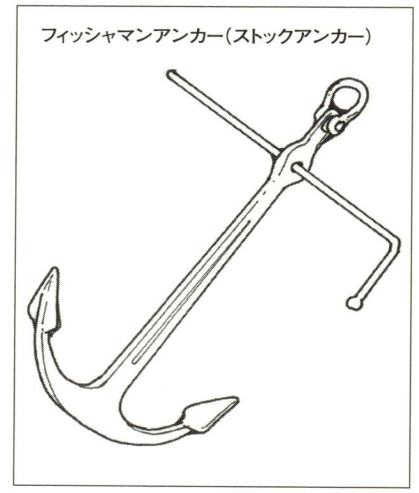

フィッシャマンアンカー（ストックアンカー）

う最後まで抵抗を止めない、粘り強い錨は頼もしい。引け出しても他に手を打つ余裕がある。海草に覆われた海底とか、石コロだらけの礫浜など、ダンフォースではどうにもならぬ底質にも効果がある。もっとも礫浜は、いずれにしても安心して錨泊できる場所ではないが。

*

問題は格納方法で、そのために多くのストックアンカーでは使わない時にストックを引き抜いてシャンクに沿わせ、全体を平らに置けるようにしてある。ヨーロッパの帆船でよく使われたブライリングシーファッションというのは船首舷側にシャンクをほぼ水平に、爪を船尾側にして横抱きにする。爪とシャンク

のまじわるT型のところを舷縁にロープで止める。錨索をいっぱいに引きこむと錨はしっかりと横抱きされる。機帆船などの船首外舷に付いている青竜刀のような形の当て板はこれをする時の擦れ止めの名残りである。本来、すぐ投錨できるための一時的な格納方法だが、たとえばスローカム船長などは全航程これに近い方法で通しているようだ。

## 唐人錨

西のフィッシャマンに対応するわれわれのクラシックは唐人錨だ。"当仁"とも書くが、そのいわれは定かでない。例の太いカンザシを打ちこむ角断面の2爪和錨で、姿

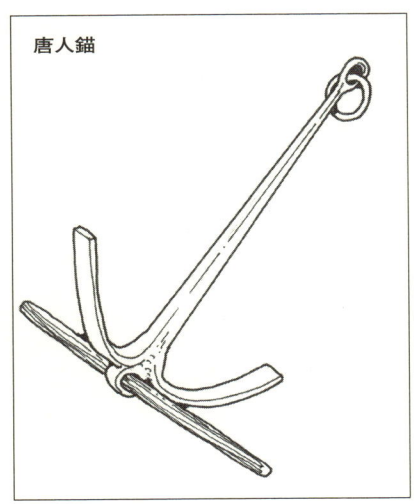

唐人錨

はあまりヨット向きでないかも知れないが、これこそ昔ながらの頼りになるヤツだ。性質はフィッシャマンと大変よく似ているが、食い込んでからの安定がさらによいように思う。格納も便利で、船首ローラーに引き込んでおくと一挙動で投錨できる。爪を上にして船尾パルピットにもよく収まる。どちらにしてもストックが先に付いているだけフィッシャマンよりは収まりがいい。

価格もぬきんでて安く、クルージングに出かける時に一つ積んでおくのもいい考えだ。

## CQRアンカー

ところでクルーザーの錨として長年最良とされてきたのはCQRだと思う。図に示すような鋤型の錨でねばり強さにおいては唐人やフィッシャマンに劣らず、重量あたりの保持力（海底をつかんで離さない力）はずっと大きい。爪の一方が海底に突き出すことがないから、潮の変わり目などに錨綱が緩んでこれに巻きついて錨を引き起こす恐れもない。英国のG・テイラー（とても偉い物理学者だが）の発明でほぼ世界的な定評がある。この

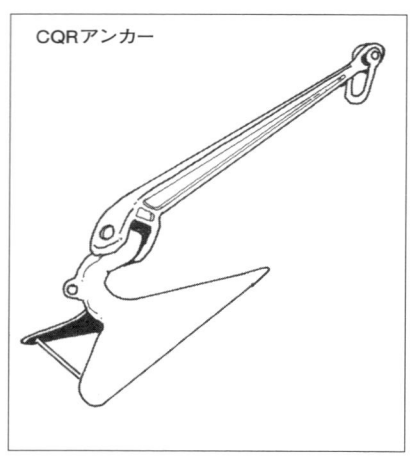

錨の曲面やら寸法比率は微妙で、少しのことでまったく食い込まない類似品があるらしいから、この点は気を付けなければならない。

　この錨も格納が問題で、こいつの首の振り方は何とも珍妙なのだ。揺れるデッキの上を提げて回っていると、いつか必ず怪我をする。きっとあんな首の振り方をするから、海底ではあんなふうにうまくクルッと引っくり返って食い込むのだと思うが。だからこの錨は船首ローラーに引き込んでおくに限る。船首ローラーはクルーザーにはぜひ付けたいものと思う。

　CQRに対するもう一つの問題として南海のサンゴ砂に食い込まないという点がある。私はもっぱら本で読んだだけだが、大多数の意見はたまにそうなることがある、ということらしい。サンゴ砂のことだから特別固く締まった底質もあるのだろう。そうなるとやはり唐人かフィッシャマンだと思う。しかし数え切れないヨットがCQRを常用して南海の楽園を巡航しているのは事実なので、結論はそういう底質のためにフィッシャマンか唐人錨も積んで行くべしということらしい。だいたい、すべての底質に最良の錨はないのだから、長い航海をする船は、少なくとも2種類の錨は積むべきなのだ。

## ブルースアンカー

　近年CQRと並んで評判の高い錨にブルースアンカーがある。これをイギリスの雑誌で初めて見たのは1980年頃だったと思う。今までのどの錨ともまったく違う形だが、なるほどいかにも利きそうだし、そ

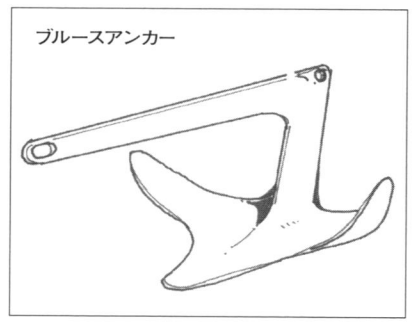

スピン・ナ・ヤーン ● 錨は船道具のナンバー・ワン

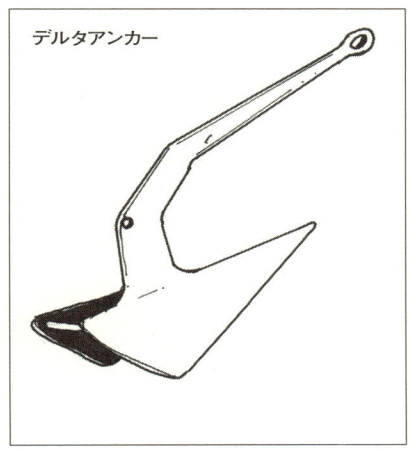

デルタアンカー

れに頑丈な一体構造で動く部分がないのも魅力があった。しかし錨のことだからと評価が定まるのを待っていたが、どうやらその後の評判もよい。そこで87年の北欧巡航に出る前に10キロの品を1本買ってずっと副錨に使ったが、いつもよく利いていい錨だと思った。

ところがその後瀬戸内の小さな漁港で船首着けの船尾錨に使った時のことだ。錨綱を引いて手応えを確かめるのにどうも頼りない感じ。友だちと待ち合わせをしていて時間もたっぷりあったのでテンダーを下ろしてのぞきに行った。透き通った水でよく見えたが、固く締まった砂まじりの海底にブルースがゴロッと横に転がっているが食い込んだ形跡がない。船に戻って錨綱を引くと一応の手応えはあるが、いつまでも動く。もう一度のぞきに行くと、横に転がったまま海底を引きずられた跡が見えた。いったんテンダーに上げて、もっと遠くに入れ直してみたが同じ。静かな日和だし、一応は利いているからそのままにしたが、こんなこともあるのかと勉強になった。しばらくしてやって来た鈴木邦裕さんにこの話をしたら、「ブルースは爪の下側に左右一対の小さな鰭(ひれ)を付けると食い込みますよ」と教えられた。横に転がった時に海底に当たる辺りに、引く方向に対して45°の向きに付けると、これが引っかかりになって、そちら側の爪から食い込んでいくそうだ。

*

それと、このときのブルースは10キロだったが、これが15キロだったら食い込んだかも知れない。固い砂や海草の多い海底では、ある程度以上重い錨でないと最初の引っかかりが悪く、食い込まないきらいがある。これはブルースでもCQRでもダンフォースでも何でもそうで、要はある程度重量がないと海底に傷を付けずにフンワリ乗ってしまうからいけないのだと思

## 錨の大きさの標準

　船の大きさ別に積むべき錨の大きさについてはたくさんの資料がある。表1-1に示したのはヒスコックの教科書（E.C.Hiscock：Cruising under Sail, Oxford University Press, London）、アメリカの大手ヨット備品ディーラーのカタログに付いているウェスト・アドバイザー（West Adviser、これは錨に限らず備品一般の非常によい資料）、そのほか2、3の資料をもとにまとめてみたもので、一応の目安になるだろう。市場にあるカタログなどにこれよりも相当小さい数字を示しているものも見られるが、私は安心できない。それなりの根拠はあるのだろうが、あるいは泊まりがけのクルージングまでは考えてないのかもしれない。

　この表の数字はそのヨットの一番大きい錨、すなわち主錨の値で、副錨はこのワンランク下でもよいといわれている。私は週末クルー

う。E・ヒスコックもD・ストリートもこの限界は30ポンド（13.6キロ）で、ダンフォースもCQRもこれより軽いものは食い込まないことがあると言っている。泥や軟らかい砂ならこの問題はないのだが、そんな底質ばかりではないから長い旅をするヨットは15キロ以上の錨を1本は積むべきだと思う。

*

　ここまでのダンフォース、CQR、ブルース、それにクラシックのフィッシャマンや唐人錨のほかにも、最近ではいろいろな新型の錨が次々に考案されている。なかでもイギリスのシンプソンローレンス社から売り出されているデルタアンカーはCQRとブルースの特長をあわせもつ感じでなかなか評判もよいようだ。しかし何といっても錨というものは船の生命を預ける道具だけに新しいものの使用には十分慎重でありたい。

**表1-1　錨の装備標準（主錨）**

| ヨットの全長 | CQR | ブルース | ダンフォース | フィッシャマン／唐人 |
|---|---|---|---|---|
| 8mまで | 25ポンド（11キロ） | 10キロ | 20ポンド（9キロ） | 17キロ |
| 8m～11m | 35ポンド（16キロ） | 15キロ | 30ポンド（14キロ） | 25キロ |
| 11m～13m | 45ポンド（20キロ） | 20キロ | 40ポンド（18キロ） | 35キロ |
| 13m～15m | 60ポンド（27キロ） | 30キロ | 65ポンド（30キロ） | 45キロ |

注：中／重排水量クルーザー用、普通の日和に常用する副錨はワンランク下のものでもよい

ジング以上の旅に出る船は主副2錨は必ず持たねばならないと思う。参考までに排水量3トン、全長7.7メートルの初代〈春一番〉の標準装備は唐人錨15キロ、11キロ各1本、ダンフォース改良型8キロ1本だったが、現在乗っている〈春一番Ⅱ〉、全長約10メートルではCQR35ポンド1本、25ポンド1本、ブルースアンカー10キロ1本に加えて予備に組み立て式フイッシャマン12キロ1本を船底に積んでいる。

\*

　錨索については、わが国ではあまり見かけないが、英国はじめ北海沿岸では全部チェーンを使う船がまだ結構いる。世界規模の航海をするクルーザーにもこれがよく見られる。鎖なんかと思うけれど、そうでもない。走る時はバラストになっているし、引き込めばロープと違って勝手に収まってくれる。何よりも頼りになる。8メートル以上のクルーザーなら鎖のほうがむしろよいかもしれない。

　鎖を使うなら、8メートル以上の船では揚錨機（ウインドラス）が欲しい。シンプソンローレンスなどのレバーを前後に動かすものが一般的だが、マストのグースネックあたりの高さに取りつけてウインチ式にグルグル回す形式もなかなかよい。ワーピングエンド（ろくろ）を付けて多目的のウインチと兼用することもできる。これらについてはまた10章の終わりのほうで述べている。

スピン・ナ・ヤーン●錨は船道具のナンバー・ワン

# 02 出船入り船 一夜の泊まり(1)

　見知らぬ港に入り、船をつないでほっと一息、晩のおかずを買いに岸へあがる。道で話しかけて来た漁師のオッチャンや店のオバチャンと立ち話をする……。沿岸のクルージングでは毎日のようにある場面だ。

　立ち話のほうはさておき、初めての港は千差万別。そこへどんな具合に進入し、安全に、そしてなるべく人の迷惑にならぬよう一夜の泊まりを決めるか、これはクルージングシーマンシップの大切な一部だ。日本沿岸のクルージングを念頭においてそんな話をしてみようと思うが、これはとりわけ経験的な要素の多い主題で、したがって1人1人、かなり流儀が違う。私のやり方も何かの参考にしていただければありがたい。

**初めての港はまず一回り**

　最初のポイントは、初めての港へ入ったらまず様子を見て回る。微速で流しながらどこかよさそうな場所を探す。漁船や岸壁などにそれらしい人を見かけたら近づいて声をかけてみる。「オッチャン、このヨット一晩泊まるとこ、ないかなあ？」とか、近ごろでは「ちょっとお邪魔しますが、この港でどこか……」というような言い方も、場所にもよるけれども、あまり違和感はないだろう。若い漁師などはこのほうがよいかも知れない。

　　　　　　＊

　エコーサウンダ（測深器）はクルージングヨットの必需品だと思うが、この装置はこの初見の港一回

りにも大いに活躍する。小さい港の常で水深が十分ではないかも知れないが、初めての所でよく分からない。海図にも隅々までは出ていない。この時、エコーサウンダを入れたまま動き回ると、このあたりは浅くて要注意だとか、ここは錨を入れるのにちょうどよい水深だとか、いろいろ情報が得られる。それに、こうしていれば乗り上げの危険は大方避けられるから、安心して様子を見て回ることができる。

\*

ついでながら、この港内一回りを帆走でやれるようになれば、シーマンシップも中級の域に達している。そんなことは論外の港もあるけれども、私の経験では日本沿岸の大部分の港では可能と思う。何よりもいいのは静かだから相手の言うことがよく聞こえる。

大切なことは舵の自由がきく最低速力を保つことで、船を止めてしまってはいけない。それとジブの裏帆を上手に使うことで、ブレーキをかけながらの急回頭とか、いろいろ応用がある。ただし大きいジブは禁物で、ハイカットのヤンキージブなどはよい。それがファーリングになっていれば理想的だ。たとえば狭い港内でスピードが出過ぎると思えば巻いてしまってメインセールだけでゆっくり走っておき、急なタッキングなどで必要になれば1〜2秒でジブが使える。

\*

港内では帆走禁止じゃないですか、といわれることがあるが、国の法令に関するかぎりそれはない。港則法やその施行規則には、港内では帆を減らして走ること、とか特定港（少し大きい商業港と思えばよい）の航路のなかでジグザグに帆走してはいけない、とは書いてあるが全面的に帆走を禁ずる規則はない。もちろんこれは常識やマナーの問題でもあって、神戸とか関門港のようなところでは普通は帆走しないほうがよいと思う。また保安庁の船などから帆を降ろしなさいと言われたら、海の上で法律論争などしても始まらないから素直に従うことにしている。しかし"すじ"を言うならばこういうことなのだ。だから私たちが普通に出入りするような漁港などでは、自分が大丈夫と思えば帆走してよい。またそれだけの帆走の腕前を持っていたいものだ。

ここでもマナーは大切で、たとえば向こうから漁船が出てきたら水路

の右側に寄り、ジブの風を抜くなりしてやりすごすとか、そんな心づかいは持っていたい。なんといってもこちらは訪問客なのだから、そこの主人である地元の船や人には敬意を払い、行儀よく振る舞うのは当然だろう。それにはそれなりの腕前も要るわけだが。

*

元へ戻って、船を着ける適当な場所だが、一般論として港の中心部、したがって最も便利な場所は避けるのが賢明だ。例えば魚市場や漁協の前などは、様子を聞くための短時間の係船は別にして、適当な場所ではない。往々にしてその対岸にあたる防波堤の内側はよい候補地だ。また地元のヨットや遊漁船などが係船している付近に空きがあれば、そこもよいことが多い。

*

ところで現在日本のヨットは、母港では桟橋に係留していることが多いかと思う。しかし旅に出たら横着けにこだわらないほうがよい。桟橋への横着けは一番便利にはちがいないが、旅先ではそれができるとは限らない。連絡船の桟橋などが空いていても、明朝何時には船が入って来る、などということで気ぜわしい。悪くすると迷惑をかける。近所に親切な船がいて、「うちの船に横抱きせいよ」と言ってくれればありがたいが、こちらから頼んで他人様の船に横着けさせてもらうのは、あまりシーマンらしくないと思う。

横着けでもうひとつ困るのは自分の船が汚れたり傷がついたりすることだ。ヨットハーバーの桟橋はヨット用にできているからよいが、旅先で泊まるのは一般の地方港湾か漁港が大方だから、桟橋や岸壁も無骨なものだ。フェンダーも煤けた古タイヤなどがぶら下げてあったりする。だから地元の人が打つなと言わないかぎり、私は岸壁に横着けする時には、ほぼ真横にビームアンカーを打つことにしている。ビームアンカーの打ち方はまた後で書くつもりだ。

*

こうして一回りして様子が分かり、船をつなぐ場所も決まったら、いったん港外か広い所へ出て、落ち着いて入港の準備をする。もやいロープ、錨、フェンダー、それに、どんなにして係船場所まで持っていくか、その段取りをもう一度考えてみるのもよい。それからエンジン微速なり、あるいはメインセールを降ろし

てジブ1枚とかで進入していく。クルージングのなかでもとりわけ胸のおどるひとこまだ。

## 港で錨を入れるには

横着けにこだわらないほうがよいとなれば"船尾錨の船首着け"か、"沖がかり"になることが多い。どちらにしても錨を打たなければならないし、横着けでも相手が岸壁ならビームアンカーが欲しい。そんなわけで港へ入れば原則として錨を入れるくらいに考えることだ。それを面倒がってはいけないと思う。

港で錨を入れると他船の錨綱とか、そのほかいろんなものに引っかかるのはたしかに問題だ。だからなるべく錨は入れないという人もいる。この解決策は二つあって、一つは"アンカーブイ"、もう一つは"双

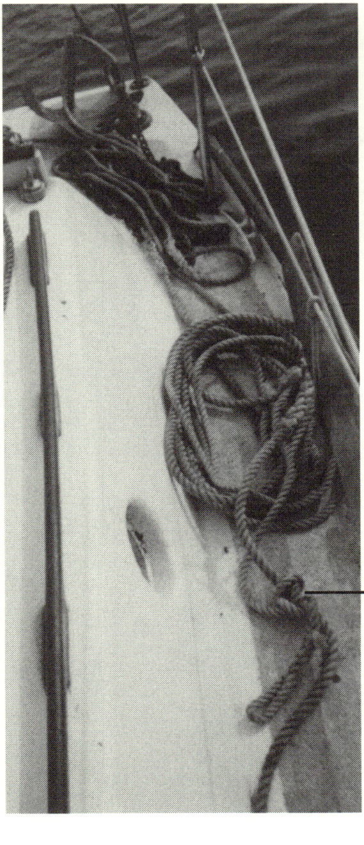

図2-1 "双綱"を付けたブルースアンカー

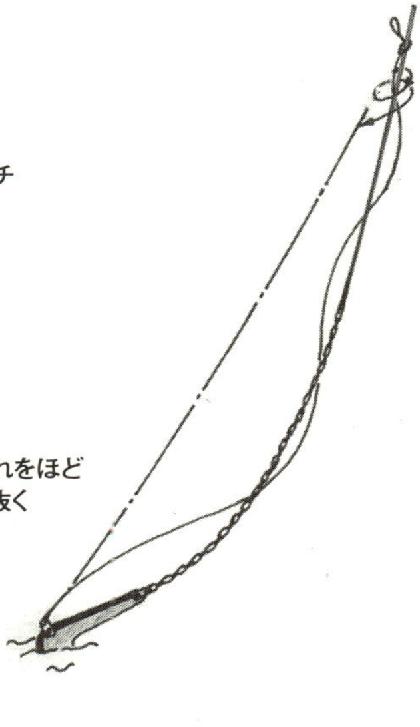

ローリングヒッチ

"双綱"のよじれをほどいて錨を引き抜く

綱（ふたづな）"だ。どちらも錨の頭（クラウン、日本の漁師は"かしら"という）から水深より少し長い別のロープを取っておいて、錨が引っかかったらこのロープを引けば、まず確実にはずれる。

　CQRやブルースなど、たいていの錨には爪の真上のあたりに孔があけてあるが、あれはこのロープを取るためのものだ。特に引っかかってなくても、錨を上げる最後の段階でこのロープを引いてやると、手ぎわよく引き抜けて楽だ。このロープの端に付ける小さな浮きがアンカーブイで、必要な時にボートフック（爪竿）で拾い上げる。

　ロープを双綱にするには、それを少したるませながら本来のアンカーロープに沿わせて手前に引いてきて、端をアンカーロープの途中にローリングヒッチで止める（図2-1）。アンカーロープを上げてゆくと、この結び目が手元まで上がってくるから、双綱のほうを引けば錨は外れる。ブイは港内では他船がプロペラに巻くことがあるから双綱のほうがよい。双綱がアンカーロープに巻きついて上がってくることもあるが、そのときは図右下に示すようにしてほどいてから錨を引き起こせばよい。

そんなこともあるので、天然の泊地などの広いところではブイのほうがよい。錨の位置も分かる。私はデッキに出してある錨には常時15メートルばかりのロープを頭に付けておき、状況に応じてブイを付けたり、双綱にしたりする。どちらもなしに錨を入れることはしない。これをしておけば港で錨を入れるのを怖がることはない。もちろん他船やポンツーンなどの錨綱が延びている方向に注意して、なるべくクリアな所に錨を入れるのは常識だけれども。

## 船尾錨の船首着け

　船尾錨の船首着け、いわゆる"入り船つなぎ"は日本沿岸の港でおそらく最も多用する係留法だろう。主な錨は船首にあるし、逆の"出船つなぎ"のほうが格好もよいのだが、多くの港では岸壁の近くが浅く、捨て石などがあることも多い。ヨットの船尾には深い舵があるから、これを危険にさらしたくない。船首の吃水はずっと浅いから、引き寄せて船首から岸壁へ渡れるくらいにしてもまず大丈夫だ。そんなわけで入り船つなぎになる。

＊

　場所を決めたら岸壁から40メート

### 図2-2 ロープの投げ方

一端を船に仮止めし、もう一方の端から5〜6回ずつ巻いたロープをそれぞれ両手に持って、左右一緒にアンダースローで投げる

てくれる人がいるかもしれない。

　こんな時にロープを投げるには、まずロープの一端を船に仮止めし、もう一方の端から5、6回ずつ巻いたものをそれぞれ両手に持ち、左右一緒に普通はアンダースローで投げる（図2-2）。ロープを両手に分けて巻かずに一体のままで投げると、よく途中でからんで岸まで届かない。こうして岸壁に近づいていく前に、ロープのほかに爪竿（ボートフック）を船首ですぐ使えるよう準備しておく。岸をつかまえそこねた時、これで引っかけて引き寄せることができるかも知れない。竿の先に特別なフックを差し込み、それにロープが付いていて、近づいたらそれを伸ばして岸壁のリングなどに引っかけ、竿を引き抜くとロープが取れる仕掛け（図2-3）は便利だが万能ではない。陸側に対応するリングなどがないこともあるからだ。

ルくらい離れた所まで微速で近づいて、双綱を付けた錨を入れる。普通の港では水深3〜5メートルだから40メートルでよいが、水深が深ければもっと離さなければならない。さらに微速で岸へ近づき、場合によっては途中から前進惰力だけで進む。船首が岸壁から数メートルのあたりでいったん錨綱を張ってブレーキをかけるが、船を完全には止めないように。再び錨綱を緩めながら近づいて、陸からロープをまず1本取る。1人が陸へ跳び移ることもあるし、誰か陸でロープを取っ

### 図2-3 ボートフックの先に付ける"もやい取りナスカン"

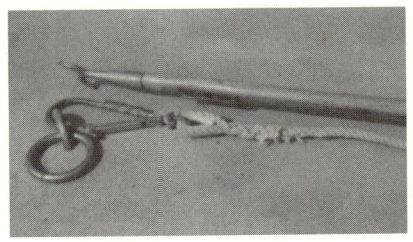

もうひとつ進入に先立って、普通は両舷にフェンダーを吊るす。船と船の隙間に入って行くことも多いからこうするが、ガラ空きならこれはいらないこともある。次に、船首からもう1本ロープを陸へ取って、船首のもやい綱を左右V字型に張ると、船の横移動が少なくてよい。船尾の左右位置は錨綱を取る舷を替えればある程度調節できる。左右に他船がいれば、フェンダーの高さと前後位置を調整する。船尾錨のロープは浅い角度で延びているだろうから、他船の交通妨害になるかも知れない。その恐れがあると思ったら錨綱にスナッチブロックをかけ、それに8ミリくらいの細いロープを付けた重り(10～15キロ)を吊るす。細いロープを繰り出していくと錨綱が沈んでもう安心だ(図2-4)。細いロープは水深プラス舷の高さくらいの長さに延ばすとよいと言われている(4章参照)。最後にロープに擦れ止めの布切れなどを巻いてできあがり。なお眠る前に錨綱を引き、船首ロープを延ばして船を岸壁から少し離しておく。船首ロープを力いっぱい引いても、船首が岸壁から2メートルは離れているぐらいがよいだろう。これはもちろん日和の安定ぐあいとか、その場所の水深、潮の干満の差などにもよるけれども。

　　　　　　　＊

　係船場所への進入は普通はエン

**図2-4　自分の錨ロープが交通妨害になりそうだったら**

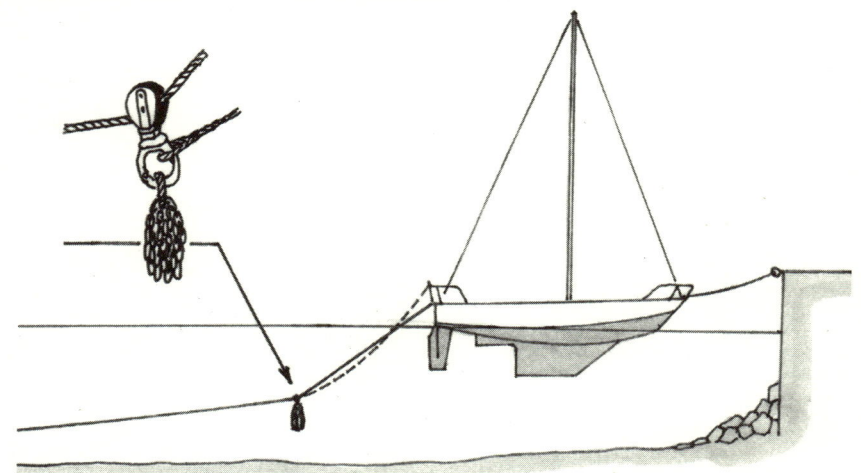

ジンでやるだろうが、慣れてくれば帆走で全部こなすのも気分のよいものだ。進入コースがアビームから船尾寄りで、風速が毎秒10メートルくらいまでなら、ファーリングジブ1枚だけでシングルハンドでも危なげなくやれる。船速が出すぎないよう、しかも舵が利いて船が横のほうへ持っていかれないくらいの速力を保つようにジブを調節し、錨を入れて間もなくジブを巻き取ってしまうくらいでよいことが多い。

　風が岸壁のほうから吹いている時にはエンジンを使ってもセーラーの名はすたらないと思うが、岸壁の付近が混み合っていなければ帆走でもやれる。この場合には錨は打たないで風上岸壁へ横着けする形で接近し、船首から長いロープを1本陸へ取ってから沖へ流し出して錨を入れる方法がある。あるいは船を岸壁に仮り着けしておいてテンダーを下ろし、それで錨を打ちにいくのが着実な手順だ。

## それでも錨が引っかかったら

　さあ出港となって、錨綱を手繰って錨のほうへ船を持って行く。風が強い時、船の出入りの激しい所などではエンジンをスタンバイして

おくのもよいだろう。

　港の中や岩場の点在している泊地などでは、錨ではなく、アンカーロープの途中で何か海底の突起物に引っかかっていることがある。この状況で錨綱を上げていくと、本来錨を入れたのと別の所へ船が向かうので、たいていすぐ分かる。そしてこの引っかかり方は多くの場合単純な形なので、船を引いて近づく過程で外れることもあるし、そうでなくてもその真上まで行ってロープを張ったり緩めたり、少しシャクってやったりするとほとんどは外れる。それで駄目ならこれから述べる、錨本体が引っかかった時に準じた処置になる。

　船を引いて錨の真上まで来た。ブイを拾うか、または双綱を手に取ってグイと引く。普通はこれで錨が引き起こされて上がってくるから、手早く取り込むと同時に船をしかるべき方向に動かす。エンジンなりセールなり、その準備ができてから錨を引き起こせばよい。

　この段階で時たまあることだが、錨の頭のロープを力いっぱい引いてもとてもじゃないが抜けないという手応えだったら、錨が何か悪いものに捕まっている。慌てないで、

図2-5 パルピットにスナッチブロックを付けて、錨網をシートウインチで引いている

頭のロープをいっぱい引いてクリートでもパルピットでもいいから止める。そして今度はアンカーロープをいっぱい引く。シートウインチを使うのはよい方法だ。それにはパルピットにスナッチブロックを付けて、アンカーロープをシートウインチへ適切な角度でリードすると具合がよい（図2-5）。

スナッチブロックは短い別のロープで止める。アンカーロープがピンと張ってから、さらに1メートルも2メートルもウインチで引けるようなら、重いロープか何かを吊っている可能性が高い。頭のロープが少し緩んでいたらいっぱいに引いて止め直す。そうしておいて、張りのかかっている錨のロープを急に緩めるのだ。シートウインチを使っているなら、巻胴（ドラム）に巻いているロープを手早く一気に外す。これを2、3度繰り返していると手応えが急に軽くなって、どちらのロープもスルスルと引けるようになる。こうなればしめたものだが、一方で船はもう流されるだけなので、帆なりエンジンなりで体勢を立て直さなければならない。普通はいったん風上に立てて、アンカーロープを全部取り込んでから走り出すのがよい。エンジンを使うならアンカーロープを流してプロペラに絡ませないようにする。このアンカーロープをウインチで強く引いておいて急に緩める操作は、頭のロープ（ブイや双綱）がなくてもうまくいくこともある。だからさっきの手が駄目だったら、今度はわざと頭のロープを十分緩めておいて同じことをやってみる値打ちはある。普通は頭のロープを張っているほうがよいことが多いようだが。

スピンナ・ヤーン ● 出船入り船 一夜の泊まり（1）

　強く張ったアンカーロープを急に緩めることを2、3度やっても効果がなければ、今度はウインチで引ける所までアンカーロープを引き上げてみる。捨ててあった太いワイヤーとか錨などが自分の錨と一緒に上がってくることが多い。私は一度、宇和海の峡湾の十数メートルの海底から農作業用のリヤカーを釣り上げたことがある。腕が抜けそうだった。とにかくリヤカーに手が届く所まで錨綱を引き上げて止め、別のロープをこの邪魔ものの下をくぐらせてこちらの船に止める。いわゆる"いってこい"のループ式にしておいて一方の端を離したら外れるようにしておく。あとは自明だが、こちらの錨ロープを緩めて邪魔ものの重量を後から付けた"いってこい"ロープにあずける。錨を離して取り込む。"いってこい"ロープを外してサヨナラ。

　この時マナーの上で大切なことがある。もし吊り上げたものが他船の、今生きている錨だった時だ。そのまま"いってこい"ロープを離してサヨナラしたらその船の錨ロープはたるんでしまい、岸壁に当たったりするかもしれない。この時ばかりはエンジンの出番だ。先方の錨を"いってこい"ロープで吊ったまま徐々に回転を上げて張りをかける。アスターンでやることが多い。また"いってこい"ロープ全体をかなり長くするほうがよい。ロープの方向からどの船のものかたいてい分かる。"いってこい"ロープの一方の端はすごい力がかかっていてもすぐ外せるよう、ビットなどに数回巻いてから手で持つか、クリートしておく。十分張りをかけてから回転を少し落とす。先方の錨がこちらの"いってこい"ロープともども水面下に消える。張りがかかったまま沈んでいくように回転を調節するのだ。そして最後にこちらのロープを離す。もし向こうの船やその近所に人がいたら、一度スローで接近して「どうもご迷惑かけました」とか一言挨拶するのもよい態度だと思う。先方はこちらのしたことを見ていて理解しているはずだ。

＊

　今までの二段階どちらも駄目ということは、ウインチで引ききれないくらい引っかかりが重いということだが、こうなったら、いくらか乱暴だがときどき漁船がやっている方法しかあるまい。アンカーロープを水深の1倍半かそこら延ばしてがっちり

止め、エンジンで前進後進を繰り返して船の慣性とエンジンの推力で錨をシャクリ起こすのだ。いろいろな方向にやってみるのもよい。錨の頭から引いたロープがあれば、それも錨網と同じくらい張っておく。漁船はブイも双綱も付けてないことが多いので、この方法で錨を引き起こして出港していくのを見かけるが、あまりヨットらしい操船ではないと思う。また他人の錨を引き起こしたままにする恐れもある。だからなるべく使わないほうがよいと思うが、最後の手段としてかなり有効なことは確かだ。

しかし結論的にいうならば、アンカーの引っかかりトラブルを避けるには錨の頭から取るロープが一番で、これをアンカーブイか双綱かにしておけば、トラブルの大方は防げるものだ。

\*

それからこれは引っかかりではないが、自分のアンカーラインが他船のアンカーラインで抑えられると錨が上げられない。この状況は後から入って来た他船がこちらのアンカーラインに交叉する形でアンカーラインを張った時に起こる。私の経験ではこれをするのは比較的大型の

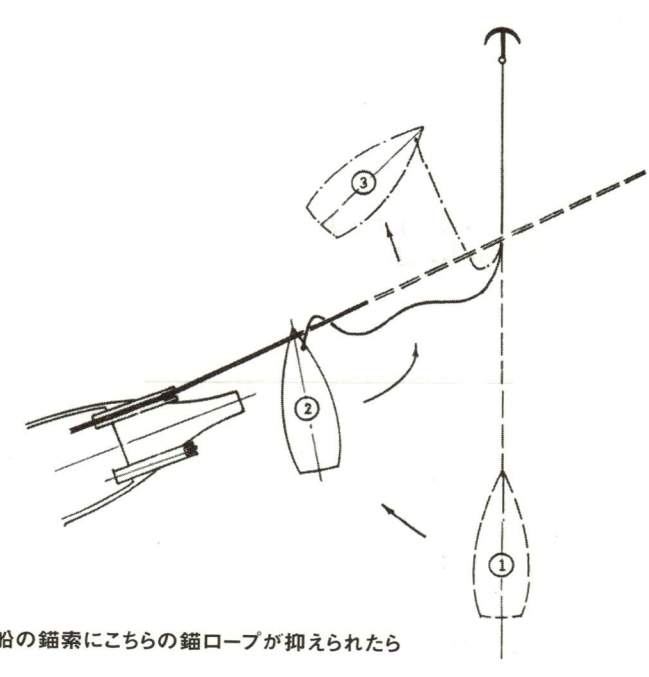

**図2-6 後から入った船の錨索にこちらの錨ロープが抑えられたら**

漁船が多く、ロープも太いし、ラインにワイヤーを使っていることもある。この状況から錨を上げて出港するには一工夫要る。

こちらのラインを抑えた船が1隻だけで、そして風もたいして吹いていなければ、一番簡単な方法がある。こちらのアンカーロープを適当に引きながら機走してその船に近づく。櫓を押していってもよい。先方に人がいれば合図しておいて、一時、先方のアンカーロープをつかまえ、自分のロープをクリートから離して先方のロープの下から上へ自分の錨の側を回してから再びクリートに止める（図2-6）。これでこちらのロープは先方のロープの上を通ったことになる。簡単な理屈なのだが、その場で頭が混乱して反対に回したりすると悲劇だ。こちらのロープは先方のロープを一巻きすることになる。

さて間違いなく回してクリートに止めたら、先方のロープを離し、こちらのアンカーロープを手繰りながら沈んでいる先方のアンカーロープを越える。もしかすると沈んでいる先方のロープが海底でこちらのロープを抑えているかもしれない（図2-6）。しかしもう大丈夫、少し強く引けば外れて、こちらのロープは錨までまっすぐに延びる。

この方法は先方の船のすぐ近くまでこちらの船を持っていくので、風が強かったり波が入っていたりすると接触の恐れがある。もっとオーソドックスで安全な方法はテンダーを使うことだ。もし、しばらくこちらのアンカーロープを緩めてよい状況なら（横の船に一時もやいを取らせてもらうとか）、アンカーロープを離して全部テンダーに積んでしまう。先方の船まで漕いでいき、テンダーごと先方のロープの下をくぐる。沈んでいる先方のアンカーロープの上を越えて返ってくれば、こちらのアンカーロープは先方の上を渡ったことになる。

こちらの錨がよく張っていて緩めるわけにいかない状況だと、面倒だがもう一つ予備のアンカーをテンダーで打って、しばらくそちらに船をあずけることになる。こんな場面でもしっかり積めて、しっかり漕げるテンダーが活躍する。台風避泊などでたくさんの漁船と一緒に密集して係留する時などは、何十本というラインが自分のアンカーロープの上を交叉する。こんな状況からの出港は、今述べたテンダーなしにはとても考えられない。

# 03 出船入り船 一夜の泊まり（2）

## 横着け

旅に出たら横着けにこだわらないほうがよいとはいうものの、空いている桟橋などがあって横着けできれば、その魅力には抗しがたい。何といっても手早いし、陸へ行くにも便利だ。桟橋では普通ビームアンカーを打たないから一番簡単で、斜め45°くらいの角度で微速で進入し、最後の段階で船を桟橋に平行にしてアスターンをかけて行き足を止める。マストの真横あたりからロープを桟橋へ取り、手早く引き締める。重い船ではシートウインチを使うのもよい。よく船首のロープをまず渡しているのを見かけるが、そうすると船首が桟橋に引き寄せられて当たり、下手をすると船尾が大きく離れてしまう。船尾をまず取ると逆になって、おそらくもっと悪い状況になる。

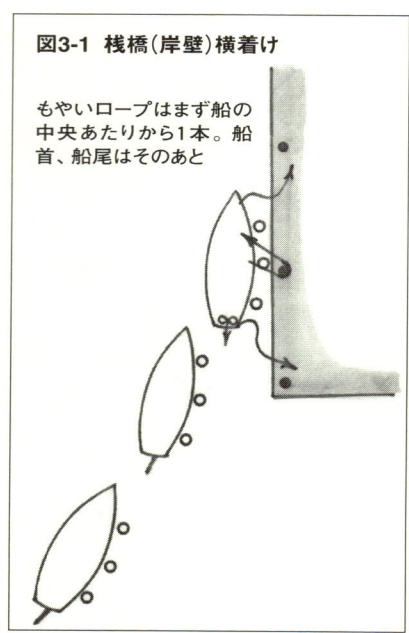

図3-1　桟橋（岸壁）横着け

もやいロープはまず船の中央あたりから1本。船首、船尾はそのあと

船の長さの中央あたりからの１本を引き締めると、船は桟橋にほぼ平行に停止する。もちろんフェンダーは前もって入れておく。次に船首、続いて船尾からそれぞれロープを取れば、初めのロープは外してスプリングラインに回すのが手順がよい。スプリングラインは船首から船尾方向の陸側へ、船尾から船首方向の陸側へと２本のロープを交叉して取るものをいう。この２本を十分に締め合わせると、船の前後位置が固まり、フェンダーの配置にも都合がよい。この２本が主な係留ロープで、これがしっかりしていれば船首、船尾から陸へ渡したロープはいくらか緩いくらいがよい。

なお干満の大きい岸壁に横着けする時には、この船首尾のロープも真横ではなしに船首尾からそれぞれかなりの距離の陸側に止める。そうしないと潮が引いてきた時、船が宙ぶらりんになりかねない。

　　　　　　＊

ところでこれらのもやい綱はすべてその端を岸壁のビットなどに止め、長さの調節、張りぐあいは船の側で決めるのが船乗りのしきたりになっている。これは先の船

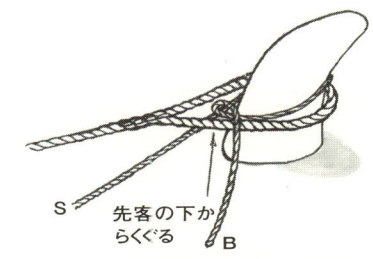

図3-2
先客のある係船柱にもやいロープを止めるには

Sを押してBを引くと下図のようにスタンディングパートに輪ができる

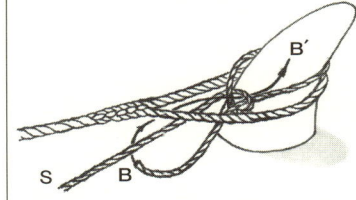

Bを矢印のように輪を通してB′へ。自分のロープは先客のラインのループを下からくぐらせて上にもっていき、ビットにもやい結びで止める

首着けでも同じだ。近頃マリーナなどでよく見るように桟橋のほうで引っ張って止めたっていいじゃないの、と言うようなものだが、しきたりには長年の経験にもとづく理由があることが多い。この例では、陸のほうで引っ張って長さを決めると余ったロープがそのあたりに散らかって見苦しいし、泥や油で汚れることもある、ロープの途中を岸に止めることになるから長いロープの中間が擦り切れてくる（端

が弱ったロープは端を切り落とせばよいが、中間が弱ったのは始末が悪い)、後から他の人が同じビットを使うのに不便、といったところかと思う。しかし船乗りは冗長を嫌うから、そんなことをくどくど言わない。もやいを取るときは端を陸に止めて長さは船で調節するものだ、でおしまい。

1本のビット(係船柱)を何隻かで使う時にも決まりがある。

図3-2で示すように、後から来た船は先客の係留索のループ(輪)の下からラインをくぐらせてからビットに止める。この図では先客がアイスプライスした係留索を、自分は普通のもやい結び(ボーリンノット、バウラインやボーラインは読み違い)で止めているが、両方アイでも両方ボーリンでも基本は変わらない。特に先客がアイスプライスのラインを使っている時にはこうしておかないと、先方が先に船を出す時、こちらのラインをいったん外さねばならなくなる。アイ付きの係留索は一般の船舶では広く使っているから、こちらが上からもやいを取っていて先方が先に出ようとすると、「これだから素人衆は困る」とひんしゅくを買うことになる。面白いことに両方がアイ付きラインを使っていても、後から来た船が先客のループをくぐらせておけば、どちらの船でも自分のラインだけを外すことができる。3隻目、4隻目も同じことで、後から止めるラインを先客の全ループの下からくぐらせておけばよい。

なお図に示すもやい結びの手順はヨット乗りでも知らない人がいるようだが、覚えておくと便利なことが多い。ロープの手元に近いほう(英語ではスタンディングパートと言う)を引っくり返して輪を作るところがミソだ。旧日本海軍ではもっぱらこれを使っていた。

*

スプリングラインの締め合わせの例外について一言。外海に面した港では大洋のうねりの底波が港内に侵入して周期的な海水の流動が続いていることがある。この流動のエネルギーたるや凄いもので、係留ロープをどんなに張っても抑えられるものではない。この状況ではスプリングラインをはじめ、すべてのもやいロープを大きく緩めて、漁師の言葉でいうところの"船を遊ばせて"おくしかない。当然、船はある範囲内で(1メート

ルくらいか）前後に行ったり戻ったりする。

\*

岸壁横着けも錨を使わなければ桟橋と変わらない。静かな日和や、一時的な係船ならそれでよいけれども、一晩泊まろうとなるとビームアンカーが欲しくなる。その場合にはまず沖に錨を入れて、先に述べた船尾錨の船首着けの要領で近づくのはよい段取りだ。そして陸からロープを取ったら船を回して横着けにし、船尾の錨綱をマストのあたりまで回してきて止める。錨綱が船の真横方向に延びるからビームアンカーという。横を通る船が引っかけないように、前述の重りを吊るしてロープの角度を深くする必要がある（図3-3）。これで普通の日和なら岸壁と船の間は適当に開いて、舷側の汚れや傷みの心配がない。この時にも船首船尾のもやいロープの他に2本の交叉するスプリングラインが必要だ。最後に、岸壁の縁でロープが擦れる所にはビニールホースや布切れで擦れ止めをしておく。

\*

桟橋や岸壁横着けを帆だけでこなすのは結構奥の深いセーリングシーマンシップに属する。そのせいか、これに凝り始めると面白く

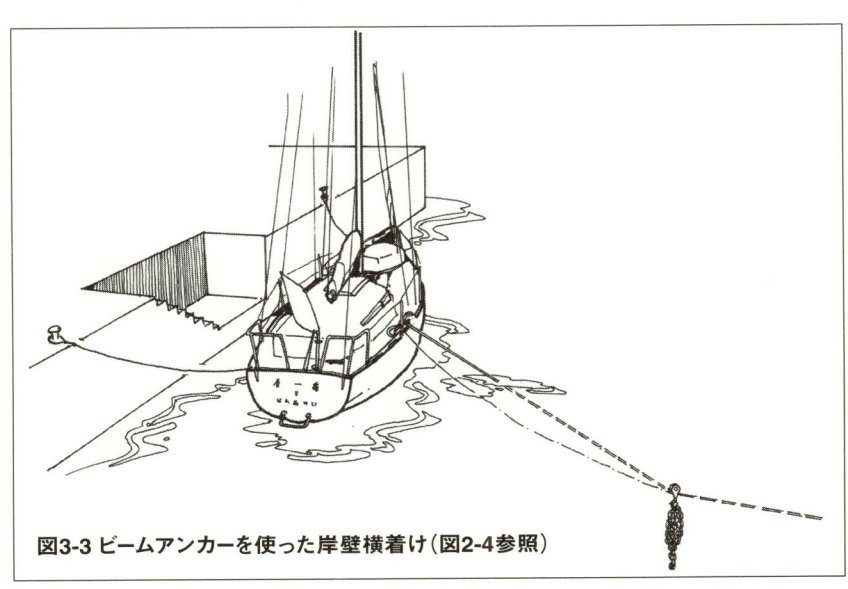

**図3-3 ビームアンカーを使った岸壁横着け（図2-4参照）**

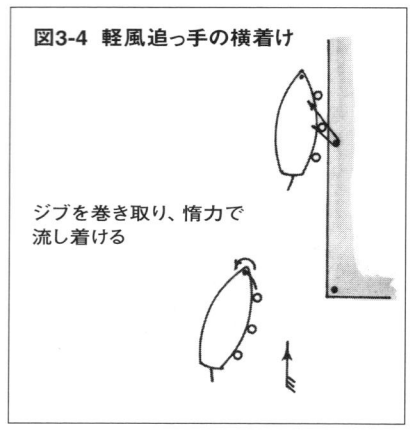

図3-4 軽風追っ手の横着け
ジブを巻き取り、惰力で流し着ける

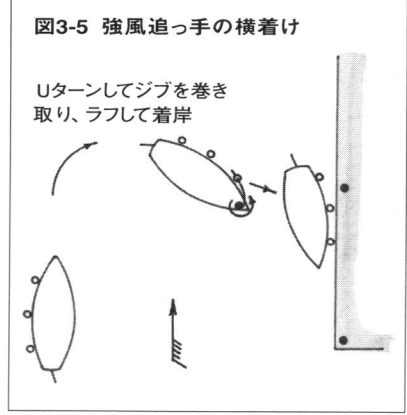

図3-5 強風追っ手の横着け
Uターンしてジブを巻き取り、ラフして着岸

て仕方がない。機走と違って、進入するときの風向きや風の強さ、すでに係留している他船の様子などでずいぶん多様なやりかたがある。

　風が桟橋（岸壁）のほうから吹いているときは比較的簡単だ。リーチングくらいのコースで近づき、少し手前でジブを巻いてしまいながらラフして後は惰力で進み、最後の段階で桟橋に平行にしながら船を止める。コツは桟橋に平行にする時、行き足がほとんど止まり、しかも桟橋に当たるか当たらぬかくらいの所へ来るように間合いを取ることだ。これがうまくやれるようになるのは結局は年季だろうが、行き過ぎて桟橋に衝突するよりは行き足りなくて手前で立ち往生するほうがよい。立ち往生しても風は向こうから吹いているので、いずれは広い所へ流される。それから体勢を立て直してやり直せる。なお、メインセールは進入前に降ろしてしまうほうがやりやすいと思う。

　風が桟橋や岸壁にほぼ平行に吹いているところを風上から進入する時、軽風ならかなり手前でジブを巻いても、マストに当たる風と惰力で流し込んで止めることができる（図3-4）。シングルハンドの時などマストの少し前あたりに大きいフェンダーを吊るしておいて、これで軽く桟橋に当てて船を止めるのもよいが、ごく微速で流し込まねばならない。速すぎるとフェンダーが上に転がってきて不細工な始末になる。信頼できるクルーがい

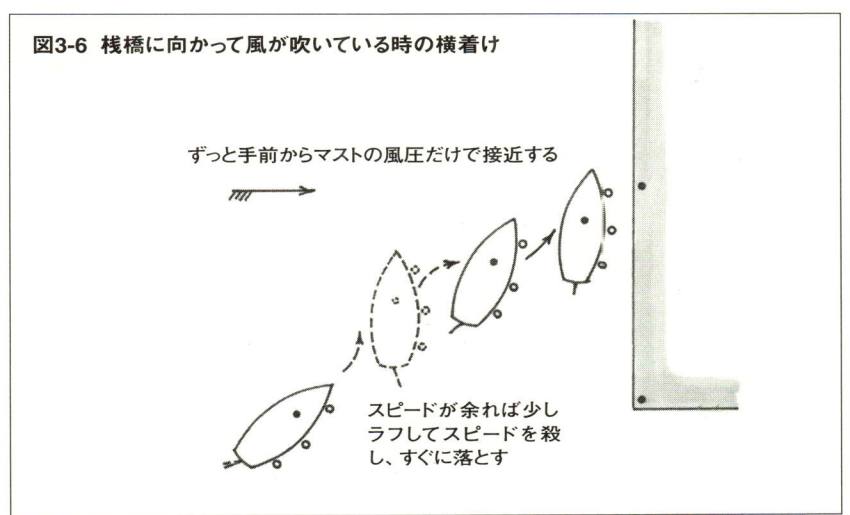

図3-6 桟橋に向かって風が吹いている時の横着け

ずっと手前からマストの風圧だけで接近する

スピードが余れば少しラフしてスピードを殺し、すぐに落とす

れば、マストの横くらいの位置でボートフックやロープを使って引き止めるのは前述の通り。

　同じ追っ手の進入でも、風が強いとこの流し込みは不安がある。マストに当たる風だけで結構な推進力があるので、桟橋に平行にした段階でも速すぎて引き止めるには無理がある。前に係留している船に追突したりすると大変。こんな状況なら少し沖側を行き過ぎてからUターンして、先に述べたリーチング進入をするほうがよいだろう（図3-5）。この場合にはラフすると自然に船が桟橋（岸壁）に平行になるからやりやすい。ただし十分にスピードを落としてからラフする

よう、早めにジブを巻き取ってしまう。

＊

　風が桟橋に向かって直角に近い方向から吹いている時は（図3-6）、桟橋の線に対して45°くらいのコースで近づき、十分手前でジブを巻いてしまって（メインセールはもう降ろしてある）裸マストで流し込む。スピードが出すぎていれば、裸マストのまま少しラフして速度を殺してから再び落として桟橋に着ける。これはやや高等技術に属するかもしれないが、ラフし過ぎて立ち往生しなければうまくいく。かりに立ち往生しても桟橋のほうへ流されていくから、ボートフックとフェンダーで何

とか処置できるだろう。

　この風向きで岸壁横着けをする時は、すでに述べたように船尾錨の船首着けの要領でひとまず陸にロープを取り、それから船を回して横着けにし、錨をビームアンカーにすることをお勧めする。着岸で岸壁に突き当たる危険もないし、また翌朝出帆する時にも沖に錨があるから段取りがよい。

## 沖がかり

　クルージングに出て一泊する時、そこがヨットハーバーなら空いている桟橋に横着けするのが普通だし、漁港などでも運がよければ浮桟橋が空いていたり、そうでなければ船尾錨の船首着けで岸壁にもやうこともよくある。これらの係船は、みな陸からロープを取っているので安心感があり、買い物とか一杯飲みになどと、陸へ行くのも便利ではある。一方、それにはそのための煩わしさや、留守にすると不用心ということもある。その点では、陸から少し離れた所に錨を入れて停泊する"沖がかり"は気が楽だ。特に狭い港で、地元の漁船などで混んでいる時に岸壁に割り込ませてもらうのは何かと問題

がある。そんな時には、外港の防波堤を入ったあたりとか、比較的安全な所へ航路筋を離して沖がかりするほうが気が利いている。暗くなって、よく知らない港へ入った時など、先方の都合を尋ねようにも人がいない。こんな時にも一度沖で錨にかかるほうが無難なことが多い。たいていの港にはそれのできる安全な"ふところ"があるものだ。また日本沿岸には奥志摩とか五島、天草周辺など、よく入り込んで安全な小湾や入り江が多い。これらの天然の泊地で過ごす一夜は帆走巡航の醍醐味の一つに数えられる。もともと帆走巡航の基本テーマは自由独立の気分だと思うが、沖がかりはそれにふさわしいと言えるだろう。

*

　沖がかりで一番簡単なのは、錨を一つ入れて振り回しにすることだ。錨ロープの長さは海底から船首までの高さの少なくとも5倍、できれば7倍くらい欲しいから、例えば水深8メートルだと50〜70メートルもロープを延ばさねばならない。風が変わると船はこの長さを半径とする円に沿って振れ回ることになり、天然の湾などは別にして漁

港などではいくら外港でもこれだけのスペースを1隻の船で占有するわけにはいかないことが多い。風向きによっては防波堤に当たったり航路筋にはみ出したりするかも。これがおそらく沖がかりをためらわせる大きな理由ではないだろうか。

*

振れ回るのを止めるには、もう一つ錨を入れればよいわけだが、なかでも"双錨泊"が一番オーソドックス(正統的)な方法とされているようだ。これは2本の錨を風上と風下に水深の十数倍くらいも離して打ち、両方の錨の中間あたりで両方のロープを張り合わせ、1本にして船首に止める錨泊法をいう(図3-7)。

こうすると風向きや流れが変わっても船首の位置はあまり変わらず、振れ回りの範囲は船の長さを半径とする円より少し大きいくらいだから、狭いところでも大丈夫。また風が強くても船首が左右に振れ回らない。それに何といっても

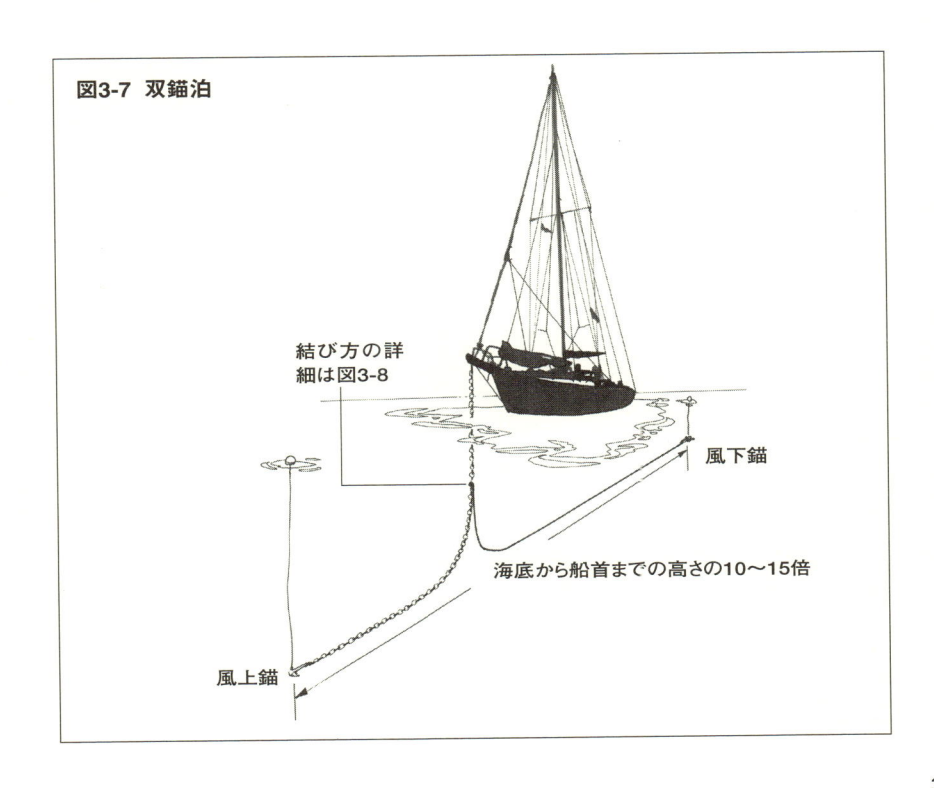

図3-7 双錨泊

結び方の詳細は図3-8

風下錨

海底から船首までの高さの10〜15倍

風上錨

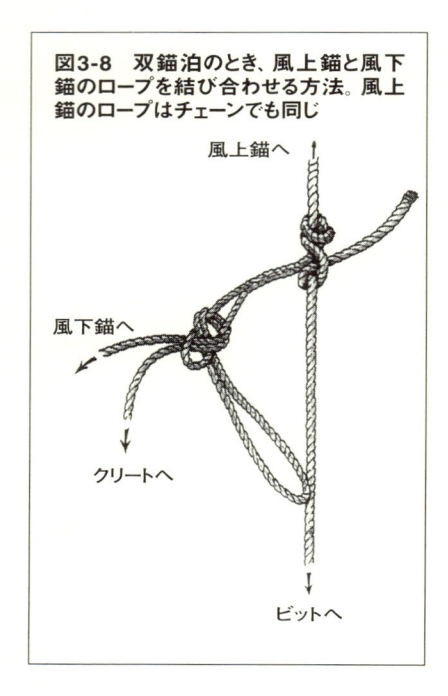

**図3-8** 双錨泊のとき、風上錨と風下錨のロープを結び合わせる方法。風上錨のロープはチェーンでも同じ

風上錨へ
風下錨へ
クリートへ
ビットへ

錨が二つ入っているのは心丈夫だ。二つの錨はなるべく主な風や潮の向きに沿って上に1本、下に1本とするのがよい。錨が海底の何かに絡んでも外せるようにブイか双綱を付けておくことも大切だ。ついでながら"双錨泊"という言葉は、その用法に少し混乱があるようだが、ここに述べた錨泊法が双錨泊であって、二つ錨を入れれば何でも双錨泊というわけではない。だからシーマンシップの教科書では"二錨泊"という言葉もあって、双錨泊と区別している。

なお2本の錨綱をそれぞれ船首船尾に取る"ともおもてつなぎ"は風が変わっても船が風に立ってくれないから錨に無理がかかることになり、沖がかりにはよくないと言われている。もっとも、船の長さほどの振れ回りもできない狭い泊地に目白押しに係船する時にはよく使われているが、これは船尾錨の船首着けの変形みたいなもので、沖がかりとは別のものと考えるほうがよいだろう。

*

双錨泊に話を戻そう。風上、風下の2本の錨綱をくくり合わせるには図3-8に示すような、アイスプライスを付けた別の短いロープが便利だ。これを風上錨のロープの途中にローリングヒッチでとめ、一方、風下錨のロープの途中をダブルにしてこのロープのアイに通してとめる。ローリングヒッチは枝結びとも言い、ロープの途中に別のロープをとめて枝を出すのに使う。おなじみのクローブヒッチ(巻結びとか、徳利結びとも)の2回目をもう1回巻いて3回目でとめるだけだが、上から2回巻き押さえられた部分を、その2巻きを越える方向に引くとまず滑らない。この例

で言うと、風下錨が利いてくるとアイの付いた短いロープが2巻きを越えて引かれることになり、その力が風上錨のロープを介して船首のビットにかかる。それを間違えて手元のほうで2回巻くと風下錨のロープは滑って止まらない。

＊

こうして両方の錨綱をくくり合わせたら2本一緒に少し繰り出して、結び目が水面から1～2メートル沈むくらいにする。こうしておけば、風が変わって船が回ってもたるんだほうのロープがキールや舵に当たることはない。

＊

エンジンを使えば双錨泊はいたって簡単だ。まず風下錨を入れる所まで微速で進み、風上に船を向けて船尾錨を落とす。船首に錨が2本あってそれを使うなら、その一つを落とす。そのままロープを繰り出しながら風上へ進み、水深の十数倍以上進んだ所で船首錨を入れる。今度は船首錨のロープを延ばしながら、船尾錨のロープを取り込んでいく。二つの錨の中間まできた所で両方のロープを船首にとめ、ペラをだんだん強く回して両方の錨をパワーセットする。エンジンを切り、両方のロープを今一度張り合わせ、短いロープを使って両方を1本にくくり合わせて結び目を水中に沈める手順は先の通り。

＊

帆走で双錨泊をするのもそんなに大変ではない。まず風上錨を落とし、ジブ1枚でゆっくり帆走か、あるいは裸マストで船を自然に流して風下錨を落とす所までいくのが一つの方法。風上錨をまず入れて帆を降ろし、テンダーで風下錨を打ちに行くのが別の方法。その他いろいろな応用編がある。

＊

この双錨泊は日本のヨットマンはあまり使わないようだが、例えばクルージングシーマンシップの古典とされているヒスコックの教科書（1章の終わりのあたり参照）では詳しく説明してあり、潮の早い所や狭い港、近くに錨泊する船がいる時にはこれを使うよう勧めている。私も長年使っているが、確かに非常に安心して一夜を過ごせる沖がかり法だ。子供のころのことだが、近所の沿岸帆船の船頭さんがよくやっていた沖がかりは、この双錨泊の応用だった。家の前の

砂浜のはるか沖に錨を入れる。伝馬船を下ろし、若い衆が長いロープを浜まで持ってきて、松の木の根元につなぐ。錨綱を延ばし、陸からのロープを引いて船は錨と松の木の中間くらいまで寄って来る。そこで2本のロープをくくり合わせて1本にして船首にとめていた。"ともおもてつなぎ"ではなかった。風や潮が変わっても船首がいつも上を向いてくれるから安心だったのだろう。

＊

双錨泊をしていて風が真横に回るとまずいのでは、という意見がある。初めの位置では船は二つの錨を結ぶ線上にいるが、横の風になるとロープやチェーンのたるみがなくなってきて、二つの錨の線よりはある程度、風下側にずれることになる。このずれの角度が錨の所で30°になれば、一方の錨ロープにかかっている力のちょうど1/2が風圧に抵抗する成分になる（30°、60°の直角三角形の原理）。両方の錨のぶんを加えると1本の錨だけが利いている初めの状態と同じということになる。理屈は理屈として、実際に双錨泊していて横風で走錨したことはない。強い横風になれば、できれば2本の錨綱を結び合わせた所まで引き上げて、2本に分けてから両方をそれぞれ繰り出してVの字形の二錨泊にするのはいい方法だ。しかし風下側に余裕がなければ、テンダーに3番目の錨を積んで風上へ打ちにいくほかない。こんなことはそんなに度々あるとは思わないが、やはり錨は信頼できるものを3本はデッキに上げておけというのは本当だと思う。

＊

沖がかりは、初めのうちは何か不安な気がするものだが、慣れてくればこんな平和な一夜の過ごし方はないことが分かってくる。水深に対して十分な長さに錨綱を延ばすこと、ブイを付けるか、双綱にして錨を上げやすくしておくことは安眠のために大切だ。それとアンカーライト（停泊灯）も忘れないように。私はキャンプなどで使う石油ランプ（灯芯式。加圧式ではない）の容量の大きいものをシュラウドにくくり付けている。風が強いと吹き消されるので、ガラス球の根元のあたりを柔らかい布で巻いて、風の吹き込みを弱くするとよい。

＊

　もう一つ大切なことは、船の位置が決まったら陸に適当な目標を選んでコンパス方位を測り、メモしておくこと。なるべく近いところで、一つは横方向、もう一つは船首か船尾方向、夜でも見えるものを。遠近２個の目標の重なりぐあいが見えるものがあればもっとよい。これらはみな、ときどきチェックして船が流されていないか、確かめるためだ。

＊

　それでは停泊灯のやわらかいオレンジ色の光に包まれて、静かな一夜を送ってください。これでもうあなたは一生ヨットから離れることはないでしょう。

# 04 錨の綱は頼みの綱

　どこか奥まった湾に1隻のヨットが錨を下ろして泊まっている。きれいな夕暮れだったが、夜中になって急に風が強くなってきた。湾の奥の谷間から唸りをあげて突風が吹きおろしてくる。錨のロープはピーンと張り船首は右に左に振れ回る。悪くすると吹き流されて向こう岸の岩場に乗り上げる恐れがある。まったくありがたくない場面だが、こんなときに一番ものをいうのは錨のロープ（またはチェーン）の種類と、それを延ばしている長さだ。それが適切でないとせっかくの錨も役に立たない。

　　　　　　　＊

　なかでも"錨綱をチェーンにするか、ロープにするか"では、かなり意見が分かれているようだ。

　この問題には3つの側面がある。それは(1)錨の保持力、(2)錨泊中のショックの吸収、(3)擦れに対する耐性で、そのどれかだけを取り上げると一面的な話になる恐れがある。(3)は比較的自明の話で、例えばサンゴ礁の多い南の海ではそれだけの理由で全部チェーンがよいという意見が多数を占める。

　「日本沿岸の港も結構いろんな物が水の中に転がっているから、数メートルくらいのチェーンは付けておきたい」とか、「いや、舷縁の擦れ止めをする手間を思うと、全部チェーンがいい」と言う人もいる。

　　　　　　　＊

　(1)の錨の保持力と(2)のショッ

クの吸収については少し計算をしてみた。少々技術的な内容で恐縮だが、ほかの本にはあまり出ていないと思うので参考までに紹介してみる。従来、経験的に言われていたことが計算でも確かめられたり、一方では常識に意外な盲点があったりで面白い。各々の説明は後にして、まず主な結果を並べてみよう。

(1) 全部チェーンにすると、短い繰り出し長さで錨の海底保持力を十分に発揮でき、確実な錨泊ができる。ショックの吸収は鎖の主な機能ではない。

(2) 全部チェーンだと、海底から船首までの高さの4〜5倍の繰り出し長さ(この倍数をスコープという)で、かなりの荒れ模様まで安心できる。全部ロープや、申しわけ程度の鎖を付けたロープで同じ程度の錨の効きを得るには、10倍(!)ものスコープが必要。

(3) ロープの先に付けるチェーンは、その船にふさわしい錨と同じ重さ以上のものが望ましい。それくらいの鎖を付ければ、先と同等の錨の効きを7倍くらいのスコープで得ることができる。細いチェーンを2〜3メートル付けたくらいでは、気休め程度の効果しか期待できない。

## チェーンとロープ錨索の しくみと両者の違い

　このことを実例で示してみよう。次ページの図4-1は全長10メートルのヨットが水深8.5メートルの所で錨泊する場合の計算例だ。水面から船首の高さを1.5メートルとして海底から船首までの高さが10メートル、繰り出す錨索の長さをその倍数で表わす"スコープ"を3、5、7倍と変えている。風が強くなるほど船を押し流そうとする力が大きくなり、それが錨索を介して錨で支えられるわけだが、ここでは単純に計算した風圧力の2倍が船に作用するとみなしている(図4-1中の表参照)。風のブローだとか船の振れ回りなどを考慮したもので、国内の普通の錨地だとこの程度でよいだろう。もっとも波が本気に打ち込んで来るような大荒れになると、同じ風速でもさらにこの2倍くらいにはなるかもしれない。たとえば米国舟艇協会(American Boat&Yacht Council, ABYC)の推奨値はやはりこの表の2倍くらいになっている。

　ここでは国内の港での普通の強風までを想定してこの表の値を使い、チェーンとロープの違いや必要なスコープなどを考えてみよう。チェ

## 図4-1 錨綱にチェーンを使う効果

| 想定外力* | 20 kg | 80 kg | 180 kg | 320 kg | 720 kg |
|---|---|---|---|---|---|
| 相当風速 | 10 kt. | 20 kt. | 30 kt. | 40 kt. | 60 kt. |
| ABYC** | | | 370 kg | 660 kg | 1500 kg |

* 計算風圧の2倍
** American Boat & Yacht Council 推奨値

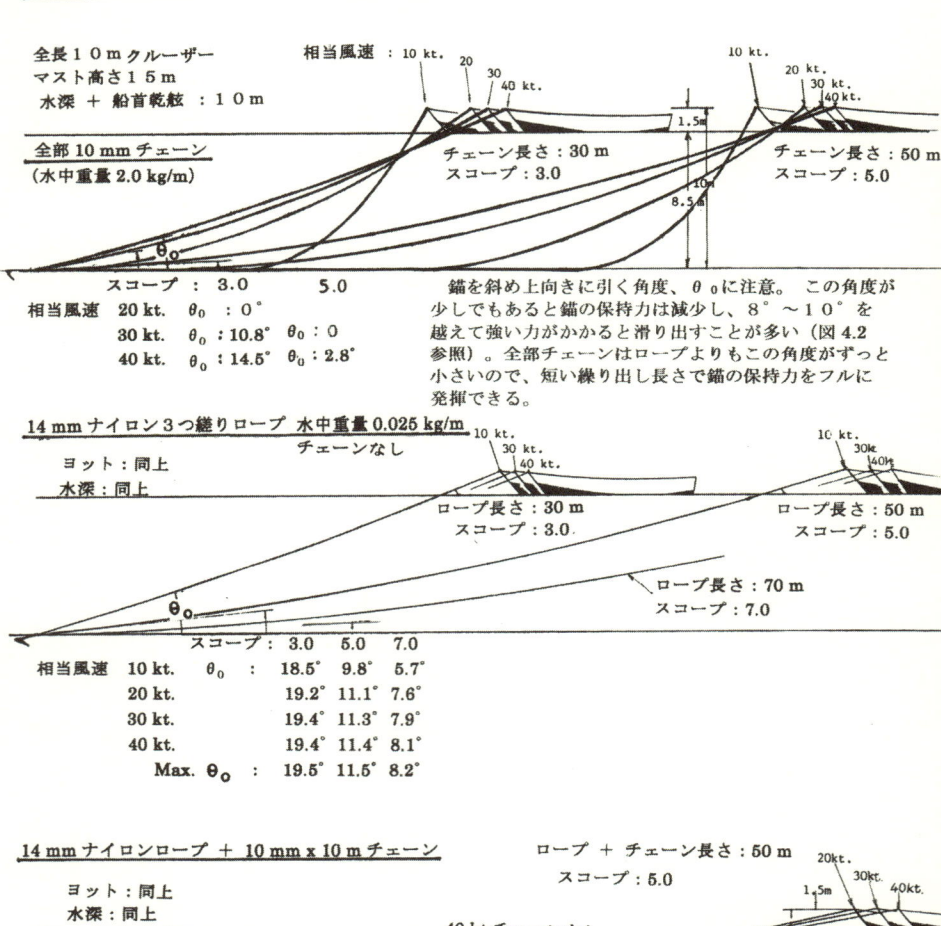

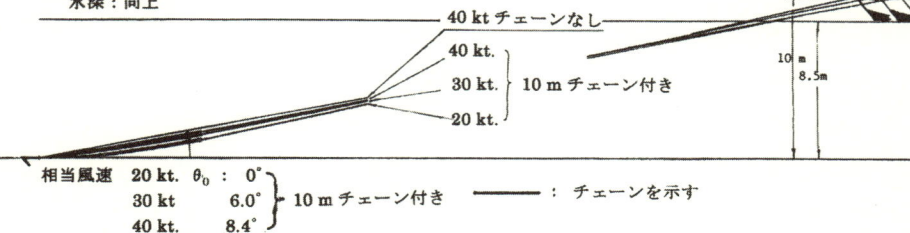

全長10mクルーザー
マスト高さ15m
水深 + 船首乾舷 : 10 m

全部10 mm チェーン
(水中重量 2.0 kg/m)

チェーン長さ:30 m　スコープ:3.0
チェーン長さ:50 m　スコープ:5.0

| スコープ: | 3.0 | 5.0 |
|---|---|---|
| 相当風速 20 kt. | $\theta_0$ : 0° | |
| 30 kt. | $\theta_0$ : 10.8° | $\theta_0$ : 0 |
| 40 kt. | $\theta_0$ : 14.5° | $\theta_0$ : 2.8° |

錨を斜め上向きに引く角度、$\theta_0$ に注意。この角度が少しでもあると錨の保持力は減少し、8°～10°を越えて強い力がかかると滑り出すことが多い（図4.2参照）。全部チェーンはロープよりもこの角度がずっと小さいので、短い繰り出し長さで錨の保持力をフルに発揮できる。

14 mm ナイロン3つ縒りロープ　水中重量 0.025 kg/m
チェーンなし

ヨット:同上
水深:同上

ロープ長さ:30 m　スコープ:3.0
ロープ長さ:50 m　スコープ:5.0
ロープ長さ:70 m　スコープ:7.0

| | スコープ: | 3.0 | 5.0 | 7.0 |
|---|---|---|---|---|
| 相当風速 | 10 kt. | $\theta_0$ : 18.5° | 9.8° | 5.7° |
| | 20 kt. | 19.2° | 11.1° | 7.6° |
| | 30 kt. | 19.4° | 11.3° | 7.9° |
| | 40 kt. | 19.4° | 11.4° | 8.1° |
| | Max. $\theta_0$ | 19.5° | 11.5° | 8.2° |

14 mm ナイロンロープ + 10 mm x 10 m チェーン

ヨット:同上
水深:同上

ロープ + チェーン長さ:50 m
スコープ:5.0

40 kt チェーンなし
40 kt.
30 kt.　10 m チェーン付き
20 kt.

| 相当風速 | 20 kt. | $\theta_0$ : 0° | |
|---|---|---|---|
| | 30 kt | 6.0° | } 10 m チェーン付き |
| | 40 kt. | 8.4° | |
| | 40 kt | 11.4° | チェーンなし |

―――― : チェーンを示す

ーンは10ミリ径のもので水中重量2.0キログラム/メートル、ロープの水中重量はほとんどないから、この計算にはロープの寸法は関係しない。

\*

　図から明らかなように、チェーンは自重で海中に垂れ下がるのでかなりの力が掛かるまでその一部は海底に横たわる。したがって錨は完全に水平方向に引かれる。

　例えばスコープ5倍の場合には、風速30ノット（15メートル毎秒）でも錨から6メートルばかりの鎖は海底に横たわっている。こんな状況だから、さらに力が増して鎖が全部海底から離れるようになっても錨を引っ張る角度は水平とあまり変わらない。同じスコープ5倍で風速40ノットの場合、その角度はわずか2.8°に過ぎない。

\*

　実はこの角度がキーポイントなのだ。たいした角度でなくても少し斜め上向きに引っ張ると、どんな錨でも海底をつかむ保持力が急に減少してしまう。従来の実験や経験によると、海底の性質や錨の種類にもよるけれども、たいていの錨は5°も上向きに引くと保持力は7割くらいになり、8〜10°で抜けて滑りだしてしまうことが多い。『クルージング・ワールド』誌や『舵』誌でおなじみのJ・ハワードはこの角度をアプローチ角と呼んでいる。ほかにボトム角とかシャンク角などとも言うようだ。全部チェーンの錨索は大きい力が船にかかっても、チェーンの重さのおかげでこの角度が小さくてすむから錨の利きがよい。

　なおこの結果は10ミリのチェーンに対するもので、もっと軽いチェーンだと同じスコープ5倍で風速40ノットでもアプローチ角は2.8°より大きくなる。詳しい数値は図4-3から求めることができる。

\*

　一方ロープの場合、水中重量はないようなものなので少し力がかかれば錨と船はほぼ直線で結ばれる形になる。図の中段に示すように、20ノット以上の風では錨を引くロープの海底における仰角（アプローチ角）はあまり変わらず、それは単に錨と船を結ぶ直線の仰角に近い。だから5倍ものスコープを取っても、少し大きい力が働くとロープだけでは10°以上の角度で錨を斜め上向きに引っ張ることになる。これではたいていの錨は引き抜かれて滑り出すだろう（走錨、"錨が引ける"とも言う）。全部チェーンなら同じ5倍のスコープ

で40ノット相当の力がかかってもこの角度は2.8°に過ぎないのだからその差は明らかだ。

＊

錨のロープは水深の3倍も延ばせばよいという話はよく聞くようだが、それだと20ノット（毎秒10メートル）も吹けば走錨してもおかしくない（アプローチ角＝19.2°）。おそらく、この3倍という数字はチェーンを常用する本船の標準を誤まってロープにもあてはめてしまったのではないかと思う。全部チェーンを使って錨を入れるのとロープとではこれくらい大きい違いがあることは知っておかねばならない。

＊

こうして全部チェーンで錨を打つことの利点が一つ明らかになった。それはロープの半分以下の繰り出し長さ（スコープ）で確実な錨泊ができることだ。

＊

次に、さきに述べた（2）、すなわち錨泊中のショックの吸収の問題も図4-1からある程度推察できる。鎖の持つショック吸収効果は、比較的風の弱い所で大きい。それは風が弱ければ鎖の垂れ下がりが大きいので、急激に増加する外力が鎖を持ち上げるのに消費されるからだ。港内などでよく経験するブローと休止の間の振れ幅の大きい突風にはよく効くだろう。一方、広い所で連続的に吹かれた時にはこの効果はあまり期待できない。ショック吸収にはナイロンロープを、それもスコープを大きく取って使えればそのほうがよいだろう。ナイロン三つ撚りロープは破断荷重の10パーセントの力で15パーセントも伸びると言われているから、そのショック吸収効果は大きい。

大切なことはショックの吸収はチェーンの主な機能ではないということで、チェーンの長所は短いスコープで安全な錨泊ができること、それに加えて擦れの耐性があることだ。この点をはっきりしておかないと間違った結論に導かれる恐れがある。

## ロープの先に
## チェーンを付ける効果

こうして錨索に全部チェーンを使うと、短い繰り出し長さで確実な錨泊ができることが分かった。しかし全部鎖というのは何かとかさばり、船尾錨の岸壁着けなどで長いチェーンを繰り出すのは確かに気が重

い。ロープの先にある程度のチェーンを付けて同じ効果があれば、これはありがたい。事実、この方法は非常に広く使われている。しかし、果たしてどの程度利くのだろうか？

＊

ロープと鎖を混用する錨索の計算は、少し面倒だが可能で、図4-1の下段はその例だ。上と同じ船で同じく5倍のスコープを取り、10メートルの鎖を付けた場合を求めてみた。この例では風が弱い時には鎖の効果が大きく、アプローチ角はロープだけの場合よりも目立って減少している。ところが肝心の強い力が働く状況では、残念ながらロープだけの場合とあまり変わらなくなってしまう。すなわち相当風速40ノットではロープだけのアプローチ角11.4°に対し、10メートルの鎖を付けても8.4°に達している。もう錨が抜けてもおかしくない角度だ。10メートルの鎖というとかなり長いほうだと思うが、それでもこの程度では問題ではないだろうか。

＊

そこでスコープ5倍と7倍を代表に選んで、全部ロープから次々に付属チェーンの長さを増し、最後は全部チェーンの場合も含めてアプローチ角を計算してみた。それぞれに対応する錨保持力係数も求めて次ページにある図4-2の表に示してある。保持力係数Kは錨が発揮できる最大の保持力（海底をつかんで離さない力の限界）と錨の重量との比率で、アプローチ角が増えると急に減少し、ε～10°くらいでゼロになってしまう（走錨）。その様子は表の右下の図に示すが、これは従来の実験などに基づく概略の値と見ていただきたい。前にも言ったように、この様子は錨の種類や底質で大きい違いがあり、アプローチ角に一番敏感なのはダンフォース型、比較的大きいアプローチ角まで持ちこたえるのはフィッシャマンや唐人錨、CQRやブルースはその中間といったところだろう。表の中でカッコが付いているのは錨が引き抜かれる限界あたりの値で、もはや信用できない。そしてアプローチ角が10°以上になれば走錨を覚悟しなければならない。

＊

この表から、いくつかの重要な結論を引き出すことができる。まず、(1) 2～3メートル程度の鎖は、錨の保持力の点からは気休めと言わざるを得ない。この表では10ミリの

### 図4-2 錨ロープのアプローチ角と錨の保持力

スコープ $(\frac{\ell}{h})$ : 5.0　　海底から船首までの高さ (h) : 10m　　チェーン 10m/mショートリンク, 水中重量 : 2.0kg/m
　　　　　　　　　　　　　チェーン付きロープ全長 ($\ell$) : 50m　　ロープ 14m/mナイロン3つより, 水中重量 : 0.025kg/m

| チェーン長さ | | 0 m** | | 2.5 m | | 5 m | | 7.5 m | | 10 m | | 15 m | | 20 m | | 50 m* | |
|---|---|---|---|---|---|---|---|---|---|---|---|---|---|---|---|---|---|
| 相当風速 | 想定外力 | $\theta_0$ | k | $\theta_0$ | k | $\theta_0$ | k | $\theta_0$ | k | $\theta_0$ | k | $\theta_0$ | k | $\theta_0$ | k | $\theta_0$ | k |
| 10 kt. | 20 kg. | 9.8° | (15) | 0° | 30 | 0° | 30 | 0° | 30 | 0° | 30 | 0° | 30 | 0° | 30 | 0° | 30 |
| 20 kt. | 80 | 11.1° | — | 8.4° | 17 | 1.7° | 29 | 0° | 30 | 0° | 30 | 0° | 30 | 0° | 30 | 0° | 30 |
| 30 kt. | 180 | 11.3° | — | 10.1° | — | 8.6° | (17) | 7.3° | 19 | 6.0° | 21 | 3.5° | 25 | 1.6° | 28 | 0° | 30 |
| 40 kt. | 320 | 11.4° | — | 10.7° | — | 9.9° | (15) | 9.2° | (16) | 8.4° | (17) | 7.0° | 20 | 5.9° | 21 | 2.8° | 26 |

スコープ $(\frac{\ell}{h})$ : 7.0　　h : 10m　　チェーン 同上
　　　　　　　　　　　　　$\ell$ : 70m　　ロープ 同上

| | | | | | | | | | | | | | | | | | |
|---|---|---|---|---|---|---|---|---|---|---|---|---|---|---|---|---|---|
| 10 kt. | 20 kg. | 5.7° | 21 | 0° | 30 | 0° | 30 | 0° | 30 | 0° | 30 | 0° | 30 | 0° | 30 | | |
| 20 kt. | 80 | 7.6° | 19 | 5.0° | 22 | 1.6° | 28 | 0° | 30 | 0° | 30 | 0° | 30 | 0° | 30 | | |
| 30 kt. | 180 | 7.9° | (18) | 6.8° | 20 | 5.3° | 22 | 3.8° | 24 | 2.4° | 26 | 0° | 30 | 0° | 30 | | |
| 40 kt. | 320 | 8.1° | (18) | 7.4° | 19 | 6.6° | 20 | 5.8° | 21 | 4.9° | 23 | 3.5° | 25 | 2.2° | 27 | | |

＊ 全部チェーン　＊＊ 全部ナイロンロープ

ロープ繰り出し長さ ($\ell$) と最大アプローチ角 (ロープの海底仰角) : $\theta_0$ max

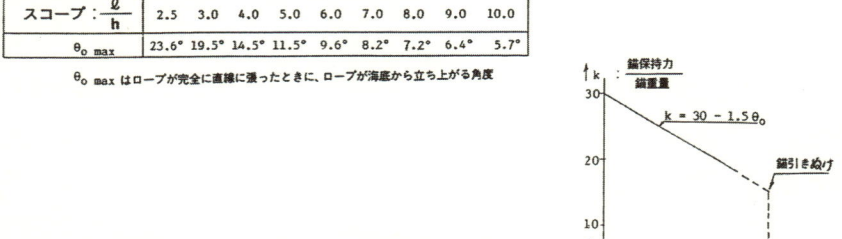

| スコープ : $\frac{\ell}{h}$ | 2.5 | 3.0 | 4.0 | 5.0 | 6.0 | 7.0 | 8.0 | 9.0 | 10.0 |
|---|---|---|---|---|---|---|---|---|---|
| $\theta_0$ max | 23.6° | 19.5° | 14.5° | 11.5° | 9.6° | 8.2° | 7.2° | 6.4° | 5.7° |

$\theta_0$ max はロープが完全に直線に張ったときに、ロープが海底から立ち上がる角度

錨保持力係数 k とアプローチ角 は 錨のタイプ、底質などによって大差がある。ここに示す値はCQR、ブルース、ダンフォースなど新式の錨の概略値

$$k = 30 - 1.5\theta_0$$

錨保持力係数とアプローチ角

チェーンで計算しているので、例えば6ミリだと長さあたりの重量が4割弱になるから、10メートルでもまだ気休めということになる。もう少し計算を進めてみると、要は鎖の重量が同じなら、細くて長い鎖も、太くて短いのもアプローチ角は余り違わない。

(2)効果を期待するには10ミリの鎖で7.5から10メートル、空中重量にして20キロ弱のチェーンが欲しい。おおよその目安としては、錨の重量より少し重いくらいにあたるだろう。この例の船の標準の錨は35ポンドCQRか、15キロブルースになるだろうから。

(3)そしてこれくらいの鎖をつけても、少し荒れ模様ならスコープは7倍は

欲しい。5倍では心もとない(図4-2の表参照)。

(4) 全部ロープや申し訳程度のチェーンを付けた錨網では、強い外力がかかると完全に直線になる。その時のアプローチ角が最大アプローチ角として図4-2の左下に示してあるが、これを6°以内くらいにするには9倍とか10倍とかのスコープが必要になる。水深8.5メートルで船首の高さ1.5メートルとすると90～100メートルのロープを出すことになるが、これは錨地のスペースや積んでいるロープの量から考えて容易ではない。ついでながら『クルージング・ワールド』誌にJ・ハワードが「全部チェーンのスコープは5倍、チェーン付きロープが7倍、全部ロープなら10倍」という基準を示していたが、この計算結果との一致は面白い。細かくいうとチェーンはこの計算では4.5くらいになるけれども。

(5) この表を眺めているとひとつの着想が浮かんでくる。20～30メートルのチェーンと残りはナイロンの混合錨索だ。これくらい長い鎖だと、水深15mくらいまでは5～6倍のスコープでアプローチ角はほぼ安全範囲に入る。長いナイロンロープ部分があるからショックには強い。全体の重量はだいぶ節約できる。規格の錨鎖は25メートル(ときに27.5)を1連として製造されるから、この1連を使うとちょうどよさそうだ。揚錨や格納をどうするかとか、舷縁の擦れ止めなどはいろいろ工夫できるだろう。

## 錨網の途中に重りを吊るすこと

ロープの途中に重りを吊るすと錨の利きがよくなることはよく知られている。ついでながら、日本語ではこの重りを普通にモニターと呼んでいるがその由来は定かでない。英語では"Anchor Weight"、ときに"Sentinel(おもにアメリカ語)"というようだが"Monitor"と呼ぶ例は知らない。それはいいとして、さてどのくらいの重りをどこに吊るせばどれほど効果があるか？ この問題もチェーン付きロープの計算の応用で答えが出る。その結果は図4-5にまとめているが、ここでは要点だけを示そう。

\*

(1) 重りの重量は錨の重量くらいは欲しい。

(2) 錨の利きをよくするにはなるべ

く錨の近く、できれば錨の直後が一番利く。これは意外かも知れないが理論的には確かにそうなる。面白いことに、スコープにもよるけれども、重りの分だけ大きい錨を使うよりも、別の重りを錨の直後に付けるほうがよいことが多い。この重りに抑えられて、錨の幹（シャンク）が上向きにならず、アプローチ角が小さいのと同じ効果があるからだ。そうなると錨の後ろの端に初めから大きな重りを付けた新型錨だとか、いや重りだけではもったいないからそれにも爪を付けて、前後に2つ爪のある珍妙な錨だとかいう話も出てきそうだが、あまり話が拡散してもどうかと思うので別の機会にしよう。

（3）錨ロープに付ける重りにはもう一つ別の機能がある。舷縁から水中へ延びるロープの角度をなるべく立ててショックを吸収し、また近くを通る他船の邪魔にならないようにすることだ。このためには船から測って水深プラス舷の高さくらいの所に重りを吊るせばよい。この場合には錨の利きにはあまり役立たない（図4-5の破線）。漁港などで船尾錨の船首着けする場合、十分なスコープを取るとロープが遠くまで水面近くを延びて、一見して交通妨害になる。ビームアンカー（3章参照）はなおさらだ。〈春一番Ⅱ〉では20キロくらいの鎖を束ねた重りをコクピットの底に積んであり、錨ロープにスナッチブロックをかませて、この重りを水中に沈めている。鎖の束には8ミリの細索15メートルが付いていて、これで深度を調節する（図2-4）。

## 計算結果のまとめの図表

図4-3から図4-5（49～51頁）は以上引用した計算結果をグラフにまとめたものだ。これらのグラフを使うと、錨綱の種類とスコープ（繰り出し長さ／海底から船首の高さ）を与えて、どれくらいの力がかかれば、どれくらいのアプローチ角（錨を斜め上向きに引く角度）になるかを読み取ることができる。錨の種類、重量と底質（砂、泥その他）から水平に引くときの保持力は見当がつくから、それにアプローチ角による割引率（図4-2の右下の図参照）を掛け算するとあなたの錨がどのくらいの力まで持ちこたえられるか、見当をつけることができる。

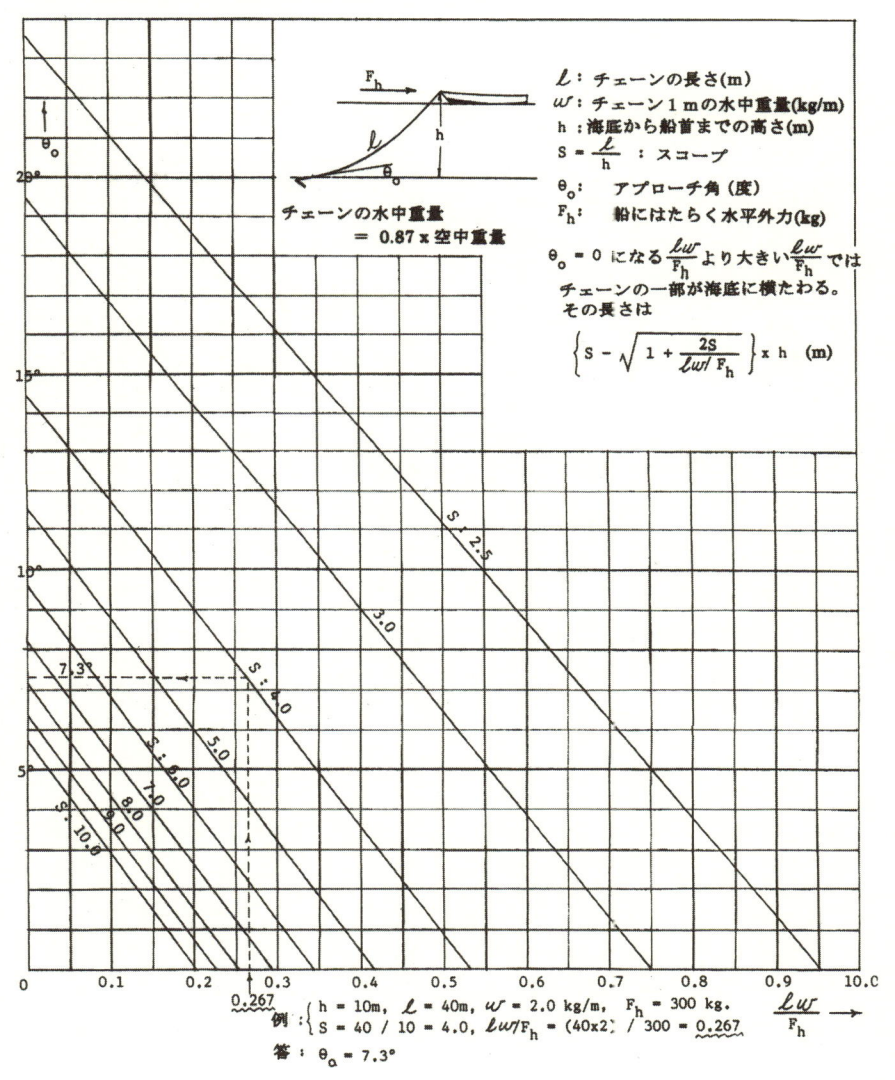

### 図4-3 全部チェーンの錨索の外力とアプローチ角

$\ell$ : チェーンの長さ(m)
$w$ : チェーン1mの水中重量(kg/m)
$h$ : 海底から船首までの高さ(m)
$S = \dfrac{\ell}{h}$ : スコープ
$\theta_0$ : アプローチ角（度）
$F_h$ : 船にはたらく水平外力(kg)

チェーンの水中重量 $= 0.87 \times$ 空中重量

$\theta_0 = 0$ になる $\dfrac{\ell w}{F_h}$ より大きい $\dfrac{\ell w}{F_h}$ ではチェーンの一部が海底に横たわる。その長さは

$$\left\{ S - \sqrt{1 + \dfrac{2S}{\ell w / F_h}} \right\} \times h \ (m)$$

例： $\begin{cases} h = 10m, \ \ell = 40m, \ w = 2.0 \ kg/m, \ F_h = 300 \ kg. \\ S = 40/10 = 4.0, \ \ell w / F_h = (40 \times 2) / 300 = 0.267 \end{cases}$

答： $\theta_0 = 7.3°$

### 図4-4 チェーン付き錨ロープの外力とアプローチ角

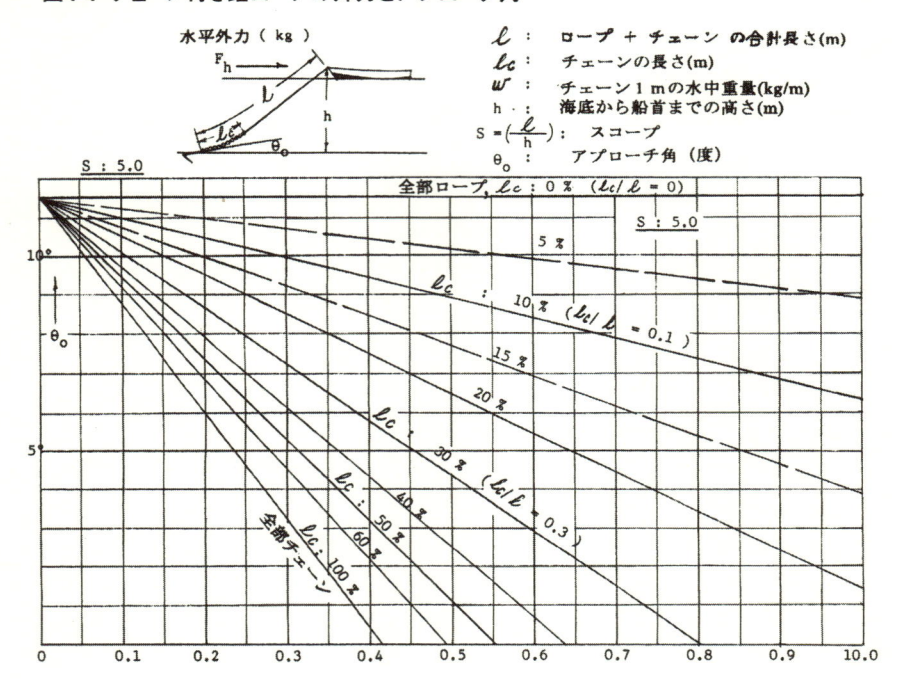

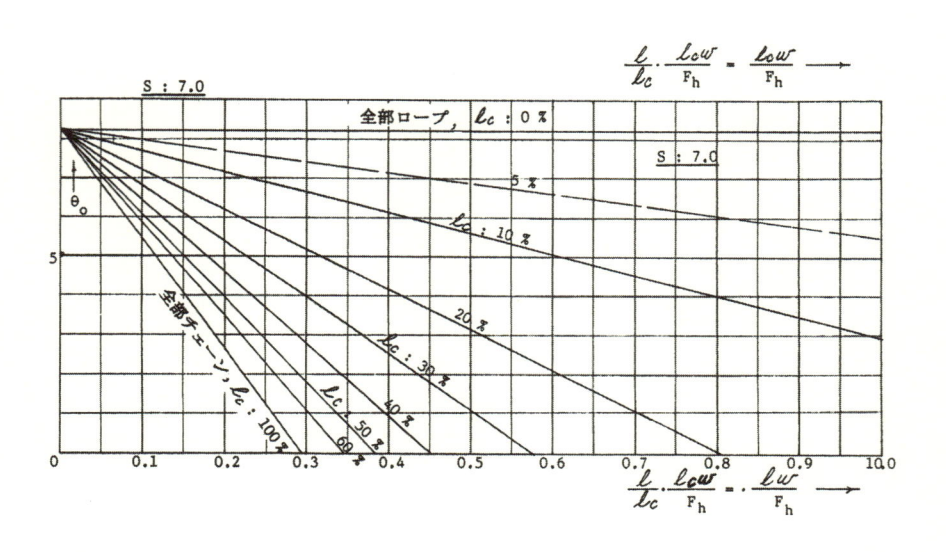

水平外力 ( kg )

$l$ ： ロープ ＋ チェーン の合計長さ(m)
$l_c$ ： チェーンの長さ(m)
$w$ ： チェーン1mの水中重量(kg/m)
$h$ ： 海底から船首までの高さ(m)
$S = \left(\dfrac{l}{h}\right)$ ： スコープ
$\theta_0$ ： アプローチ角（度）

S : 5.0

全部ロープ, $l_c$ : 0 % ($l_c/l = 0$)
5 %
S : 5.0
$l_c$ : 10 % ($l_c/l = 0.1$)
15 %
20 %
$l_c$ : 30 % ($l_c/l = 0.3$)
40 %
50 %
60 %
全部チェーン, $l_c$ : 100 %

$\dfrac{l}{l_c} \cdot \dfrac{l_c w}{F_h} = \dfrac{l_0 w}{F_h}$

S : 7.0
全部ロープ, $l_c$ : 0 %
5 %
S : 7.0
$l_c$ : 10 %
20 %
全部チェーン, $l_c$ : 100 %
$l_c$ : 30 %
40 %
50 %
60 %

$\dfrac{l}{l_c} \cdot \dfrac{l_c w}{F_h} = \dfrac{l w}{F_h}$

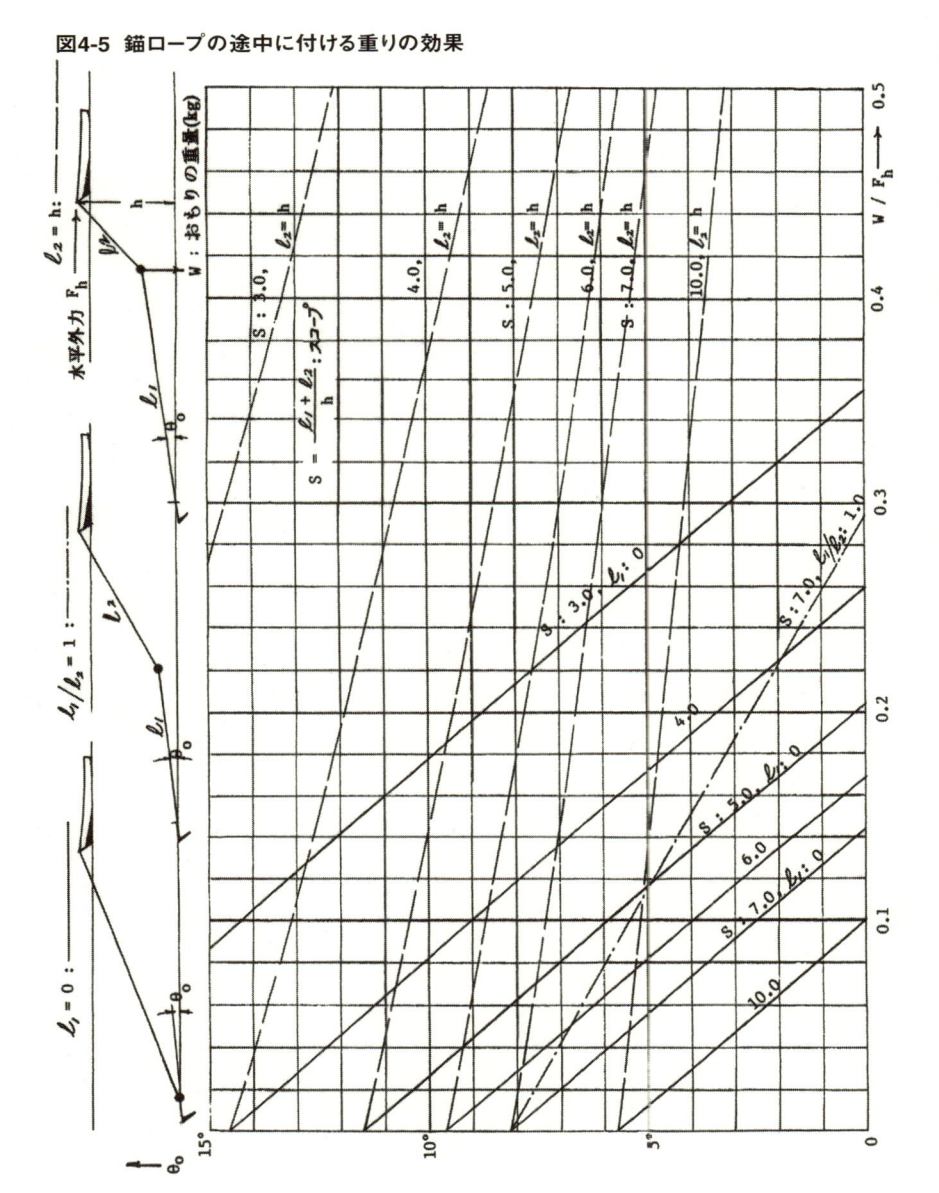

図4-5 錨ロープの途中に付ける重りの効果

# 05 海で行き逢う人々

　クルージングの大きな愉しみは、行く先々で行き会う、あの素晴らしい人たちだと思う、とハル・ロスはその太平洋周航記に書いている。彼はまた、海霧に閉ざされた北海道沖を漂っていた時のことを……。

「漁船が1隻滑らかな海面を寄せてきて横着けし、塩鯖を7本入れた桶を渡してくれた。私たちはアメリカタバコを何包か相手の船へ投げこんだ。間もなく長袖シャツを着て手拭の鉢巻をした向こうの全員がそのタバコを1本ずつくわえて舷側に笑顔を並べた。白一色に包まれた霧の海。かすかにうねる滑らかな水面。私たちはいっとき顔を見合わしながら和やかに一服、それからお辞儀を交わして別れた。これはちょっとしたできごとだったが、ヨットの航海というスポーツがこんなに人の心を捉えて放さないのは、一つにはこんなことがあるからだと思う」と記している。

*

　いつだったか、春先に私はただ1人、土佐湾の沿岸を西航していた。早朝に宇佐を出て、須崎、上之加江を過ぎるあたりはよい北風だったが、昼頃から晴れ上がって風が落ちてきた。興津崎の手前で、2〜3時間浮いていたが昼の風は来ない。次の港、佐賀はざっと15海里、夕方にはいくらか吹いてくるだろうが、このぶんでは夜中になる。佐賀は昭和21年に行ったきりで夜の入港は心もとない。水路誌ではちょっ

とした築港ができているようだが、あいにく2、3日前に沖を東進した低気圧の影響で今朝あたりから南東のうねりが入って来ている。残念だが引き返すなら今だ。何とか陽のあるうちに上之加江まで帰れるだろう。何しろ1人で磯波の音を聞きながら徹夜するのはかなわないから……。

　それにしても風がない。そろそろ日暮れも近いがこれじゃ上之加江の沖の定置網を明るいうちにかわせるかどうか。16：20エンジン始動、北上を始める。そこへ漁船が1隻沖から帰って来た。手を振ると寄せてきてエンジンスローで横に並んだ。

「この近くに一晩泊るとこないかなあ、船頭さん」

「わしのとこへ来いよ、あの鼻の先じゃが」

「この波でも港はええかなあ？」

「ああ心配ない、心配ない。わしのあとよう見てついてこい」

　海岸線までは2海里ばかり、ついてこいはいいのだが、その船はもう夕もやの中に沈みかけている。幸い出てきた北風を頼りに後を追うがとうとう見失ってしまった。見当をつけて海岸まで1海里足らずに寄って見るが、もやに煙る海岸にはそれらしい場所がない。こんなことをしていて日が暮れては大変だ。諦めて折から力を増してきた北風に、いっぱいに上り始めた。明るいうちに上之加江の定置網が見えればよいが……。

　3度目のタッキングをして上之加江の鼻がだいぶ近づいた頃だった。暮れなずむ暗い海面に機関の音を響かせて追ってくる船がある。

「何しとる！　もう来んのかい。わしゃあ帰るぜ」

　彼はその日、久しぶりに帰郷していた弟を見送るために帰りを急いでいた。バス停で立ち話をしながら沖を見ると、せっかく港へ突っ込んできたヨットがまた沖へ出て行く。そのうちまた方角を変えて、今度は上之加江の定置網へ真すぐに向かって行くではないか。

　あなたがヨット乗りだったら、夕方上陸して着替えてサッパリした後で、また海へ出て行くことがそんなに気軽なことでないのを御存知だろう。しかし彼は出てきてくれた。沖でひと言交わしただけの旅のヨットのために。矢井賀という、海図の上では人家の存在を示す小さな黒点が二つ三つあるだけのその場

所で、その日私はどんなに素晴らしい晩を過ごしたことか。

\*

他人に親切にできるということは、その人が持っている幸福の量を示すよい尺度だと思うが、しかしあの人たちの生活は一般に質素で、むしろ苛酷と言ってよいことも多い。

神田真佐子さんは停年退職されたご主人と2人で本州一周の航海の途中、能登半島の福浦で初老の漁師に会った『ふたりだけのヨット旅行（上、下）』（舵社刊）。

「ワシも一生に一度こんな旅がしてみたい。だけどどんなにジタバタしても絶対できないよ。働いても働いても食べかねているんだからねえ」

そう言った漁師はいつものように夜中に時化ぎみの海へ出て行き、帰ってくると獲物の中からみごとなカレイとエビを届けてくれるのだ。

「食べてくんな。このエビは刺身にするとうまいよ」

真佐子さんはそれを受け取りかねる。このくだりを読んで私は思わず涙ぐんでしまった。

\*

漁村の厳しい生活というと私には忘れられない記憶がある。その島ははるかに黒潮をのぞむ離島で昔は太刀魚の好漁場だった。初めてこの島を訪れた時、軒は傾き漁船は半ば壊れていた。人々は素朴だけれど無力感と暗い表情が目立った。私は水際で10歳ばかりの男の子と話していた。

「以前はな、ここではタチオがなんぼでも取れたんじゃ。とうちゃんもじいちゃんも毎晩その鼻の沖でタチオ釣った。大けな歯の、銀色のタチオがなんぼでも釣れた」

「そこへなあ、向かいの本土の浦からバッチ網が何統も出てきてうちの沖でタチオ取り出した。大けな馬力の機械据えて、毎晩毎晩ドットドットドットドットやるんじゃ」

\*

バッチ網は巾着網のことで、網で魚群を取り巻いたのち、その裾を絞って一網打尽にする。一本釣りとは比べものにならない。島の人たちは相談の末、とうとう島の漁協のささやかな財源をはたいて中古のバッチ網漁船を1組買い入れた。浦の漁船はオレンジ色の船だった。島の人たちはその誇りを込めて自分たちの船を太刀魚の銀色に塗り

あげた。
「おう、浦のバッチはクソ色じゃ、島のバッチは銀色じゃ、島のバッチは銀バッチ、浦のバッチはクソバッチ」

銀バッチとクソバッチはそれから毎晩毎晩、ドットドットドットドット、競争でタチオを取った。

「だめじゃった」。そう言ってこの年少のホメロスは肩を落とした。
「馬力が違うんじゃ。こっちはどこにタチオがおるか知っとる。銀バッチの所へクソバッチがみな寄ってくるんじゃ。銀バッチがなんぼ頑張っても大方は馬力の大けなクソバッチが取ってしまうんよ」

こうして漁場は荒廃し、クソバッチは去った。銀バッチはもう燃料もなかった。島は再び静かさを取り戻した。しかしすべてを失ったのちに。

この時の印象が強烈だったので、私はその後長くこの島に寄る気になれなかった。とても遊びで行ける場所ではなかった。いつも銀バッチの話を思い出しながら素通りして20年がたっていた。それも今ではもうだいぶん前のことになってしまったが、久しぶりに寄ってみると立派な築港ができ、鉄筋建の漁協では事務員の娘さんがテレビ女優のような話し方をした。それにしてもあのホメロスはどうしているだろう。あれは確かに一編の叙事詩だった。そして思った。今の島と、バッチが来る前の島と、本当はどちらが幸福の待ち合わせが多いのだろうと。

\*

こうして海で行きあう素朴な人たちは皆、その厳しい生活の中に、その人その人の幸福を持っているように見える。そうでなければどうしてあんなに他人に親切にできるだろう。

厳しい生活の中のその人その人の幸福という点で、とりわけ私の心を捉えるのは自由漁民たちだ。彼らは単独か多くて3、4隻の船隊を組んで遠く出漁する。1隻は夫婦か独身青年の1人乗りが多い。漁法は釣りか潜水漁に限られる。同じ県内なら漁業組合同士の話し合いで入漁料を取り決めるし、県外にまたがれば県の水産課が仲介するようだ。

八丈島の神湊で高知から来たケンケン船に会ったことがある。35尺ばかりの頑丈な造りの船で、デッキや舷縁の汐に磨かれた白木の

肌が美しかった。3、4隻いたが皆夫婦一組で子供は年寄りにあずけて出てくるということだ。鰹のケンケンだから夕方には切り上げて帰ってくる。神湊の小さい船溜まりで並んで一夜を過ごしたが、男たちは1隻に集まって、ビールを飲んでいるし、おかみさんたちも他の1隻に集まって船端会議を開いている。好漁が続いていたのか、いつでもああなのか、彼らの屈託のない談笑が耳に残る。私たちの隣りはその中でも一番若い、気持ちのいい夫婦だった。

〈春一番Ⅱ〉は鳥島から北上して来たところだったが、ベヨネーズ列岩の東で海鳥の群舞に会い、張り切ってケンケンを引いて突っ込んだが全くの空振りだった。彼は私たちのケンケンを一目見るなり言った。「こんなもんでイオが食うかよ」。そして商売道具を一つ分けてくれた。私たちは牛肉とパイナップルの缶詰をお返しに贈って友好を結んだ。

\*

これはかれこれ70年ばかりも前の話だが、和歌山の雑賀崎の自由漁民たちは必ず1隻1人、帆1枚と櫓1挺を頼りに北は朝鮮、南は沖縄、西は五島や平戸から、東は伊豆七島、八丈、青ケ島と魚を追って放浪したものだ。彼らの航海は徹底した"待てば海路の日和"式で、これという日和になるまで何週間でも待つ。1日の食費ぐらいは何としてでもそのあたりで釣ってくる。そして本日和となれば数隻の船隊が2日2晩くらいは昼夜を分かたず帆走する。びっくりするような距離を一気に渡り切るのだ。この伝統は少し前まではまだ残っていて、紀伊水道外海のあたり、とんでもない沖合をちっぽけな船隊が飛んでいるのを見かけたら、まずは間違いなく雑賀の一本釣りだったものだ。

\*

しかし何と言っても西日本一円にその名も高い一本釣りは広島船だろう。広島県は元来自由漁民の多い地域だが、中でも音戸瀬戸から東へ数海里の豊島の自由漁民の右に出るものはあるまい。現在、北西九州から豊後水道あたりで見かける広島船の大方が豊島の船ではないかと思う。30尺余り、肩幅の広い、舷の高い船で普通の日和には両舷の差板と帆布のオーニングで居心地のよい屋形船になっている。オモテの合羽の下（ヨットでいうとフォクス

ルにあたる場所)に畳敷の寝室があり、テレビが置いてある。広々とした胴の間には主機からVベルトで動かすごく小型のラインホーラー(釣糸を巻き取る機械)があり、板を外せば下はイケスになっている。右舷側に木造の流しがあり、プロパンのコンロがある。エンジンの手入れのよいことは驚嘆に価する。主機室のキラキラと光り輝いていること。船尾左舷には見事な櫓が1挺横たえてあり、舵はこれがまた立派な白樫造りだ。船尾に小さいマストがあり、沖釣漂泊用のスパンカー(小さなミズンセール)を張る。

　豊島の人たちはこんな船によく夫婦2人で乗って出漁する。特に遠出する人たちにはそれが多い。北九州あたりでは"広島の夫婦船"で通っている。宇和海の蒋淵(こもぶち)で知り合った豊久丸はその典型だった。蒋淵という難しい地名は、宇和島市の南から細い木の枝のように豊後水道に突き出している遊子半島の先端にある。西へ延々と伸びた半島の先が大きく南へ折れて、東側に波静かな湾を抱く理想的な天然の泊地だ。〈春一番Ⅱ〉もこの時は夫婦船で、山桜が満開だというのに3日も連吹する季節はずれの西風が吹き込んでいた。

　この一帯の海は真珠養殖の盛んな所だ。水がきれいで水温の条件もよい。私の知り合いの大畑さんの真珠筏は湾の一番奥まったあたり、細木運河の近くにあり、その陸に作業場と住宅がある。筏の一部に網で囲った自家用イケスがあり、中をのぞくと、ハマチ、シマダイ、チヌなどが泳ぎ回り、さながら水族館のようだ。うしろの丘には山桜が咲きこぼれる。広島船の豊久丸は毎年正月が終わると、南下してこの桃源境にやって来る。筏の沖に定錨(じょういかり、定置アンカーのこと)が入れてあり、漁が終わると帰ってきて筏に横着けする。大畑さん一家と大の仲良しで、真珠養殖の作業の終わる頃からみんなで風呂に入り、夜はよくテレビの周りで一緒に過ごしている。まったく家族と変わらない。豊久丸の船頭は、もうひと漁してそれを土産に北上しようと思っているが、「今年はいつまでも西が強うての」と話し、別に急ぐ風情もなかった。ひと月ばかりして届いた大畑さんの奥さんの手紙には「豊久丸も帰って淋しくなりました。来年も寒くなったらまた来るでしょう。〈春一番Ⅱ〉もまた来てください」と書いて

あった。読みながら、あの船頭がポツリポツリと話した言葉を思い出す。
「わたしは人と競うてものをするのが嫌いでなあ。この仕事が一番性に合うとる」
そう言って微笑む彼の顔には静かな自信があった。泰然自若といってもよかった。
「あんたら、どこからおいでたん？」で始まったおかみさんと妻の会話は、島に残している子供たちの教育が中心になった。
小学校にも寄宿舎があるが人数に制限があって、たとえば元気な年寄りのいる家庭は遠慮することになっている。
「うちは3人目から入れてもろうたが、やっぱり学校の寄宿舎へ預けたら安心できる。センセが見てくれとってじゃもん」

*

こんな素晴らしい人たちとの交流は、ヨットの航海というスポーツの大変魅力的な要素だと思う。よい友だちになるためには、などと書くのは気が進まないけれど、ひと言だけ言うと、「郷に入っては郷に従え」ではないだろうか。世の中にはいろいろな生き方、考え方、そして受け取り方や表現のしかたにも違いがある。それはそれぞれの文化なのだ。自分のとはまた違った文化を理解し、それに敬意を払うことはとても人間的な美徳だと思う。そんな理屈など言わないけれども、あの人たちがどんなに素晴らしく、そして自然にこれらの美徳を持ち合わせていることか。だからあんなに誰とも仲良く、親切にできるのだろう。高度成長や生活の向上とひきかえにわたしたちが失ったもの、失いかけているものを、海で行き会うあの人たちはいまさらのように思い出させてくれるのだ。

楽しいヨット仲間、この笑顔。マコちゃん、山形さんと貴伝名のおやじさん

長州鯨組の末裔。ずいぶんお世話になった

伊万里沖の青島で初代〈春一番〉を訪れた年配の漁師。軽巡〈夕張〉の生き残りと誇らしげに話した彼ももういない

スピン・ナ・ヤーン ◉ 海で行き逢う人々

# 06 伝馬を見れば親船が分かる

　「子は親の鏡」ということわざがある。良きにつけ悪しきにつけ、子供は親の人柄から暮らしのスタイルまでよく反映しているとの意味だろう。これをイギリスでは「伝馬（てんま）を見れば親船がわかる」という。これも言い得て妙で、上陸桟橋につながれている伝馬（テンダー、足舟とも言う）を見れば、沖に係留している親船がどんな船か、まず間違いなく言い当てられるだろう。よく使いこまれて手入れもきちんとしている足舟の親船は、年季の入ったシップシェイプな船だし、何となく乱雑な感じのボートの本船はやはりそれ相応の船でしかない。

　　　　　　　＊

　帆船時代には伝馬の果たす役割は現在では想像もつかないくらい大きかった。沖がかりした船から陸への交通はもとより、帆船を着岸しようとすればまず一時の錨泊をして伝馬を下ろし、ケッジアンカーを運んだり、陸へロープを渡したりして、それを手繰り寄せて横着けした。天候の変化やそのほかの理由で、もう1本錨を打ちたい時にも、動力のない帆船ではまず無理。伝馬で錨を運んで"増し錨"や"転錨"をした。現在の船なら自分の推進機関やバウスラスターなどでやっている運用を手漕ぎボートを活用してこなしていたわけだ。

　それだけ必須の存在だから、例えば江戸時代の千石船の設計図、板1枚に描いた10分の1の簡単な図面だが、その板図の隅のほうに伝馬船の設計図がやはり10分の1で描

いてあることが多い。その時代に船乗りの三つ道具と言えば、錨と舵と伝馬だった。足舟の重要さは洋の東西を問わなかったことがわかる。

　　　　　　＊

　現在のクルージングヨットはたいてい補助推進機関を持っているので、足舟の必要の程度はかなり減ってはいる。それでも旅に出ればほとんど必要不可欠といってもよいのではないか。国内の沿岸クルージングだけを考えても、ディンギー（英語ではヨットの足舟をこう呼ぶことが多いようだ。テンダーでも間違いではないけれども）を積んでいれば、たいそう便利で行動の自由度がずっと大きくなることは確かだ。

## テンダーの種類と選択

　これこそ内外の雑誌や書籍で足舟の話が出れば必ず取り上げられるテーマだ。それは詰まるところ、テンダー（ディンギー）の性能、使い勝手とヨット上の収納スペースの兼ね合いの問題になる。

　テンダーを曳航することはあるけれども、風力6くらいまでが限度ではないだろうか。

　冬の瀬戸内で風力8〜9くらいの西風を追い風に受けて走っていて、既製品のボートが水船になり、とうとう舷側の一部がむしり取られて流れてしまったことがある。そんな極端な話でなくても、特に上りのコースでは、ボートを引いていると明らかにスピードが落ちる。やはり船の上に積まなければならない。

　ついでながら私は今までにヨットから2度落水しているが、2度とも曳航中のテンダー（〈こはるいち〉ではない）に乗ったのが間違いのもとだった。静かな時でも曳航中のテンダーには決して乗ってはいけない。

## インフレータブルボート

　これは収納の点では一番有利で、クルーザーならどんな小さなヨットでも甲板下に収まるだろう。膨らますのはちょっとした労力だったが、近ごろではバッテリーで動く空気ポンプが便利だ。

　大きな弱点は手漕ぎで非力なことと、どうしても足や衣服が濡れてしまうことだ。「長いオールを使えば大きな錨を積んで風上へ漕げる」と強く主張しているアメリカ人の文章を読んだことがあるが、どうも多数意見ではないようだ。船外機を使えばよいという人もあり、事実、かなりの数の長距離クルーザーも使っている

ようだが、吹き下ろしの中でほんとに大丈夫だろうか。それにガソリンを積むのがどうも気になる。コップ1杯のガソリンはダイナマイト1本に匹敵する爆発力があるそうだから、軽油と違って気がかりな燃料だ。もう一方の濡れやすさもやはり問題で、お尻を濡らさずに上陸できるチャンスはあまりないと思う。

## ハードディンギー

ボートの材質の違いで、インフレータブルボートに対してこう呼ぶ。リジッドディンギーも同じ。木造もあるが、今ではFRPが多い。サイズのわりに性能に優れており、長さ2.5メートル、幅1.2メートルもあれば結構な積載量と耐航性をもつ。適当な長さのオールを使えば手漕ぎでも十分な馬力がある。既製品もあるが、少しの根気があれば自作も現実的だ。

\*

船型は普通のボートのように船首の尖ったものと、もう一つは反り上がった船首に小さい端板のついた、いわゆる"プラム型"がある。後者はヴァイキングの子孫たちが木造重ね張り（クリンカー）構造で長さ幅比の小さい小舟を作るために工夫した船型で、北欧ではエッカ(Eka)と呼ばれる。ヨットの足舟としても欧米一円で広く使われてきた。しかしFRPならずんぐりの小舟でも尖った船首形状にできるので、現在ではむしろこちらが多いかも知れない。どちらにしてもあまり箱舟的な船型は漕ぎづらくて困る。

それとこれは国内の市販のスモールボートによくあるのだが、ちょっと手を離すとクルッと回ってしまうのも困る。あれは船尾に小さいスケグを付ければすむことで、オールを使う西洋型のボートには昔からみな付いている。日本の伝馬船は長い櫓や練り櫂が船尾にあるから要らないのだが。

\*

長さ10メートル前後のヨットのテンダーなら、長さ幅比が2.0～2.5、幅深さ比が2.5～3.0くらいが多い。また長さは2.2メートル、幅は1.0メートルが実用に耐える最小寸法かと思う。

ヨットの足舟は転覆して水船になっても浮いているだけの浮力が必要で、FRPの船底外板をサンドイッチ構造にするのはよい考えだ。それに船首と船尾の隅に発泡材の浮力体をマットインするとよい。

\*

ハードディンギーの問題点は収納

で、甲板長9メートル以下のヨットのデッキに積むのはかなりの無理がある。図6-1は甲板長9.2メートルの〈春一番Ⅱ〉に2.55メートルの〈こはるいち〉を積んで港を出ていくところだが、シングルハンドが多いからよいようなものの、前のデッキがふさがれるのはやはり何かと不便ではある。錨泊して〈こはるいち〉を下ろすと、〈こはるいち〉には悪いが、前のほうがにわかにすっきりして船らしくなる。

ところで甲板長10メートル前後のヨットでテンダーを積む場所は3カ所ある。(1)マストの前、キャビントップの前部から船首デッキにかけて。裏返しにしたテンダーの船首をデッキに着けるから前下がりに積むことになるだろう。(2)マストの後ろ、ブームの下に裏返し。(3)ボートダビットで船尾に吊る。

(2)がおそらく一番広く使われているが、ドッグハウスの形によっては不可能なこともある。長年、大西洋のカリブ海でクルージングを続け、ヨット関係の好著も多いD・ストリートは、裏返してコンパニオンハッチの上まで被せたディンギーのトランサムを大きく切り欠いて、ディンギーを一種のドッグハウスとして使うアイデ

図6-1 テンダー〈こはるいち〉を積んで港を出てゆく〈春一番Ⅱ〉 朝井章氏撮影

アを示している(『オーシャンセーリングヨット』第2巻、W.W. NORTON社、NEWYORK/LONDON 274頁)。水に浮かべる前にトランサムの切り欠きは蓋をするが、これは数本のボルトとゴムのパッキンで可能だろう。この方法だと2.3メートルのテンダーを7.5メートルのヨットに積めるかも知れない。

(1)はフォアデッキをふさいでしまうが、現在のクルーザーはファーリングジブを使うから、この点はあまり重大でないかも知れない。重量が前に行くのはピッチングの面からは望ましくない。

(3)の船尾ダビットは"バルト海型

ボートの吊り方"といわれているように大洋航海向きではない。しかし日本沿岸のクルージングのたいていの場面では構わないと思う。むしろピッチングへの悪影響と、ウインドベーンとの干渉などが問題かと思う。

### 折りたたみボート

ずいぶん以前からあるアイデアで、帆走巡航の古典とされているE・ヒスコックの教科書（1章の終わり参照）にも2、3の例が出ている。小型のクルージングヨットに何とか足舟を積もうという願望の所産である。最近では新しい素材を使って、なかなか魅力のある製品が市場に出ている。

このタイプは収納はインフレータブルボートと同等か、むしろコンパクト。組み立てはインフレータブルボートより手早いだろう。私は経験がないが、写真などで見ると手漕ぎ時の馬力もだいぶ強いのではないだろうか。価格も手頃なようだから、なかなかよい選択かもしれない。

### 組み立てディンギー

しかし何と言ってもセーリングクルーザーのテンダーとしては、本物のハードディンギーにかなうものはない。ところが収納に困る。そこでハードディンギーを二つか三つに分けて収納し、使う時にはそれらをつなぎ合わせたら、という考えがある。これは比較的新しく、おそらくFRPが普及してからのことかと思う。木造艇を分割したりボルトで水密につないだりするのは不可能ではないにしても、ちょっと手を出す気にならない。

現在ではFRP製の組み立てディンギーが海外の雑誌などで散見されるようになったが、大方は船の長さの中央で前後に分割し、どちらの部分もスオート（幅方向にまたがる座席）の下まで水密隔壁があって、それを合わせてボルトでとめるものが多い。こうすれば水止めは結合ボルトの周辺だけでよく、Oリングを入れれば簡単にできる。

私の〈こはるいち〉も方式は少し違うが組み立て式で、長い外海を走る時は分解してフォクスルに入れる。沿岸航海では前甲板に裏返して積んでいる（図6-2）。

＊

図6-3、図6-4は前後2分割式のエッカ型ディンギーだ。前半部を後半部の中に入れて"入れ子"式にするとほぼ1.2メートル四方くらいになるので、たいていのヨットのキャビン

の上に積めるだろう。少し大きいヨットではコンパニオンハッチを通ってフォクスルに収納できるかも知れない。その場合にはバッグに入れると船内を汚さない。

　　　　　　＊

　このディンギーの製作は簡易メス型を使うのがよいだろう。線図から外枠を作り、3ミリくらいの美装ベニヤを張ってメス型にする。船底部は円弧なので3、4枚の狭い幅に分けたほうがよい。ビルジ部の100ミリのRはパテで作る。メス型は前後一体に作り、分割点に仕切板を仮付けし、後半部全体に離型剤を塗る。まず後半部を積層するが、前もってウレタンコアを現場合わせで裁断しておき、外皮を積層したら船底にコアを載せ、上から重しを置いて外皮に接着する。この段階では船底は3層、船側と分割部隔壁は2層だけの積層にとどめておく。

　この第1段階が大方硬化したら重しを除き、残り2層を舷側、仕切隔壁、船底まで通して積層する。隔壁の結合ボルトの所はさらに2層ばかりダブリングを加えて増厚しておく。

　全体が硬化したらいったん離型し、分割部の縁を整形、再び型に入れる。仕切板を外し、今度は前半部を後部と同じ手順で成型する。分割部にはすでに完成した後半部

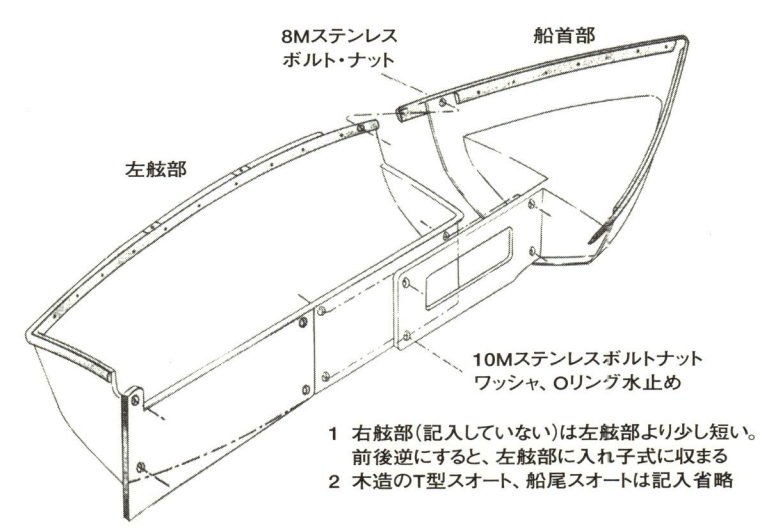

**図6-2　3分割テンダー〈こはるいち〉**

左舷部　　　8Mステンレスボルト・ナット　　　船首部

10Mステンレスボルトナット
ワッシャ、Oリング水止め

1　右舷部(記入していない)は左舷部より少し短い。
　　前後逆にすると、左舷部に入れ子式に収まる
2　木造のT型スオート、船尾スオートは記入省略

**図6-3 北欧エッカ型2分割テンダー構造概略**

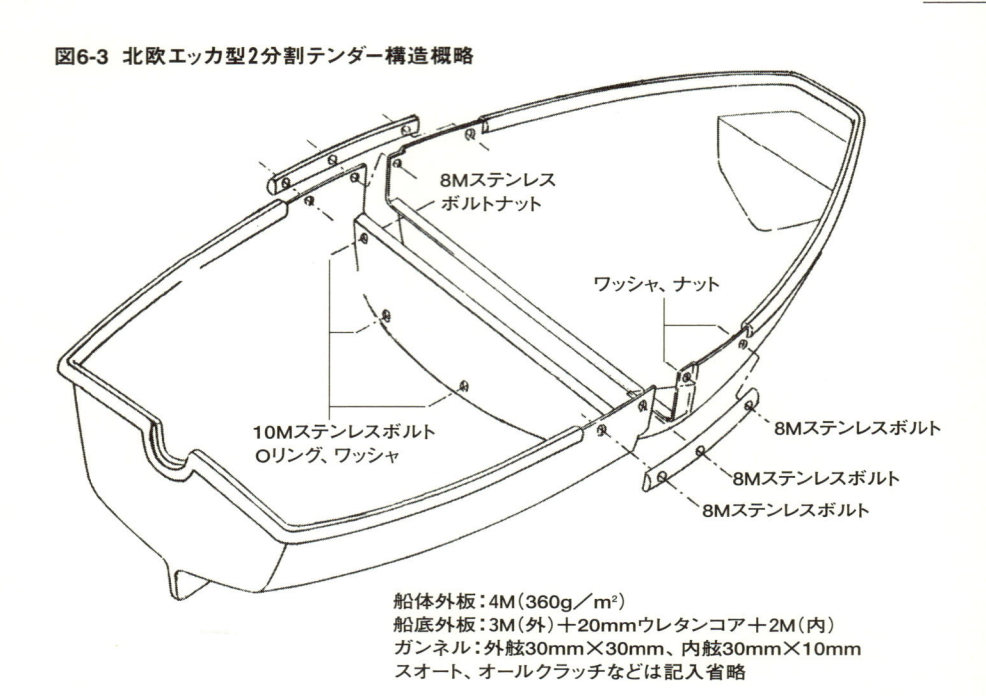

8Mステンレスボルトナット

ワッシャ、ナット

10Mステンレスボルト
Oリング、ワッシャ

8Mステンレスボルト
8Mステンレスボルト
8Mステンレスボルト

船体外板：4M（360g／m²）
船底外板：3M（外）＋20mmウレタンコア＋2M（内）
ガンネル：外舷30mm×30mm、内舷30mm×10mm
スオート、オールクラッチなどは記入省略

**図6-4 北欧エッカ型2分割テンダー船体線図**

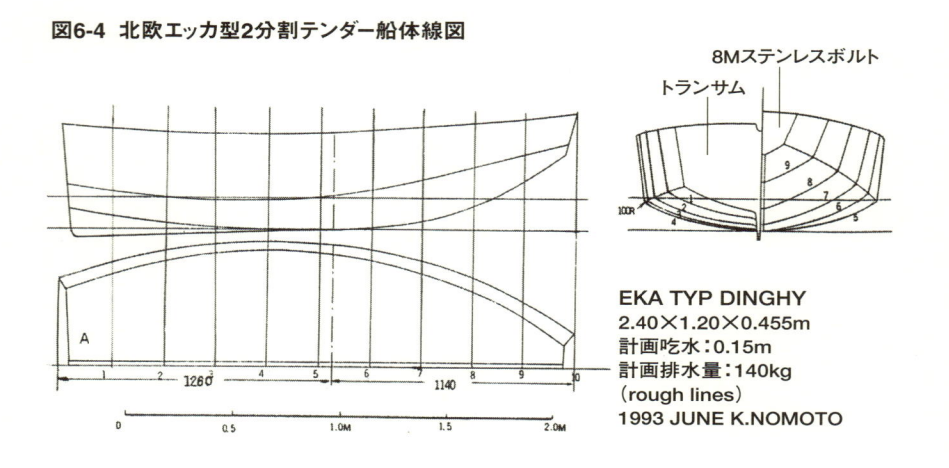

8Mステンレスボルト
トランサム

EKA TYP DINGHY
2.40×1.20×0.455m
計画吃水：0.15m
計画排水量：140kg
(rough lines)
1993 JUNE K.NOMOTO

があるから、それが型の一部になって、しっくりと嚙み合う前半部の成型ができる。離型剤を十分塗ることを忘れずに。

木のガンネル材、ペインターのリング、内部浮体、スオートなどを作り付け、結合ボルトを取り付けてできあがりとなる。

## テンダーの漕ぎ方いろいろとオールの長さ

足舟としてのディンギーはまず、しっかりと漕げるボートでなければならない。船外機もいいだろうけれど、ガソリンはどうも気になる。それに手漕ぎは静かで、気分が落ち着く。しっかり漕げるためにはボートの形状や構造も大切だが、もうひとつ案外見落とされているのはオールの長さではないかと思う。今、市場にある小型ボート用のオールは、だいたいにおいて短かすぎる。自分のテンダーはどうもいまひとつ馬力がないと思ったら、少し長いオールを試してみるとよい、往々にして驚くほどよくなるものだ。

\*

帆船時代からの伝統にもとづいてオールの長さにはいくつかの経験則がある。ヨットの足舟については

ドナルド・ストリートが『オーシャン・セーリング・ヨット』（前出）に示しているものが一番よいと思う。ボートの船幅の2倍プラス15センチ、がそれで、例えば幅1.2メートルのボートなら1.2×2＋0.15＝2.55メートルとなる。これはおそらくボートの船内にちょうど収まるくらいの長さになるだろう。

\*

基本の漕ぎ方はもちろん、後ろ向きに座って両手に1本ずつオールを持ち、両舷同時に水をかく。公園の貸しボートなどを見ていると、あまり上体を傾けずに腕だけで漕いでいる人がいるが、あれでは力が入らない。

もうひとつ感心しない癖は、横から見てオールの水かき（ブレード）が円を描くような漕ぎ方だ。ブレードが水をかく動きの前半では水中にだんだん深く入っていき、後半でだんだん浅くなって水から出る。横から見ているとブレードは水中で半円を描いたことになる。残りの半円を空中に描いて再び水に入る。これも力の出ない漕ぎ方だ。

正しい漕ぎ方は上体を十分に前傾し、腕もいっぱいに伸ばしてブレードを十分にバックさせる。ブレードを水中に下ろして水をつかむと、一気に

水平に引き切る。上体は後ろへ反っていき、腕にも力を入れてオールを引き寄せる。最後にスパッと水を切って一瞬停止する。水をかいている間のブレードの水中の深さはあまり変わらない。バックの行程でも必要以上にブレードを上げず、水面にほぼ平行にバックする。

　フェザリングと称してバックの行程でブレードを水平にして空気抵抗を減らす技巧はレース艇では常識で、テンダーでも向かい風の時は特に効果がある。手首のひねりで自然にやれるのだが、そのためにはクラッチ（オールを舷側で支える金具、ローロックとも言う）の中でオールが滑らかに回転できる必要がある。これが重いと手首が疲れてフェザリングがやりづらい。

＊

　混雑した岸壁で、交叉しているもやい綱の間を短い距離移動するといった場面では、そんなに馬力はいらないけれども小回りのきく漕ぎ方が望ましい。そんな時、一般のセーリングディンギーでやるようにパドリングをするのも一法だが、足舟は幅が広くずんぐりしているのでパドリングでは方向が定まらずやりにくい。もっと便利なのは1本のオールを日本

**図6-5　スウェーデン式櫓漕ぎ、結構な引き波が出ている**

**図6-6　佐渡のたらい舟式漕法**

や中国の櫓のように動かす方法だろう。図6-5はスウェーデンの漁師がこの漕ぎ方で力走している所で、トランサム中央に設けた凹みにオールを引っかけて漕いでいる。これを英語では"single oar sculling"あるい

は単にスカリングといって、欧米でも小舟ではかなりよく使う。ついでながらこのトランサムの凹みは他にもいろいろ用途があるので、ヨットのテンダーには付けておくとよい。

＊

　同じ原理でもっと小回り、前進、後進が自由なのは、図6-6の漕ぎ方だ。ただし馬力はずっと劣るけれども。ボートの中に立ってオールの握りの所を肩に押し当て、そこを支点にオールを左右に揺り動かしながら、ブレードの角度を交互にひねって揚力で船を引き寄せるようにする。佐渡のたらい舟のお姐さんたちと同じ漕ぎ方で、たらい舟では船首舷側につけた縄の輪が支点になるが、こちらでは自分の肩が支点になっている。舷側でも船尾でもやれるから、後ずさりでも蟹の横ばいでもできる。

## テンダーの操船いろいろ

　テンダーを漕いで親船のヨットや桟橋などに横着けするにはスマートな手順がある。図6-7のA～Cに示すように、普通は親船の船尾後方から約45°くらいの交叉角で接近、Bはテンダーの2艇身ばかり手前で、横着けする側のオールをクラッチごと引き抜いて舷内に収めるところ。テン

図6-7　テンダーを親船や桟橋に横着けする

A　45°くらいの角度で接近する

B　少し手前で接舷側のオールを引き抜き、そのまま惰力で進む

C　外側のオールを押してブレーキをかけながら接舷、片手をのばして親船をつかまえる

ダーは惰力で親船に近づく。Cは最後の段階で、残った外側のオールを押してテンダーにブレーキをかけると、

テンダーは親船の舷側に平行になる。親船側の片手をのばして親船をつかまえる。

　こうすればテンダーを親船にぶつけたり、つかまえそこねたりしない。接舷側のオール、クラッチを引き抜くのは親船の外舷を傷つけないためで、この点からもクラッチはオールに入れっ放しが便利だ。クラッチがオールから抜け落ちそうだったら細索で止めておくとよい。

## テンダーで錨を打ちにいく

　これはヨットの足舟のいろいろな用途の中で、おそらく最も潮気の強い場面だ。特に停泊中に時化てきて増し錨を遠い風上に打ちにいく時など、しぶきと烈風と湧き立つ海面を突き切っていくだけの力のあるボートでなければならない。これのできるボートなら足舟の他の用途には心配ないはずだ。ついでながら、そんな運用をする時にはライフジャケットを忘れてはならない。

　まず錨と錨綱を全部テンダーの船尾に積みこむ。錨は短いロープでトランサムの外に吊るし、すぐに落とせるようにしておく。ここでアンカーブイのロープ（2章）が付いていればそれが使えるが、それがなければ水深

テンダーの右舷にチェーンと双綱の付いた部分の錨ロープ、左舷には1本だけになった錨ロープがそれぞれコイルアップされている。黒く細いロープは錨の頭から引いてあり、最後に外す

**図6-8　テンダーで錨を打ちに行くところ**

より少し長い別のロープを錨の頭に付け、その端はテンダーの船尾にとめておく。これは錨綱を張ったまま、錨を海底まで下ろすためで、これなしに錨をドブンと落とすと、緩んだ錨綱、とくにチェーンの部分が錨に絡みついて錨が利かない恐れがある。双綱（2章、図2-1）は付けていても、このロープは別に必要だ。このロープ（またはブイのロープ）を一番下に、それから錨のチェーンを積み込み、その上に錨のロープを順序よくコイルアップしていく。もちろん、錨に近い部分ほど下積みになっている。図6-8で右舷船尾にあるのは、双綱が錨ロープに沿っている部分、左舷の

コイルはもう双綱が終わって錨ロープだけになった部分で、その一番上層から延びるロープの端が親船のクリートにとまる。

　　　　　＊

ここで大切なことは錨網を全部テンダーに積み込むこと。こうすればテンダーが進んだぶんだけロープが水面に繰り出されるから、ロープが抵抗にならない。これを逆に、錨だけテンダーに積んでロープをヨットに残し、テンダーが進むにつれて繰り出したとしよう。テンダーは船尾にロープを引きながら進むことになるから、特にロープが長くなるとその水抵抗は馬鹿にならない。これは陸へロープを渡す時も同じで、十分な長さのロープをテンダーに積んで、ロープを海面に捨てながら進むのが正解。親船のほうでロープを繰り出すのは間違っている。

　　　　　＊

準備ができたら漕ぎ出す。ロープが次々に海面に繰り出され、いっぱいになったあたりで錨を下ろす位置に正しくいるか確認、必要なら位置を修正する。静かに錨を水に入れる。錨はまださっきのロープ（またはブイのロープ）でテンダーにつながっている。最後のスパート（強く漕ぐこと）を

かけ、ロープをいっぱいに張る。手早く最後のロープを放すと錨は海底に落ち着く。船に帰って錨綱を引くと手応えは上々。

全部チェーンを付けた錨をテンダーで打つことはなるべく避けたほうがよいが、どうしても必要なら、まずロープを付けた錨をその方向に打ち、それを手繰って主錨を打ちにいく手順をお勧めする。

## テンダーで錨を上げる

2章で説明したアンカーブイか双綱を付けていれば、テンダーで錨を上げるのはそんなに困難ではない。ブイならそこまで漕いでいってブイを拾うし、双綱ならテンダーで錨ロープをたぐっていくと結び目が上がってくるからそれをつかむ。こうして錨の頭からのロープが手に入ったら、それをテンダーの船尾へ回してきてひと踏ん張り、力を入れて引き上げる。それで抜けなければ、引けるだけ引いてトランサムにロープをとめる。それから体重を船首の方へ移し、テンダーを前後左右にゆすったりしてみる。これで駄目なら諦めて親船のヨットを持ってくるわけだが、たいていの場合はこれで抜ける。

抜けたらそのままロープを引いて、

錨をトランサムまで引き上げて外舷に吊るす。テンダーに取り込んでもよいが、この作業はちょっと危なっかしいし、またテンダーが汚れるきらいもある。錨ロープはまだ親船につながっているから、それを引いて船に帰る。

ブイも双綱も付けていない錨のロープをテンダーで直接引いて錨を上げるのは、運が良ければできることもあるけれども、あまり期待しないほうがよいと思う。無理をするとテンダーを沈させる恐れもある。

## テンダーの上げ下ろしとペインター

テンダーの船首に付いている短いロープがペインターで、ヨットの後ろに曳くときとか、もやい綱、またヨットへの上げ下ろしにも使う。バウラインとは言わないほうがよいと思う。

まずペインターを固定する場所だが、私も含めて多数意見は、ステム（船首材）の水線付近だと思う。決定的な理由は曳航する時、この低い位置で引くとバウ沈もせず、一番安定してついてくるからだ。またテンダーを砂浜に引き上げる時にも、この位置を引くとやりやすい。私の〈こはるいち〉は一度やむを得ない事情があって、水面から3メートルばかり垂直に立ち上がったコンクリート岸壁の上まで腕力で引き上げたことがある

**図6-9 テンダーの上げ下ろし──マグロ吊り方式でマストの根元の電動ウインチを使っている**

が、あんな芸当はこの位置にペインターがついてないと難しいだろう。

　欧米で売っている足舟用ディンギーは、たいていこの位置にアイボルトが付いているが、国内市場ではあまり見かけない。この取り付けは日曜大工でもできるが、アイボルトの座金（ワッシャ）やアイボルト周辺の船体の補強には十分な考慮を払う必要がある。

　ペインターのロープはどうしても酷使される傾向にあるから、太いものを使いたい。12ミリのクレモナくらいがいいところかと思う。

　ところでこの低い位置から取ったペインターを誤って水に落としてしまうとなかなか取り上げにくい。そこでペインターの途中から枝分かれした別のロープをつけ、その先端のスナップシャックルで舟べり内側のアイボルトに止めておく。

　この枝分かれしたロープにはもうひとつ役目があって、それはテンダーを水平に吊るためのブライドル（吊り手）に使うことだ。しかし水平に吊ったテンダーをデッキの上で裏返すのは1人ではやりづらい。私も長年それをしてきたが、最近は船首のペインターだけでマグロを吊るようにすることにした（図6-9）。吊り高さはこのほうが大きくて、そのぶんたくさんウインチを回さなければならないが、差し引きしてもこのほうが無理がないようだ。なおどちらにしてもテンダーの上げ下ろしには、スピネカーハリヤードなど空いているハリヤードとそれ用のウインチを使うことになる。

　ペインターの話の最後に、船尾にも短い、そしてなるべくしなやかなロープを付けておくのは便利だ。先に言ったように、錨をトランサムにとめたり、また親舷に横着けしておくとき、ペインターに加えて船尾をこのロープで親船にとめ、間にフェンダーを二つばかり入れておくとテンダーが舷側を叩かなくてよい。

スピン・ナ・ヤーン ● 伝馬を見れば親船が分かる

# 07 ヨットは帆で走ろうよ

**図7-1 ヨットは帆で走ろうよ**
振れ回る風を拾いながら三瓶湾の奥までまぎりこんでくるところ。ステースルは下ろしてフォアデッキのテンダーの上に被さっており、ハイカットのヤンキージブとメインセールだけの身軽な帆装（朝井章氏撮影）

　明治から昭和初期の沿岸帆船の技術文化を追って、私はこの10年近く北海道から九州、南西諸島までクルージングを続けている。それらの沿岸帆船は普通は動力を持たなかったから、それをできるだけ追体験したいという思いもあって、このところかなり過激に帆走にこだわってい

る。これはいくらか例外かとは思うけれども、しかし行き会うヨットの大方が、機走または機帆走しているのはどうしたものだろう？　限られた余暇をなるべく有効に使いたいというのはよく分かるし、また、しょせんは遊びなんだから、人それぞれの乗り方をすればいいじゃないの、というのもまったくその通りだ。

## それでもせっかくの海を 帆走しないのはもったいない！

それにしても、やはりもったいないなと私は思ってしまう。たしかに航海は移動の手段だというのも一つの考え方で、それなら機帆走もけっこうということになる。しかし、天然自然の風と潮だけを頼りに海を渡り、人類の収奪を受ける前の自然の偉大さ、美しさ、また恐ろしさを実感することはヨットのクルージングの大きな内容ではないだろうか。ハル・ロスやE・ヒスコック、最近ではエンジンなしのガフセールのヨット〈Curlew〉で南極大陸まで行ったCarr夫妻などの航海記はそんな気分に満ちている。人工の力で自然の中に踏み込んでいくエンジンという道具はどうもこの感覚とは異質な気がする。しょせんは好みの問題かも知れないが、私には機走や機帆走を多用するクルージングでは海との付き合いがどこか上滑りの感が否めない。ヘリコプターでエヴェレストに登ってもちっとも面白くないでしょう、と言った人がいるが、似たようなことかも知れない。

＊

時間の制約のことはよく言われるが、同じ限られた時間ならより充実したクルージングをしたほうが得だ。商売の航海ではないのだから目的地までどうしても行かなければならないことはない。自分が持っている時間の中で、精いっぱい海と向き合って暮らしてきてはどうだろう。それはたとえ2、3日の沿岸クルージングでも同じだと思う。あとから振り返ってみて本当に私たちの心を満たすのはそんな航海なのだ。

＊

短い休暇でクルージングをしたいヨット乗りのために、昔の船乗りはいいことを言った。「船を出すなら夜ふかに出しゃれ」。航海を安全に、そして時間を有効に使うための最良の忠告だと思う。この言葉にはもっとロマンティックな解釈もあるのかも知れないが、私が少年の頃、帆走の手ほどきを受けたスクーナー船

の船頭はこう教えてくれた。一度入った港だから出るときはまだ暗くても様子が分かっている。遅く出て、行く先で日が暮れるよりずっとよい。暗いうちに船を出して、もし難儀してもいずれ夜明けが来るからしのぎやすい。だから遠い道を行くときは夜は早く寝て、朝暗いうちに船を出すにかぎる。朝の3時に船を出すのと、9時、10時になってからとでは、もしかすると1日の行程が2倍近く違うかも知れない。遅くに船を出して機帆走で先を急ぐよりも、暗いうちに起き出して冷たい陸風を帆いっぱいに受け、音もなく港を滑り出して行くほうがずっと気が利いている。

＊

働き盛りのヨット乗りの方にもう一つ。もっともこれは人それぞれのライフスタイルにまで関わることだから一般化するつもりはないが、ヨットを本気でやろうとすると"遊びは一つだけ"主義が望ましいような気がする。たとえばテニスとゴルフは両立するかと思うが（実はどちらもしてないので間違いかも）、これにヨットを加えることができるだろうか。1年間に日曜祭日だけでざっと65日、これに土曜と年次休暇を加えれば優に100日を超える。家庭サービスや、やむを得ない交際を入れても、"遊びは一つだけ"に徹すれば結構な日数をクルージングできる計算になる。私も今は自由の身だが、勤めている頃は10日から2週間くらいのクルージングを年1回、3、4日程度を数回、合わせて年間約30日を帆走巡航に使っていた。大学勤めは比較的自由のきくほうだとは思うけれども、それでも出かける前は降りかかる火の粉を振り払い、たたき伏せといった感じだった。あれで他の遊びをすることはとても考えられなかった。

＊

自分がそれで苦労したものだから、どのようにクルージングの余暇を生み出すかを少し語りすぎたかも知れない。しかし帆走へのこだわりにはこんな余得もある。

広島県は三原の藤井さんといえば、知る人ぞ知る古いセーラーだ。だいぶ前のことだが、藤井さんは〈ポールスター〉を三原から小豆島の琴塚へ回す途中に軸系の故障で純帆船になった。そして瀬戸内を再認識したそうだ。塩飽諸島の広島の近くまで来たところで、70歳余りの隻腕の漁師がちっぽけな釣伝馬で〈ポールスター〉を曳航してくれた。

彼がどこでどうしてその片方の腕を失ったか、その物語を私は知らない。しかし彼が70余歳の今日、健康で釣り伝馬に乗って暮らしていて、そして無風で困っている旅のヨットを見て、港まで曳いてやろうと思ったというのはいい話ではないか。着いた先では船主のおじさんが家で風呂がわいたからと誘ってくれる。風呂好きな藤井さんはさぞ嬉しかったことだろう。

　一見論理的でないが、エンジンを使わずに巡航しているとこんな心の触れ合うチャンスが明らかに多い。こちらにも心理的受け入れ態勢ができていて、そんな顔つきになっているのだろうか。風が前に回れば機走、潮が悪ければ機走で何月何日にはどこどこやっている時には、こちらにはこちらの都合がある、という顔をしていても不思議はない。それが習慣になってしまって、いつも気ぜわしい走り方をして、目の前に広がる心の桃源郷を見過ごしてしまうのは残念な話じゃありませんか。

## 安全のためにも帆は大切

　"ヨットは帆で走ろうよ"にはもう一つ大きな理由がある。それは安全だ。海上保安庁のような専門筋からヨット乗り自身にいたるまで、ヨットで何か困ったことが起こると、とりあえず、まずエンジンをスタートすればひと安心と考えがちだ。しかし、そうしたためにさらに状況を悪くしてしまった実例は非常に多い。

　突風に叩かれたにしても、誰かが海に落ちたにしても、エンジンを始動する前にヨットとしてやるべきことはたくさんある。慌てずに帆と舵を操作して、風を抜いて船を立て直すなり、落ちた人を帆走で拾いにいく第一動作を始めるなりするのが先決だ。そのうえで落ち着いて状況を把握し、必要と思えばエンジンをかければよい。そのような手順を踏めば、流したジブシートをペラに絡ませたり、エンジンを始動している間にワイルドジャイブをしてトラブルを倍加させたりはしないだろう。それにはそれだけの帆走運用の腕前を日ごろから身につけておかなければならない。それのないスキッパーに限って、困難に直面するとパニックに陥ってエンジンキーに手がのびる。

*

　人類はもう何百年も帆だけに頼って船を動かしてきた。ヨッティングはその誇り高い帆船の伝統を受け継ぐスポーツだ。だのに何かあると

すぐ帆を忘れて機械に頼ろうとするのは、いかにも腰の定まらない話だ。海の上で何が危ないといって腰がふらついているほど危ないことはない。その意味で船乗りは頑固でなければならぬ。

*

現在では船という船はみな動力船だから、本職の船乗りも海上保安庁も、このヨットの特殊性の理解は十分とはいえない。エンジンさえしっかりしていれば、いざというときには帆を降ろして機走できる。だからエンジンは必要不可欠な安全装備だという考えは広くあるように思う。しかし帆を降ろしてしまってもヨットには大きな風圧を受けるマストやリギンがある。船底には重いバラストキールが付いている。エンジンの馬力もそんなに大きいわけではない。裸マストで機走するヨットは、所詮、ハンディキャップ付きの動力船なのだ。よい凪の海や港の中ではそんな弱みも目立たないけれども、いざという時にはそれが容赦なく出てきてしまう。それに加えて、故障しない機械はないが、それも一番故障して欲しくないときに故障するのが機械の悪い癖だ。だから私はエンジンがヨットの安全装備だとは考えられない。

## クルージングでも帆走と機走のけじめをつけたら

ところで"ヨットは帆で走ろうよ"を突き詰めれば、どんなベタ凪でもナギシケでも帆走に徹すればよいとなりそうだが、現実にはその通りにはいかないことも多い。そこで何か機走を始めるルールのようなものを自分で作っておくとよいかも知れない。西日本一円でその独特のキャラクターがみんなに愛された故・貴伝名の親父さんの流儀は、帆走していて風が落ちて艇速が2ノットを切ったらエンジンにするというものだった。あるいは何日の何時までにどこへ着くと決めて、それから逆算して機走すればちょうど間に合う、という状況になるまでは無風であろうとナギシケであろうと帆走するという人もある。都会地のハーバーから出る人なら、たとえば大阪湾を出るまでは機帆走し、紀伊水道まで帰ってきたらまた機帆走というのもよいかも。

早い話が、レースのときはリタイアしない限り帆走に徹するわけで、これもルールの一種だ。レースのルールは外から決められたものだが、ク

ルージングで機走を始めるルールを自分で決めて自分で従うのもまたよいではないか。レースはまじめに走るけれども、クルージングは気楽にイージーにというのはあまり好きでない。クルージングもレースと同じく立派なスポーツなので、それなりのけじめがないと面白くない。レースのけじめはどちらかというと他律的な感がするが、スポーツとしてのクルージングのけじめはより自律的なのではないだろうか。

## 帆走で出港、これがほんとの出帆

このあたりで、もっと実用的な話題に移ろう。帆で港に入り、ヨットをつなぐことは2、3章ですでに述べた。今度は帆走で桟橋や岸壁を離れたり、沖がかりから錨を上げて走り出す手順だ。これは一般に帆で船をつなぎとめるよりは簡単で、"ヨットは帆で走ろうよ"の手始めとしてもお勧めできる。これが本当の出帆で、時間はいかほどもかからない。先を急ぐなら、広い所に出てからエンジンを使ってもよい。何のために？　まあやってごらんなさい、それは面白いから。

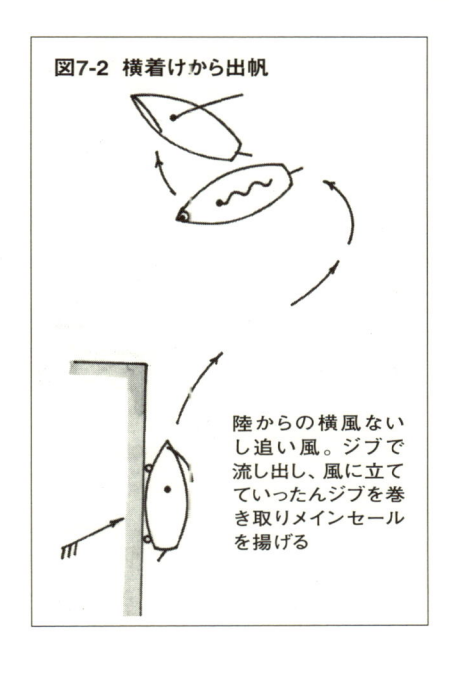

＊

図7-2　横着けから出帆

陸からの横風ないし追い風。ジブで流し出し、風に立っていったんジブを巻き取りメインセールを揚げる

### ●桟橋や岸壁から（図7-2、7-3）

実際の手順は風向きや泊地の配置などに応じていろんな方法があり、また人によって流儀も違うだろう。『舵』誌や前出のヒスコックの教科書などに出ているけれども、何といっても習うより慣れろで、自分でやってみるに限る。初めは3メートル毎秒くらいのそよ風の時がいいだろう。船の動きがゆっくりしていて慌てる必要がない。下手をしてどこかへ持っていかれかけても大事に至らない。

一つの基本はなるべく早くに、ゆっくりでいいから"行き足"（船速）をつけることだ。そうすれば舵が利くよ

うになり、自由に船の向きを制御できる。桟橋から出帆する時などには船尾のスプリングラインを使ったり、クルーの1人が船尾のあたりを押し出して、行き足をつけながら乗り移るのも悪くないだろう。

　　　　　　＊

　アビームから後ろの風なら、ジブ1枚で走り出し、少し出てから風に立ててメインセールを揚げるのがよい。このとき大切なのは先に述べた"行き足"で、それがあればジブ1枚で風上へ上ることさえできるけれども、行き足がつくまではジブはアビームからリーチングの形でよく風をはらんでいるのに船首がどんどん落ちてしまう。こんな時はジブシートを緩めて半ば風を抜きながら舵を操作して、落とされるのを防ぐ。行き足がついてきたらしめたものだ（図7-2）。

　船首寄りの風が桟橋に平行、ないしは陸側から吹いている時も同じくジブ1枚で出帆できるが、出てすぐいっぱいに上る必要があればメインセールも上げておくほうがよいこともある（図7-3）。

　船首寄りの風が沖側から吹いて、船が桟橋や岸壁に押しつけられている状況は帆で出ていくには向かな

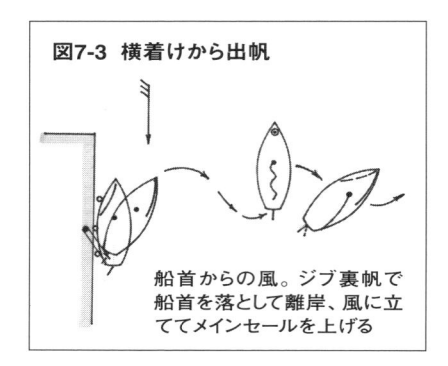

**図7-3　横着けから出帆**

船首からの風。ジブ裏帆で船首を落として離岸、風に立ててメインセールを上げる

い。エンジンの出番だが、純帆船ならテンダーで沖に錨を入れてきてそれを手繰って出たものだ。2章で書いたビームアンカーが打ってあれば、この状況でも岸壁から安全に出帆できる。はじめ船尾で錨を引いて沖出しすると舵が岸壁に寄らないから安心だ。

　　　　　　＊

● **沖がかりから**

錨にかかっていて出帆するのは付近

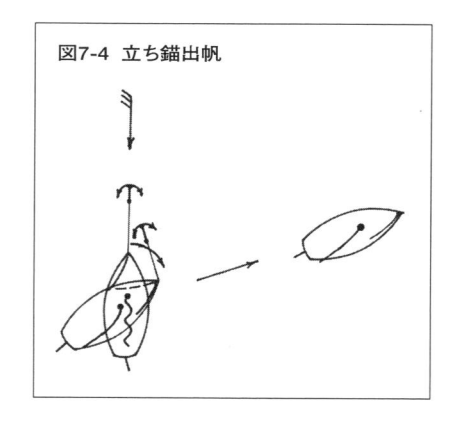

**図7-4　立ち錨出帆**

に障害物がない限り、桟橋や岸壁から出るより容易だ。

　方法その1は"立ち錨出帆"で（図7-4）、風があまり強くない時によい方法だ。錨索を手繰り寄せて、ほとんど錨が船首真下に近くなるくらいにする。これを立ち錨（英語ではヴァーティカルアンカー）という。風が強い時は、ここまで手繰ると走錨する恐れがあるから注意。その場合、方法その2のほうがおそらくよいだろう。

　この"立ち錨出帆"ではまずメインセールを揚げ、遊ばせておいてマストトップのウインデックスを注視する。走り出したい開きの風になった時、機を失せずジブを開いて裏帆にする。ファーリングジブはこんなとき全く便利だ。ひと昔前まではジブも揚げて風の振れを見て、走り出したい開きになった時、風上のシートを引いて裏帆にしたものだ。船首がどんどん落ちていくのに合わせて錨を一気に引き抜く。双綱にしてあれば錨の頭のほうのロープを引くと、みるみる錨は引きずられて軽く上がってくる。ブイを付けている時はできればこの操作をする直前にブイをボートフックで拾っておいて、ジブに裏風が入ったらブイのロープを一気に引く。双綱と同じ理屈だ。

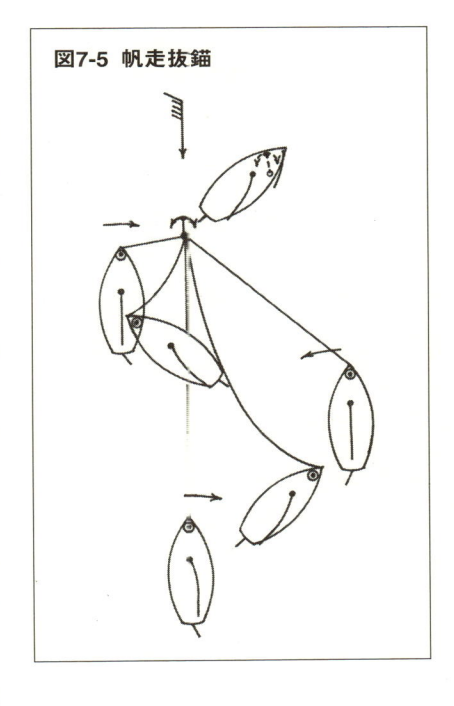

図7-5　帆走抜錨

　錨が上がって船がどんどん走り出したらしめたもので、ジブを風下に移し、出ていけばよい。気をつけることは、どちらかの側に他船とか障害物があって、そちら側へは行けないときだ。ジブを開くタイミングを誤って危険なほうのタックに船が落ちそうになったら、機を失せずジブを巻いてやりなおす。錨綱を少し延ばして錨かきを回復する必要がおきることもある。また逆に錨が手際よく抜けず、船首がそれに引かれていきすぎて、危険なほうのタックに向かった時も同じ対処になる。

＊

　方法その2は"帆走抜錨（Sailing Anchor out）"という、なかなかダイナミックなスタイルだ（図7-5）。錨を二つ以上入れているときは風上の錨1本を残して、他の錨は上げてしまう。最後に1本残した風上錨は、まだ十分にスコープ（錨索の繰り出し長さ）で利いている。ここでメインセールを揚げる。ヒスコックの教科書にはジブも揚げることになっているが、現在のヨットならメインセールだけでやったほうがうまくいくようだ。メインシートを締めて風上に走り出す。錨索がたるんでくるから、それを取り込む。どんどん手繰り込んでいくと、そのうちビーンと張りがかかってくる。すかさず船首ビットかクリートに一巻きしておらえる（張りのかかったロープがズルズル出ていかないように、ビットなどに一巻きか二巻きして手で保持することをいう。手で直接に保持しようとしても無理、危ない）。船首は錨に引かれてラフするから、舵取りはそれに合わせてタッキングする。船は新しい開きで風上に上り、再び錨索はたるんでくる。どんどん取り込む。次の張りがくる。おらえる。これを繰り返していると何度かタッキングしたあと、船は錨の真上を走りすぎるだろう。たいていの場合、この段階で錨はいい加減引き起こされていて、もう一踏ん張りすればスパッと引き抜ける。あとは錨を取り込みジブを開いて走り出せばよい。

　この方法のよいところは風上に延びて力のかかっている錨索をエイヤ、エイヤと引かないですむことだ。たるんだ分だけ取り込めばよいのだからずいぶん楽だ。それともう一つ、この方法だと錨を引き抜いた時、船は十分な"行き足"を持っていて、完全にコントロールできている。これは何よりも安心なことだ。錨泊していて思いがけない日和に見舞われた時に、この方法で泊地を脱出するのは本当のセーリングシーマンシップというものだ。

　　　　　＊

　ハル・ロスの『ふたりの太平洋』に彼とマーガレットがこの方法で九死に一生を得たときのことが手に汗握るような筆致で述べられている。
「半時間後、西の強風が唸りをあげて吹き込んできた。さっきの錨地は一面に波が折れて真っ白になっているに違いない。……私はサンフランシスコの北のドレーク湾で帆走抜錨の練習をした時のことを思い

浮かべた。デッキの上にエリック・ヒスコック著『帆走巡航の手引き』を開きっぱなしにして、ケーキを焼く素人コックよろしく、書いてあるとおりにジブと舵と錨鎖を操作したものだ。エリックの教えと私たちの練習が2人を救ったのだ」

　このときウィスパーのエンジンは何カ月も故障したままだった。たしかに、2人を救ったのは帆船時代から伝えられたセーリングシーマンシップだった。

# 08 櫓櫂なき船の…

「櫓櫂なき船の大海に漂うに似たり」とは不安この上ない状態のたとえだったが、どんな小舟でもエンジンを持つようになった現在では当てはまらない。おかげで一方では海の上がずいぶん騒がしく、忙しくなったのも事実だ。

考えてみるとたいていのヨットは、ゆっくりでよければ人間の力で動かすことのできる大きさの船に属する。実際の話、1950年代の初めくらいまでは日本でも欧米でも補助機関のないヨットはたくさんいたものだ。「今すぐにエンジンを下ろしてしまったら」とまでは言わないけれども、クルージングヨットの補助推進手段としての櫓櫂の復権はいろいろな意味で考えてみてもいい時代になっているのではないだろうか。使ってみると、何よりもまず静かで、落ち着いた気分でいられる。そして自然との一体感とでもいうのか、自分が周囲の自然の一部になってしまったような安らいだ感覚がある。

＊

これがそんなに過激で特異な意見でもないと思うのは、たとえば少し前に世界周航の途中に日本にも立ち寄ったリンとラリー・パーディ夫妻の〈セラフィン〉は全くエンジンを持たず、その代わり長いオールを1本、前のデッキからボウスプリットの先端に引っ掛けて積んでいた（図8-1）。彼らはその大航海の後、今度は4年かけて一回り大きい30

フィートのヨットを自作したが、1983年進水のこの〈タレイシン〉も全く同じやり方のようだ。

〈セラフィン〉の航海記のなかに、デンマークのクロンボア城、ハムレットの劇の舞台として知られる古い城だが、その少し西にある小さな漁港の沖で凪につかまり、北欧の遅い日暮れが近づいてくる場面がある。ラリーはその長いオールをボウスプリットから外して舷側のクラッチに入れ、コクピットの中に後ろ向きに立ってゆっくりと漕ぎ始めた。オールは片舷だけなので初めのうち〈セラフィン〉は反対側へ旋回しながら、ゆっくりと動き始めた。

リンが舵を取って旋回を抑える。だんだんと行き足がついてくると舵利きもよくなって、少しの当て舵だけで〈セラフィン〉は漁港の方向へ直進するようになった。静かな北欧の夕暮れの海。鏡のような海面に長い水尾を引いて〈セラフィン〉は滑って行く。おそらく1ノット半くらいの速力は出ていただろうか。石造りの防波堤の入口が近づいた。ラリーはオールを舷側から外して、今度はトランサムについている別のクラッチに入れて、日本の櫓のような漕ぎ方で港へ入っていった（図8-1）。狭い所ではこのほうが操縦の自由が利くからだ。バックステイに

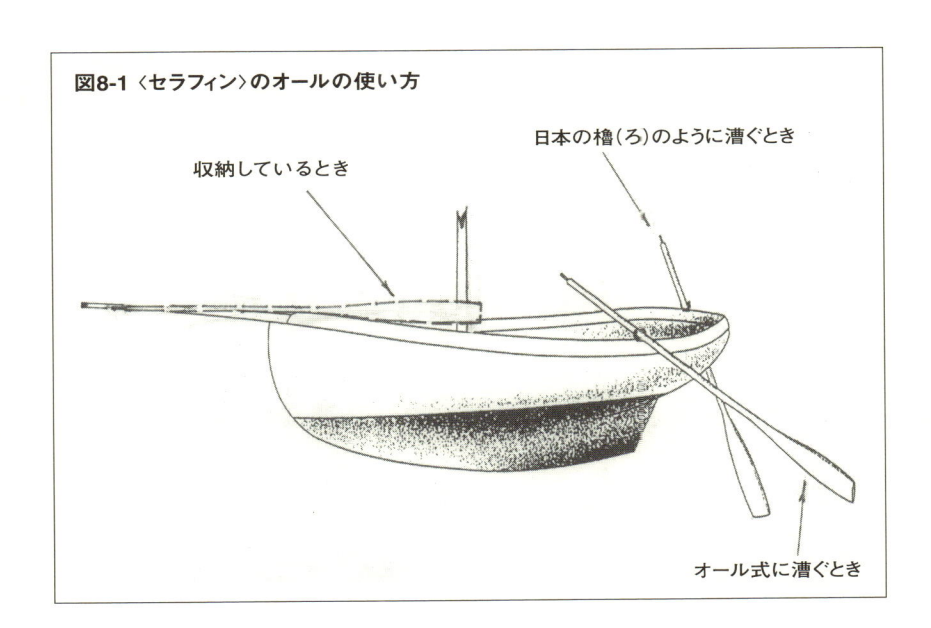

**図8-1 〈セラフィン〉のオールの使い方**

収納しているとき
日本の櫓（ろ）のように漕ぐとき
オール式に漕ぐとき

スピン・ヤーン●櫓櫂なき船の…

赤い楓の葉のカナダ国旗がわずかの行き足でやっと開く。右舷のスプレッダーには赤に白十字のデンマークのコーテシィエンサイン。石垣の上では2、3人の漁師たちが遠来の客に手を振り、こちらへ着けるといいよ、と指してくれている。

この場面を排気音と青い煙を引きながらの入港と比べてみると、どちらが絵になるか、北欧の小漁港の風景にどちらがよく調和するか、言うまでもないだろう。

### 櫓は優れた人力推進器

ラリー・パーディの真似をしてもいいけれど、日本には先祖伝来の櫓がある。この道具は中国人の大発明の一つだが、平安時代に日本に入ってこのかた、たくさんの改良と洗練が加えられて今日の姿になった。櫓はアスペクト比の非常に大きい翼に適当な迎え角で水が流れこむようにできるので、流体力学的には確かに進んでいる。これを思いついた中国人は偉い。この理由から櫓は重い船をゆっくり走らせる時にオールよりも効率がよい。実は軽い船の高速推進でも櫓は結構優れているのだが、その荷重条件ならオールも櫓に負けないくらいの効率があるのだと思う。しかし重い船をゆっくりとなると櫓にかなうものはない。クルージングヨットの捕助人力推進方法としてはまさにうってつけなのだ。それにラリーも港に近づくとこの漕ぎ方に変えたように、操縦の自由さも櫓の大きな特長だ。ほとんど止まったままで船首の向きをどんどん変えることができる点は、微風の中を帆走で出港する時などにとても便利だ。

*

今では日本のヨットでも櫓を積んでいる船は少なくなってしまったが、〈春一番Ⅱ〉はおそらく一番よく櫓を押している船かも知れない。1993年の瀬戸内から壱岐、対馬、天草の航海で数えてみたら、全部で77回出港して、当然のことながら77回入港した。合計154回の出入港のうち、帆だけでこなしたのが103回で67％、帆と櫓併用が20回（13％）、完全無風で櫓だけというのが2回（1％）、エンジンを使った出入港は29回で19％だった。

〈春一番Ⅱ〉は比較的重い船で、8メートルの水線長に対して航海中の排水量は6.7トンくらいになっている。それでも無風平水なら1ノット

## ヨットに櫓を取り付けるには

　少し余計な話をしてしまったようだが、これもスピン・ナ・ヤーンの一端とお目こぼし願うことにして本筋に戻ろう。ヨットで櫓を使おうとするとまず問題はどんなふうに取り付けるか、だ。ヨットは和船と違って本来は櫓を着けるようにはできていないから大なり小なり工夫が要る。櫓と船体の接点は普通、櫓杭という鉄製亜鉛ドブ漬けの丸い頭の太い釘のようなものをデッキの後縁近くに打ち込んでいる。和船では櫓床という太い角材のビームがデッキの後端に付いていて、この左舷端近くに櫓杭を打ち込む。以前は杭の名のとおり、樫の短い棒を立てただけだったが、磨耗するから大正時代に現在の鉄製になったらしい。櫓の下面には櫓べそといって、手のひらくらいの大きさの樫の木片がしっかりと取りつけてあり、その真ん中に深いくぼみが掘ってある。このくぼみが櫓杭にかぶさる形で引っかかるわけだ。引っかけてあるだけだから下から櫓をはね上げると簡単に外れる。しかし櫓を押している間は水中部分はいつも上から下向きに力がかかっており、また早緒というロープが櫓の

　半ぐらいの速力で漕げるし、20〜30分かけて数百メートルを移動するくらいなら気楽なものだ。特に若い方々にお勧めしたいのは櫓を2本使うことだ。左舷船尾の櫓をとも櫓と言って、推進、操縦両方を受け持ち、船頭がこれを押す。右舷船尾、少し船首寄りに付けるのが脇櫓でこれは推進専用、若い衆が力まかせに押す。とも櫓と周期を合わせて2本の櫓が八の字に両方に開き、次には両方から水を挟みこむ。二丁櫓といって断然馬力がある。まだヨットで試したことはないが、9メートルクラスのヨットで、ある程度の向かい風でも2ノット以上出せて、若い人なら1時間やそこら軽いものだと思う。

　そうなるとひとつ思い切ってエンジンをなくしてしまっては？　これは実はいくら煽動しても実行する船の数は知れているだろうから小型船舶検査機構の友人に渋い顔はされないと思って言うけれども、総トン20トン未満で沿海までの航行区域のヨットは補助機関を積まなければ"船検"の適用を受けないはずだ。沿海というと小笠原やグアムは駄目だが全国たいていの所や韓国までは含まれている。

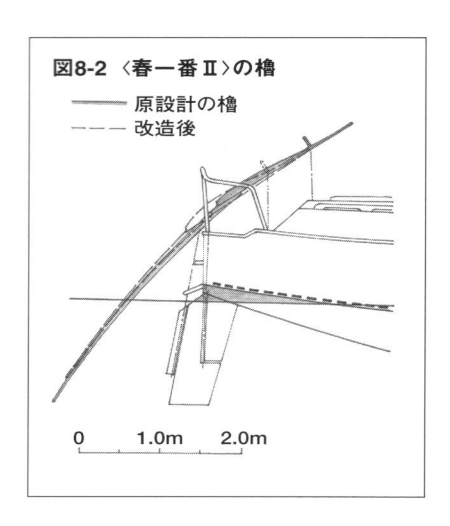

**図8-2 〈春一番Ⅱ〉の櫓**
── 原設計の櫓
---- 改造後

0  1.0m  2.0m

前端から漕手の足元のデッキにのびていて、このロープも櫓を下向きに引っ張るから（だから早緒がいつも張っているように櫓を押せといわれる）櫓べそは櫓杭から離れないのだ。

\*

ヨットの場合にはデッキの後縁、左舷の端近くに堅木の当て木を取り付け、デッキ裏からも補強の当て木をしてボルトで縫い付け、表裏の当て木を貫通して櫓杭を取り付け、るのがよいかと思う。または16ミリくらいのステンレスボルトの頭を櫓杭の形に仕上げたものを縫い付け、ボルトに使うのもよいかも知れない。〈春一番Ⅱ〉の場合はトランサムが垂直なので、チェーンプレートを取り付ける要領で既製の櫓杭を8ミリのボルト2本でトランサムの外側に直接縫い付けている。近ごろのヨットはたいていトランサムがリバースになっているので、この点ちょっと工夫が要ることになる。それとリバースで突き出た船尾外板が櫓に当たらないように櫓が船尾から突き出る角度を考えねばならない。

\*

この角度は〈春一番Ⅱ〉のスケッチ（図8-2）を見ていただくと分かるが、ヨットでは伝馬船などよりかなり立ってくるだろう。これはむしろよい傾向で、立っているほうが櫓にかかる水の力を有効に推進力に使えるのだ。ひと昔前の港の大きい団平船、木造の大きなはしけで沖がかりしている本船と岸壁の間の貨物運びの主役だったが、大方の距離は曳船で引くけれども最後の着岸などに櫓を押す。長大な櫓が船尾でほとんど垂直に水に入っているのを、屈強な船頭がゆっくりと前後に歩きながら押していたものだ。

\*

この角度とも関係して次の問題は漕手の場所だ。〈春一番Ⅱ〉はアフトキャビンの屋根の上で漕ぐ設計だ

が、その後、都合があって現在では櫓を短く改造して、一段下の船尾デッキで櫓を押している。これでも別に不都合はないようだ（図8-2）。一般のヨットは船尾のコクピットの中で漕ぐのがよいと思う。櫓は1本なら左舷船尾に着けるようになっているので注意。先に書いた2番目の脇櫓は右舷と決まっているが、よく見るととも櫓と脇櫓は形が少し違っていて、これを取り違えるとうまくいかない。このあたりが真っ直ぐなオール1本で櫓の真似をした西欧のシングルオールスカリング──ラリー・パーディの入港時の漕ぎ方──に比べて櫓の発展段階が進んでいるところだ。

　ここで一つ大切なのは早緒の長さで、このロープは漕手の足元から櫓腕の先端近くのハンドル（櫓柄）に引っかけて、櫓に働く水の力で櫓腕がはね上げられるのを抑える。リンはこれをオリエンタルラニヤード（東洋の紐）と呼んで、これを付けると非力な彼女でもシングルスカリングが楽にできる、と書いている。そうだろう、彼女ならずとも早緒なしで本気に櫓が押せるはずがない。

　この早緒の上端、したがって櫓柄の根元は腰の高さがよいとされており、私なら80センチぐらいがちょうどだ。個人差があるから実際に押してみて自分に合う高さに調整する。

　早緒の長さが決まると先程の櫓が水面を切る角度が決まる。これはかなり立っているほうがよいこと、またリバーススターンのヨットでは櫓が船尾外板に当たらないようにする必要があることもすでに述べた。この段階で問題が起こったら、漕手の足元を上下すればよい。早緒の長さは漕手の体格で決まるから変えられない。櫓の角度は足元の高さで調節することになる。ついでながら早緒の上端はアイ（輪）になっていて、これを外舷側、すなわち漕手の反対側から櫓柄に引っかける。内側からかけると、どうにもならなくなる。

## 櫓の入手方法

　ところで近ごろでは沿岸の小舟や伝馬なども櫓を持たない船が多いので、大方の櫓屋は廃業してしまった。私の知っているのは神戸と大阪に1軒ずつ、横浜にもあるという話だ。こんな状態だから結構な値段になる。一方、古い漁師の家や旧造船場などにはよく使い古

した櫓が転がっていて使いものになるものも多い。

高知の宇佐の船大工、山中利雄さん。『クルージングワールド』誌で紹介したこともあるが、この人はFRPの櫓をかなり数をまとめて作っていた。本物の赤樫の櫓よりはずっと手頃な値段になるようだ。

また広島県福山市鞆の碇造船所では従来どおりの木造の櫓をこれもまとまった数で製造しているようだ（1994年頃）。こんなわけで櫓の大工さんはまだ各地に残っているから、探せば見つかるだろう。

私が今考えているのはカーボン繊維エポキシ樹脂で櫓下（水中に入る部分、元来は赤樫か一位樫）を作ると、軽くて強くて値段もまあまあにならないだろうか。当然櫓下は中空に作るから先端と空中部分に小さな孔をあけておいて水につけると、中に水が入って適当な重さになりそうだ。これは櫓下が浮いてくるようでは漕げないから、その対策だ。

普通の櫓は、デッキの上を運んで船尾に取り付け、また収納する時、結構重くて骨が折れる。和船では単に早緒を外して引き込んで収納できるのだが、ヨットではステ

図8-3　スウェーデンの友人に説明するために桟橋につないだまま櫓を押している。船尾のもやいが張っている

イがあったりライフラインに引っかかったりしてやりづらいものだ。カーボンやFRP製は軽くてこの点もやりやすいと思う。

＊

「櫓って難しい？」と時々聞かれる。昔から「竿は3年、櫓は3月」と言うから、本当に一人前になるには3カ月かかるのかも知れないが、な

んとか船を動かすくらいなら1日で十分ではないだろうか。理屈は簡単で、いつも櫓下の上面から水が流れ込んでくるように、左右の往復運動に合わせて櫓を軸回りにひねればよい。しかしこれこそ習うより慣れろの典型で、実際にやってみるにかぎる。ヨットなら桟橋に横着けしておいて漕ぐ（本当は押すと言うのだが）ことから始めるとよい（図8-3）。櫓のひねりと押し引きの要領が身についてきて、思いきり力が入るようになったら、もやい綱がビンビンに張るようになるだろう。そうなったらもう漕ぎ出して大丈夫、安全なる航海を祈る。

# 09 シルバーエイジ 1人乗りのすすめ

　最近、アメリカの『クルージングワールド』誌に面白い記事があった。79歳の老婦人がシングルハンド大西洋横断の年齢記録を更新したのだそうだ。そのマリー・ハーパー夫人は身長165センチ、アメリカ女性としてはむしろ小柄なほうだと思うし、「男の人と一緒に乗ると何もかもすごくきつく締めてしまうので後でほどくのに苦労するわ」と言っているから、そんなにスーパーウーマンではないのだろう。彼女は、なぜそのお年で1人乗り大西洋横断をする気になったのですか、と聞かれると、「大西洋横断航海は私の念願でした。でもクルーの世話をする責任を負うことは気が進まなかったのです。だってクルーがいれば、その食料の調達から、自分の船の操作に慣れてもらうことから、それにその人たちが楽しく乗ってくれているか、いつも気をつかっていなければならないでしょう」と答えている。

　人間若いときには自分自身も勢いがいいから周囲のワイワイガヤガヤも負担にならず楽しいほうが勝つのかもしれない。年がいってもやはりみんなと一緒に楽しむことに変わりはないが、それでも知らず知らずに、もっと静かな、内向的な世界に足が向いていく傾向は否めない。静かな世界といっても、そこに座り込んでしまうのではなくて、たとえば1人で山に登ったり、シングルハンドで長い航海をしているシルバーエイジの人たちを見ると、そのような静かな、しかし意欲的な世界が見える。前出のハー

パー夫人の心境などはちょうどこれではないだろうか。

　　　　　　＊

　近年わが国にも、こんなスタイルのヨットマンが、あまり目立たないけれども確実に増えてきている感じがする。私も勤めを退いてからは1年に100日余りをヨットの上で過ごしているが、全国の津々浦々で、ある人は1人だけで、ある人は夫婦2人で、ひっそりと、しかし自分の手足だけでしっかりと巡航しているのを見てきた。それがヨッティングの最終的な姿だなどというつもりはないが、しかしそれはとても心の休まる、それでいて充実した境地ではあると思う。そしてそろそろ銀髪の目立つ年ごろになったヨットマンの中には、自分もあんな乗り方をしてみたいとひそかに思っておられる人も多いのではないだろうか。

　　　　　　＊

　私の経験から言うと、それはそんなに大それたことではない。もちろんそれまでヨットに乗ったことのない人が船を買って、いきなり1人乗りを始めることはお勧めしかねる。そうではなくて、何年か、十何年かの経験のある人が、時にはクルーに気をつかうことなしにマイペースのセーリングをしてみようか、といった形で始められればそれはごく自然な成り行きではないだろうか。そしていったんその平和な境地、充実感を経験すると、ヨットにはこんな世界があったのかと目を見張る思いをされるにちがいない。

## シルバーエイジ1人乗りの第一歩それは不精をしないこと

　海軍兵学校の生徒たちが夜眠る前に1日を振り返ってそれを反省せよと教えられた言葉に「不精にわたるなかりしか」というのがあったと記憶する。私は兵学校の出身ではないけれども、この言葉は非常に好きだ。船に乗る人間は決して骨惜しみをしてはならない。ヨットに1人で乗るならなおさらだ。

　クルーがいればたくさんのことを彼らがしてくれる。こちらは指図をすればよい。しかし1人となるとそうはいかない。もやいロープの途中が弱っているのを見つけたら、すぐにそこを切ってショートスプライスでつないでおく。シートウインチのグリースが粘って空回りする前に分解して油をひく。数え切れないメンテナンスの仕事があるが骨身惜しまず、できるだけ自分でする。そうしておけば1人で乗っていて何かトラブルが起こっても様子が分かっているから慌てないですむ。

メンテナンスだけではない。帆走中にセールのトリムにあまい所はないか、海図の上に船位のプロットはできているか、天気図はとったか。船をつないだらもやい綱やアンカーロープに擦れ止めを巻かねばならない。

人それぞれの立場にもよるが、シルバーエイジともなれば、ともすれば管理業務や段取りがおもな仕事になるのは自然の成り行きだろう。しかしそれが半ば無意識にヨットの乗り方にまで延長されてくるのはどんなものだろう。むしろ日頃の職場がそれだからこそ、ヨットに乗るときは人に言う前に自分が手足を動かすことが精神衛生にもよいのではないか。

「老年とは単に悪い習慣にすぎない」という、いささか負け惜しみ的な格言があるが、そんな悪い習慣を身につけないためにも一つ骨身惜しまずシルバーエイジの1人乗りをしてみたらいかがだろうか。

## 機走と帆走

最近のクルージングヨットはまず例外なく推進機関をもっている。大部分がディーゼルで小型軽量、信頼性も高い。1人乗りのクルージングを考えるとき、このエンジンをどう使うべきか、これは実はそう簡単ではない。

もっとも気を付けねばならないのはエンジンを過信しないことではないかと思う。1人で沖にいて何か困難な状況になったとき、何はともあれエンジンを使えばひとまず安心だという考えは実は危険この上ない。慌ててエンジンをかけたばかりに、トラブルを倍加させてしまった例は非常に多い。このことはすでに7章「ヨットは帆で走ろうよ」で述べた。

1人乗り、それも体力、持続力も若者ほどではない中高年ともなればエンジンを正当に使うことは当然だ。しかしどんな状況でエンジンを使うべきか、その正しい使い方は、となるとそう単純ではないと言うわけだ。

＊

エンジンを正当に使う第一の場面は離着岸だろう。実はこれが1人乗りの一つの関所で、これをあまり気にせずにこなせるまでにはある年月がかかるだろう。結局は場数を踏んで自分で体得していくことだ。そして我流にならないためになるべくたくさんの記事を読むのもよいと思う。人それぞれに流儀があって面白い。

ところでシルバーエイジの1人乗りを始めようとする方に特にお勧めしたいのは、"おとなしい操船"だ。それはスロットルを必要最小限にとど

める(エンジンを必要以上に吹かさない)といってもよいだろうか。もし風がなければ、それこそ船が動くかどうかくらいのデッドスローで、トン、トン、トンとやることだ。船の動きを見極めながら少し押してみることはいつでもできる。停めようと思えばいつでも停められる。

風や潮があるとそうはいかないこともあるが、そのような控え目の操船が身についていれば、外力を打ち消す必要最小限の吹かし方が分かる。必要以上の推力で外力を圧倒し、次には余った行き足を急激なアスターンで引き止めるのは、いわゆる"派手な操船"でそれにはそのメリットもあるが、シルバーのすることではないと私は思う。そしてここでいうおとなしい操船はさらなるシルバー帆走の奥義、帆だけに頼る操船につながるものなのだ。

この点から見ると最近では普通になってきたシングルレバーのエンジンコントロールに私は懐疑的だ。調整を上手にすればもっとましになるかとも思うが、前進にクラッチが入ったとたんにかなりの推力がかかり、後進も同じで、本当のデッドスローができない。今でも市場にあるにはあるのだが、スロットルとクラッチを大小2本

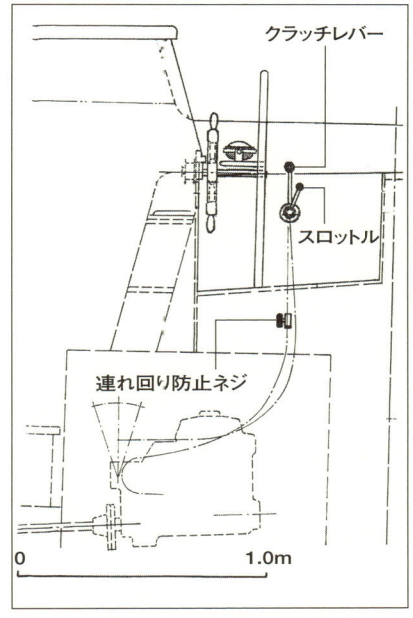

**図9-1　クラッチ／スロットル2重レバーはクラッチとスロットルをそれぞれ別にコントロールできる**

のレバーに分けているほうが使いやすい(図9-1参照)。ディーゼルは腰の強いエンジンで、ニュートラルで止まる寸前くらいの低速運転をしていてもクラッチを入れればその回転数で回ってくれる。まず止まることはない。だからごく微速のおとなしい操縦ができるのだ。ただこの方式はスロットルとクラッチのハンドルが同心の二重軸になっているので、油が粘ったりゴミを噛んだりした場合、両方が連れ回りをしてアスターンにした時にエンジンが止まって慌てることがあ

る。これには2年に1回かそこら分解掃除をしておけば大丈夫だ。それとスロットル操作のボーデンワイヤー（厚いプラスチックのチューブに入っている）の途中をねじで締め付けて摩擦を調整する仕組みがついているが、これも連れ回り防止用だ。

*

こうしていよいよ1人だけで岸を離れて広い所まで出てきた。これからは青い海と白い雲とあなただけの世界だ。ここで私がお勧めしたいことは、夕方帰ってくるまで、あるいは次の港に近づくまでエンジンの存在を忘れることだ。

もちろんヨットは楽しみで乗っているのだからどんな乗り方をしてもかまわない。広い所へ出てからもエンジンで航海を続け、風のよいときだけ帆走しても結構クルージングを楽しむことはできる。そのほうが楽なことは確かだし、事実、旅で行き合うヨットでメインセールだけ揚げて機帆走している船はとても多い。

しかしシルバーエイジの1人乗りでもやろうかという方には、自分という人間と、海という自然の人知れぬ交流の世界を十分に味わっていただきたいと願う。そのためにはできるだけ帆走にこだわることが普通に考える以上に大切なことだと私には思える。このあたりの事情はさきの7章にも触れたところだが、まったく違った世界がそこに開けていると言っても過言ではないくらいだ。1人乗りのマイペースだから自分さえ納得すれば誰に気兼ねすることもなくその世界に入って行ける。そしてここで再び、「シルバー1人乗りの第一歩は不精をしないこと」を思い出していただきたい。

## 1人乗りにふさわしいヨットの条件

ところで、それではシルバーエイジ1人乗りにふさわしいヨットはどんな船になるだろうか。実はFRP量産艇全盛の現在、自分にぴったりの船を入手することはなかなか難しいことではあるのだが、それでも基本に立ち返って考えてみることは大切だと思う。

どのくらいの大きさが適当か？シルバー世代が1人で動かせるヨットの大きさは？ いろいろ意見があるが、私は全長9メートルから10メートル、いくらか重めのヨットがよいと思う。ヨットがその長さのわりに重い目か軽めかを示す数値に"排水量／長さ比"というのがある。数字の話はややこしいとか言わずに、ちょっとだけ

続けさせて下さい。水線長は吃水線で測った船の長さで、前端はステム（船首材）が水面を切るところ、後端はトランサムの下のあたりの外板が水面にタッチするところと考えてよい。メートルで測った水線長に3.28を掛けてフィートにし、その3乗で船の全重量（排水量）を割ると排水量と長さの比が出る。

例えば図9-2のヨットの水線長8.4メートルは27.5フィート、排水量が7.17トンだから$7.17\div(27.5)^3=0.000345$となる。ゼロがたくさんついて不便だから普通はこれを$10^6$（百万）倍した345を"排水量／長さ比"という。350以上を重排水量、300前後をやや重排水量、250を中排水量、200がやや軽排水量となる。船の重量はいわゆる完成重量に加えて乗員、帆やロープ、錨、食料、清水、その他全部を積み込んだ重さをとり、水線長もその時の吃水線の長さになる。この満載排水量は日本のメーカーのカタログなどにある"完成重量"に1トン半から2トンくらい加えることになるだろう。

軽排水量のヨットは船体（カヌーボディ）の吃水が浅く、いわば皿を水に浮かべたような形になる。表面積も小さく、走る時に押しのける水も少なくてすむから抵抗が小さい。また少し傾いても大きな形状復原力が働いて腰が強い。だから大きい帆を張ることができて、小さい抵抗とともに速いスピードを約束する。その弱点は（傾きはじめた）初期の腰の強さと軽いボディーのために波の中の動きが跳ね回るように激しく、いわゆる乗り前が悪いこと。また大きな角度まで傾くと急に腰が弱くなり転覆の恐れもある。

重排水量のヨットはその逆で船体の吃水が深く、どっしりと水の中にすわっている感じで波の中の動きがやわらかだ。初めのうち腰はたいして強くないが傾くにつれて復原力が増し、なかなか転覆しない。ヨットの究極的な生き残り能力を示す数値は"復原性消失角"だが、これはヨットがその角度まで傾くとそのまま裏返しに転覆してしまう角度のことだ。これが120°と140°とでは生き残り能力に大きな違いがある。排水量／長さ比が300以上だと復原性消失角を140°とか150°にすることは可能だが、この比が250ではそれは難しい。簡単に言えば、すこし昔風の重い船のほうが最後の場面での生き残り能力が高いから安心だ。もう一つクルーザーとして優れた点は、船体が深いから船内容積

**図9-2 ファルマスカッター29 帆装図　Cruising World 1981 Aug.より**

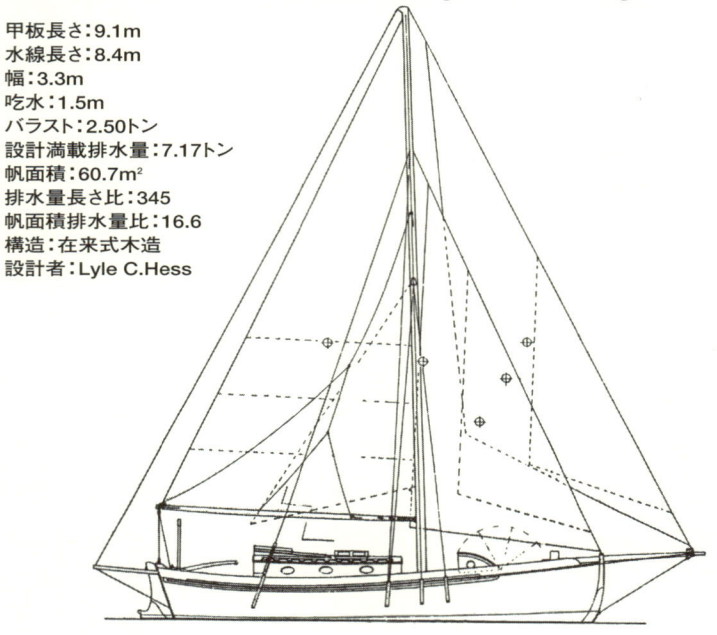

甲板長さ：9.1m
水線長さ：8.4m
幅：3.3m
吃水：1.5m
バラスト：2.50トン
設計満載排水量：7.17トン
帆面積：60.7m²
排水量長さ比：345
帆面積排水量比：16.6
構造：在来式木造
設計者：Lyle C.Hess

**図9-3 ファルマスカッター29 概略構造図**

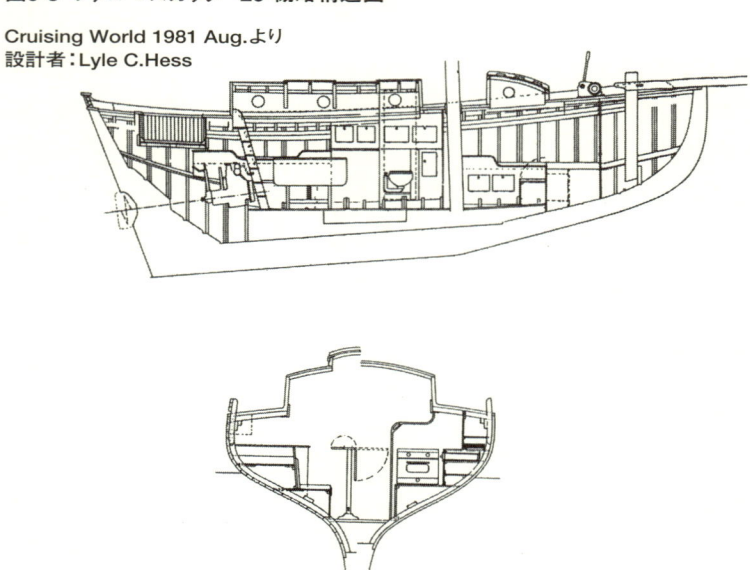

Cruising World 1981 Aug.より
設計者：Lyle C.Hess

は大きく、もともと排水量も大きいから積載能力が高いこと。ここまではいいことばかりだが、しかし重排水量のヨットは軽い仲間のように軽やかに滑ることはできない。特に軽風のスピードはとても軽排水量にはかなわない。それでも風力4〜5に近くなれば結構走るのだけれども。

＊

シルバーエイジ1人乗りには全長9メートルから10メートル、いくらか重めの船が向いていると言ったが、この数値で言うと300余りだろうか。全長9メートルで全部積み込んだ重さ（排水量）が5トンから6トン、10メートルのヨットなら同じく6.5トンから7.5トンくらいになる。

実は、ここでいう全長や排水量よりもかなり小さくて軽いヨットを推す意見もあるのだが、私は自分の経験にもとづいてこのくらいがよいと思っている。その理由は軽いヨットの性能を発揮するには練度の高い、腕っぷしの強い乗員が必要だから。たとえ老練なヨットマンであっても、中高年の1人乗りに長時間これを期待するのは合理的でない。重めの船はどっしりして乗り前が良く、最高の操作までしなくても余裕があって安全だ。人間が船の面倒を見なければならな

いのではなくて、船が人間の面倒を見てくれる。また全長も7メートル余りの船と9メートル以上の船とではずいぶん頼り甲斐が違うというのが私の実感だ。

＊

一方では、離着岸や錨の上げ下ろしなどに必要な労力は1人乗りの船の大きさを考える上で大切な要素だ。沿岸クルージングで毎日出入港することを考えると40フィート（12メートル）の1人乗りは自信がないが、10メートルそこそこまではまったく問題ない。そこで全長10メートルくらいの船がよかろうということになる。なおウインドラスは手動でもよいが、電動を補助に使える手動式は理想的だ。

少し長い航海をしていると、呆れるほど積荷が増えていく。衣類、生活用品、土産物、資料や書籍や趣味の品物……そんなものもあまり気にせずに積めることは気持ちの豊かなクルージングにつながる。重めに設計された船は船体が深く船内容積も大きい。少々積み過ぎても性能はあまり変わらない。だから積載能力が高い。これは本当のクルージングには大切な要素だ。

＊

軽いヨットに速いから荒天の前に

図9-4 〈キリックス〉外観および帆装図 Yachting Monthly 1973 Aprilより

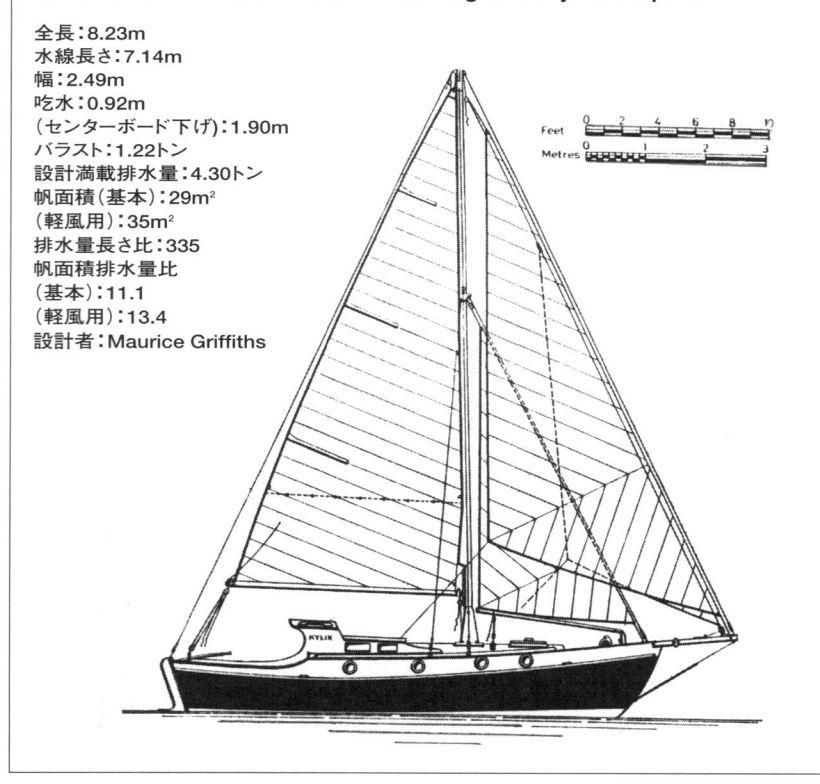

全長：8.23m
水線長さ：7.14m
幅：2.49m
吃水：0.92m
（センターボード下げ）：1.90m
バラスト：1.22トン
設計満載排水量：4.30トン
帆面積（基本）：29m²
（軽風用）：35m²
排水量長さ比：335
帆面積排水量比
（基本）：11.1
（軽風用）：13.4
設計者：Maurice Griffiths

図9-5 〈キリックス〉概略構造図　Yachting Monthly 1973 Aprilより

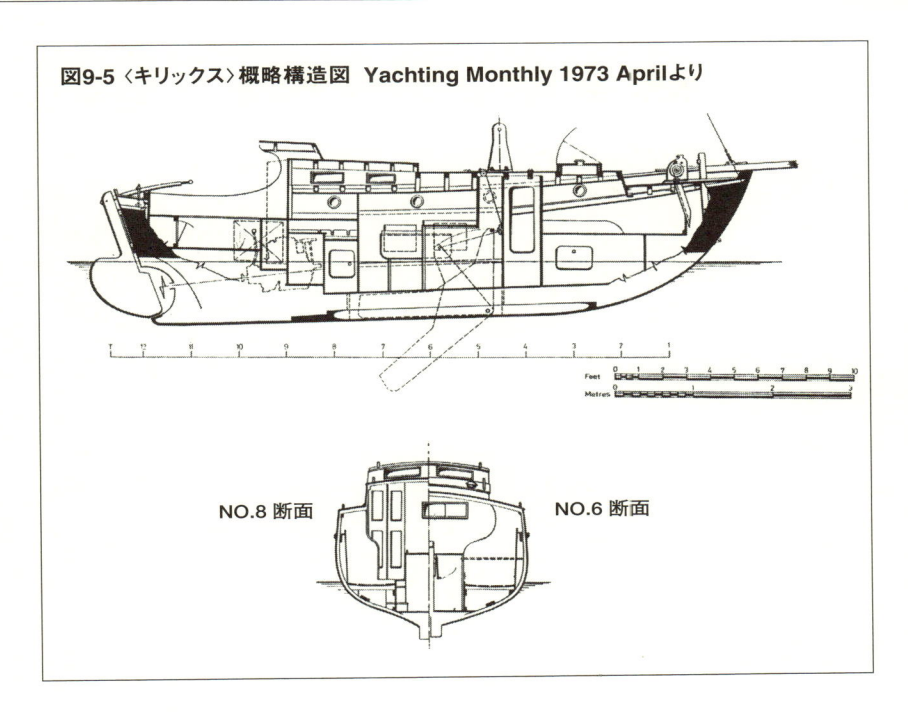

NO.8 断面　　NO.6 断面

安全な所へ避難できるから安全だという意見がある。率直にいうと私は、この意見が実際の荒天避航の経験に根ざしたものか、観念的に頭で考えただけの話なのか疑問を持っている。陸の目の前で走っているディンギーならいざ知らず、速い、遅いといってもヨットの逃げ込むスピードと、荒天の近づく速度は何倍も差があるのが普通なのだ。

＊

議論はこれくらいにしておいて、それではシルバー1人乗りによいと思うヨットの例を二つばかり示してみよう。

海外のヨットばかりになってしまったが、実はこの種類の船が残念ながら国内の量産艇市場にはまず見当らないのだ。

## 1人乗りヨットの好例その1〈キリックス〉

図9-4、9-5の〈キリックス〉は英誌『ヨッティング・マンスリー』の編集者であり、また英国沿岸の浅吃水ヨットの設計者としても好評を博したモーリス・グリフィスが老境に達した頃、自分用に設計建造したヨットである。この船はまさにシルバー1人乗りを意

識して老年にふさわしい、ひかえめな沿岸クルージングのために設計されている。300を優に超える排水量／長さ比は、人間の面倒を見てくれる船のものだし、ひかえめな帆面積の係数もこの船の性格を物語る。本当の微風では機走か機帆走するつもりかもしれない。グリフィス氏の言葉を借りると──

「50年に余るヨット遍歴の間に私は次々に船を乗り換えてきたが、その21隻目に当たる〈キリックス〉は年配の1人乗りヨットマンのための船だ。係留場所の水深は5フィートばかりだし、港の口には最低潮で4フィートしかない所があるので、この船は固定バラスト付きセンターボードにしたが、ふた夏乗ってみてこれは大成功だったと思う(センターボードといっても固定バラストは満載排水量の28％にもなる)。センターボードを上げていても少し横流れが増すのと(風力3の詰開きでセンターボートを上げて8°)、タッキングが少し遅いだけで十分自由に動き回ることができる。いつか最新式のFRPスループに乗ったことがあるが、幅が広く浅い船体にジェット機の翼のようなフィンキールと小さなセパレートラダーが付いていた。ジェノアとちっぽけなメインセールを張ってその船は爆弾のように突っ走ったが、驚いたことに詰開きでも追い風でも、1秒だって舵から手を放すことはできなかった。〈キリックス〉は舵を固定してセールを上手にトリムしておけば、何時間も1人で走ってくれるし、またヒーブツーもまったく安定していて、舵に手を触れる必要は全然ない」

グリフィス氏の話はまだまだ続くが、たしかにこの船は「年はとってもヨットの楽しみは自分の手で船を動かすことにある」という考えを強く語りかける。

## 1人乗りヨットの好例その2 ファルマスカッター29

重排水量のファルマスカッター29(図9-2、9-3)はいつか日本へも来たことがあるおしどりヨット航海者パーディ夫妻の〈タレイシン〉が原型になっている。本物の〈タレイシン〉は来日した〈セラフィン〉に続くこの夫婦の2番目のヨットで船型はこのファルマスカッター29のまま、ボウスプリットをさらに60センチばかり長くして軽風時の帆面積を稼ぎ、エンジンを下ろしてしまって長いオールを1本積み、船室の配置を自分たちの好みでだいぶ変更している。こんな船は万人向きで

はないが、この船を理解し、それを乗りこなす人にとってはすばらしいヨットだと思う。

まずこれだけの排水量があれば波の中の動きがゆったりとして安定感があり、転覆耐性も申し分ない。小粒ながら優れてシーワージーな（耐航性のある）ヨットだ。そして水や食料はもちろん、生活用品や工具類、書籍その他の趣味の品々も気にせずに積むことができるし、船室内のインテリアにこだわる楽しみもある。チークのルーバードアの代わりにカーテンにして0.05ノット速くするのも結構だが、0.05ノットくらい遅くても、重厚なルーバードアを毎日眺めて楽しむほうがよいという人もいる。つまるところ船の設計はバランスの問題なのだ。スピード、耐航性、居住性、積載能力、姿の美しさから個人の趣味まで、たくさんの要素、往々にして相反する要素のバランスをとって、その船の目的に最もかなったものにするのが設計だ。ヨットが乗り物であるからには遅くてよいはずはないが、一方で少しでも速くするためにその他の要素を忘れるのは単純に過ぎると思う。

それではこのファルマス・カッターのようなヨットのスピードはどれくらいだろうか？　風力4くらいも吹いてくれば、この類のヨットでも結構走ることはよく知られている。問題は軽風時ののろさで、そんな時は機走するのも一つの解決策だが、正統的な手段は十分な軽風用帆面積をもつことだ。そのためにこの船は船尾いっぱいまでブームを延ばし、長いボウスプリットをつけて帆面積を稼いでいる。

＊

帆面積と帆走性能を関係づける数値に"帆面積／排水量比"がある。この数はさきの"排水量／長さ比"と並んでヨットの設計の基本になる二つの数値だが、"帆面積／排水量比"のほうは帆面積を排水容積の2／3乗で割ったものだ。図9-2の例だと排水量7.17トンを海水の比重1.025で割って排水容積は7.00$m^3$、帆面積は60.7$m^2$だから"帆面積／排水量比"＝60.7÷$7.00^{2/3}$＝16.6となる。排水容積の2／3乗を使うのは、船体に働く水の抵抗がこの容積の2／3乗にほぼ比例するからで、この比が大きいほど、前進抵抗のわりに帆にかかる推力が大きく、したがって高い速力が期待できる。この比が14は少なめの帆、16は普通、18でやや大きい帆と言われている。なお容積の2／3乗は2乗したものの3乗根だが、ポケ

ット電卓のXYボタンを使ってXに容積、Yに2／3＝0.66667を入れて一瞬待つと答えが出てくる。またフィート・ポンドのデータでは排水量（ポンド）を64で割ると排水容積（立方フィート）になる。この帆面積／排水量比は無次元だからメートルでもフィートでも変わらない。

　ファルマスカッター29ではこの帆面積／排水量比が17近いから、重排水量のヨットにしては精いっぱいの帆をもっている。だから軽いヨットほどではないにしても軽風でもそこそこは走れるだろう。原型の〈タレイシン〉はボウスプリットをのばし、エンジンをなしにしたから、この数値は17を優に越えると思う。

## 日本でもこんなヨットが欲しい

　木造ヨットの時代にはヨットは一品生産みたいなものだったから、いろいろ多様な個性のヨットがあった。ところがFRPは基本的に一品生産に向かない材料なので、近年ではヨットの性格が大同小異になってきた傾向がある。それでも市場規模が大きいことが関係するのか、北米やヨーロッパではかなりの選択肢があって、排水量／長さ比が300前後の本当のクルーザーも結構売られている。

ここではかなり個性的な2例しか挙げてないが、他にもこのような性格の船はずいぶんある。

＊

　わが国でもシルバー世代のヨットマンが増えてきたのだから、もう少し重くて乗り前のよいヨットがあっても損はしないと思うのだが、なかなか現れない。一昔前のブルーウォーターシリーズなどは航海時の排水量／長さ比を280くらいに仕立てることができたと思うが、最近の量産艇はみなカヌーボディ（主船体）の浅い、基本的に軽排水量型なので、ここで言っているようなシルバー1人乗り向きの船に仕立てられない。だから乗り手のほうもヨットはそんなものだと思ってしまって、もっと重厚な船のよさを知らずじまいになっているのではないだろうか。少しばかり荒れ気味の海で乗り比べてみれば、乗り前の違いは歴然としているのだが。

＊

　そこでデザイナーやビルダーの方々にご相談だが、ここらでひとつ中高年の"わが道を行くクルージングヨットマンのための船"を作ってみてはいかがでしょう。私は結構需要はあると思う。そのタイプはおそらく全長約9メートル、満載排水量／長さ比

300、帆面積／排水量比16、マストトップリグのカッターでかなり長いボウスプリットをもつことになるかと思う。外板、デッキ、骨組から艤装品も現在の量産艇よりもだいぶ骨太のものにする。ロングキールの必要はないが、前後方向にあまり短いキールは感心しない。インテリアは、オプションでかなりグレードの高いものから簡素なものもできるようにする。こんなヨットは質実剛健のシルバーの他に、世界規模の帆走航海を夢見る若いヨット乗りにもふさわしい船を提供することになるだろう。現在、この人たちも本当はそれに向いていないヨットで長距離航海に旅立っている例も多いように私には思われる。

# 10 シングルハンド クルージングとその装備

「いい齢をして1人乗りクルージングをけしかける」と言われると困るけれども、もちろん1人乗りはシルバーの専売特許ではない。十人十色というがヨットの乗り方も千差万別で、なかでも天然自然の風と潮を頼りに遠い海を放浪するのは帆走というスポーツの正統の一つに数えられる。こうして海と空と白い帆の世界に身をおき、自然に対する畏れを今も心に抱き続ける素朴な人たちと交歓する航海を続けていくと、いつの日か人は1人乗りの問題に行き当たるように思う。

しかし私は特に1人乗りを推奨しようとは思わないし、ましてやクルージングの行きつくところがシングルハンドだなどというつもりは全くない。

確かに1人乗りには1人乗りの心の平和と充実した緊張感があるけれども、一方では1人乗りの無理や限界があることも疑う余地がない。それでも長い間ヨットに乗っていると、1人で海に出て行きたくなることもあるし、またそうせざるを得ないこともあるということだ。たとえばマリー・ハーパー夫人のように。

\*

1人で海に出て行こうとすれば当然それなりの工夫は必要になる。とくに帆の操作を1人で無理なくできるようにとか、自動的にコースを保つ装置などは大切だ。そしてこれらの工夫は実はシングルハンドと限らず、夫婦だけとか、小人数の仲間での航海にも大いに役立つはずだ。

## ケッチかスループか
## カッターか

　1人乗りに2本マストなんて、と考える方もあるかも知れないが、2本マストにはまたその長所があるのも確かだ。

　格好がいいというのは好みの問題としても、帆面積が分割されているから1枚1枚の帆にかかる力が小さくて操作が楽だし、風力に応じて帆面積を加減する自由度も大きい。特に出入港や荒天帆走でメインセールを降ろしてしまい、ジブとミズンだけで帆走することのメリットはよく知られている。これらの点を考えると、私はある程度大きいミズンのあるケッチがヨールよりもよいのではないかと思う。

＊

　2本マストの最大の弱点は上り帆走性能だろう。ミズンセールはメインセールの後流を受けるので、上り帆走ではどうしても効率が悪い。長距離の大洋航海では航路と季節を選んで、あまり上り帆走をしないですむことも考えられるが、風向変化の多い沿岸航海では風上帆走性能は大切だ。

　結局、普通に考えれば1人乗り向きのリグは、やはり1本マストになるのではないだろうか。もっとも12メートルもの船に1本マストでは、メインセールが大きすぎることもあるかもしれないが、12メートル以上となると船そのものが1人乗りの沿岸クルージングには少し無理なのかと思う。

＊

　1本マストにすればヘッドセール（前帆）を2枚に分けるカッターか、普通のスループかとなる。カッターはマストが船首から甲板長さの40パーセントかそれ以上後ろにあり（この点はカッターリグにとって大変重要）、したがってメインセールが比較的小さく扱いやすい。ヘッドセールが2枚に分かれているから風力に応じて使い分けもできる。

　カッターならジブだけ、ステイスルだけ、その両方、と3通りを単なるセールの揚げ降ろしだけで選べる。軽風には大きなジェノア1枚でスループにすればよい。

＊

　こう考えると私は全長（甲板長さ）8メートル以上の艇なら、文句なしにカッターがよいと思う。当然マストヘッドリグになる。1人乗りのクルーザーをフラクショナルリグにする理由はない。

**図10-1　1人乗りによいリグは？**

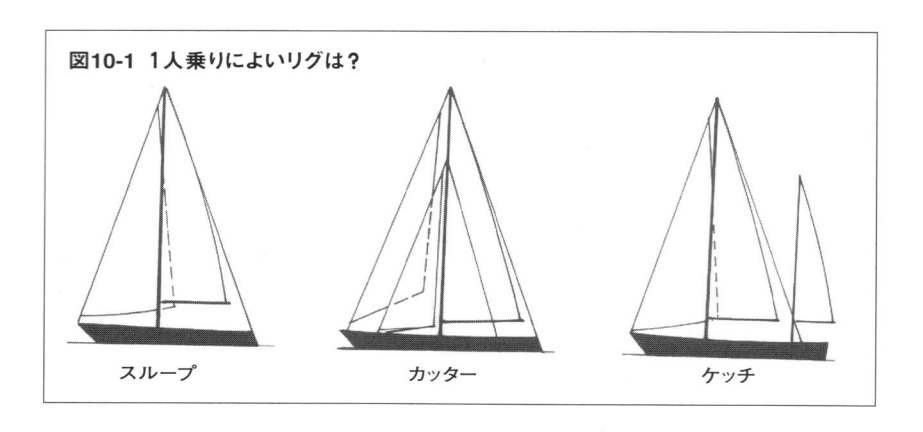

スループ　　　カッター　　　ケッチ

　カッターリグの弱みといえば、同じフォアトライアングル面積に対してヘッドスルの合計馬力はスループよりやや少なめのことが挙げられると思うが、たいした差ではない。2枚のヘッドセールの組み合わせ方やトリムによってはスループの1枚ジブよりよいことさえあるようだ。

＊

　近年ファーリングジブが普及し、いろいろな工夫ができて半ば巻き取ったジブで帆走できるようになっている。しかし私の見るところ、半ば巻き取ったジブでの帆走は長い時間続けるべきではないし、またセールの形も十分満足できるものでもない。つまるところ、カッターの2枚のヘッドスルの代わりに大きいファーリングジブ1枚で済ますのは、よくないと思う。

## ジャンク・リグ

　中国人たちは千年以上も独特のフルバテンの縦帆を使ってきた。彼らの帆装は西洋ではジャンクリグと呼ばれ、17世紀以来、西洋式帆装の影響や綿帆布の導入があってさらに改良され、ごく最近まで中国本土や香港などで広く見ることができた。日本では幕末から明治期に入ってきたスクーナーのガフセールが、まず江戸時代の千石船の1枚横帆を置き換えていったのだが、面白いことに明治末から大正にかけてこのジャンクセール（伸子帆と呼ばれた）が急速にガフセールに取って代わった。当時を知っている古老の帆船乗りの話では、「フラシ帆（ガフセールのこと）より伸子帆のほうが一点（10°余り）ばかりも上手へ行った（よく風上へ上った）。帆の揚げ降

図10-2 伸子帆のスクーナー

ろしやリーフも帆が暴れず、ずっと楽なので乗り組みを1人か2人減らしてもよかった」という（図10-2）。

　この特異な帆に注目してヨットに採用した欧米人はけっこういるのだが、なかでもイギリスの帆走家H・G・ハスラーの〈ジェスター号〉はよく知られている（図10-3）。1960年に始まる大西洋横断シングルハンドレースの提唱者でもあった彼は、このわずか7.6メートルのヨットで自ら参加し、みごと2着になった。

　このリグは驚いたことに、セールトリムはおろか、帆の揚げ降ろしもリーフもすべて船室内にリードされたロープで行うようになっていた。これ

図10-3　ジャンクリグの〈ジェスター〉
H・G・ハスラー船主船長の設計

スピン・ナ・ヤーン◉シングルハンド・クルージングとその装備

に彼の発明したウィンドベーンを組み合わせて、48日の大西洋横断の間、彼はほとんどいつもパジャマを着ていたというが、どうやらそれは本当らしい。沿岸クルージングではそこまではどうかと思うが、操作の面ではこれくらいシングルハンド向きのリグはないかも知れない。

*

　問題点としては、軽風時に十分な帆面積をもつことができるだろうか、ということがあり、軽風や凪もけっこう多い日本沿岸のクルージングでは困るかもしれない。そのときは機帆船組合に加入と割り切ってしまえばよいのだが。それとこのリグの長所を十分生かすにはステイ、リギンのまったくない"片持ち"支持のマストが望ましい。したがってマストの強度、寸法はそのつもりで決める必要がある。

## ファーリング（巻き取り）セール

　ファーリングジブは、今ではセーリングクルーザーには常識といってよいかと思う。最近では信頼性もまず十分だ。もちろん1人乗りには実にありがたい仕掛けだ。1人で、エンジンを使わずに港に出入りし、場合によっては達着、係船までこなしてしまうことも、ファーリングジブならではといえるかもしれない。

*

　今ではファーリング（巻き取り）ラインにワイヤーを使うことは少なくなったようだが、たしかにそのほうがよい。ワイヤーだと使っているうちに妙なよじれのくせがついてきて、ドラムの中でもつれたり、あげくの果てにはそれが原因になって切れることさえある。10メートルそこそこのヨットなら8ミリの、しっかりした袋打ちのロープでよいと思う。

　強風下の巻き取りなどでファーリングラインをウインチで強く引くと、ジブは普通よりもきつく巻かれるから全部巻き取るのにたくさんドラムを回さねばならない。悪くすると、まだジブが残っているのにドラムに巻いたラインがなくなるという不都合が起こる。これを避けるには、ドラムにきっちり巻いていっぱいになるだけの長さのファーリングラインをつけておくことと、シートを引いてジブを開くときにファーリングラインにもいつも張りをかけて、なるべくドラムにきっちり巻かれるように気をつける。ドラムにラインをきれいに巻くにはファーリングラインのガイドの上下位置も大切だ。

ファーリングジブで一番よく起こる不具合は、ハリヤードをトップスイベルのあたりに巻き込んでもつらせ、巻き取りも降ろしもできなくなるケースではないだろうか。これもハリヤードにワイヤーを使うとよく起こるように思う。これもねじれぐせのついたワイヤーが犯人だ。ワイヤーを巻き取るハリヤードウインチにも同様な不都合があって、近頃はこのウインチを使わない船が多いが、それは正しい選択だ。プリストレッチの、伸びの少ないテトロン（テリレンも同じ）ロープがあるのだから、シーブのところの擦れだけ気をつけておけば、ハリヤードもロープのほうがずっとよい。

　なお、ファーリングラインがドラムの中でもつれたり切れたりしてドラムを回せなくなったときは、グリッププライヤー（ガチンと挟み込むとくわえて放さないプライヤー）でドラムの上のあたりの挟みやすい所をくわえ、てこを利かせて回せばよい（図10-4）。普通の腕力で対応できるはずだが、重ければさらに短い棒をくくりつけることもできる。

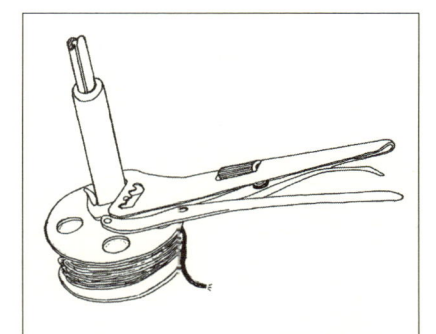

図10-4　ジブファーラーのラインが切れた場合、ドラムの上をグリッププライヤーでつかみ、てこを利かして回す

＊

　メインセールのファーリングも近年いくつかの型式が市販されている。私は使った経験がないが、マストやブームの内部に巻き取り軸を納めている方式は、何かトラブルが起きると対応が困難ではないかと心配な気がする。特にマストのほうは海の上ではどうしようもないのではないか。

＊

　〈春一番Ⅱ〉のシステムはメインセールのファーリングといってよいかどうか知らないが、単純で、とても便利に使っている。図10-5にその仕掛けを示すが一昔前のローラーリーフのようにブームをぐるぐる回してメインセールを巻き取ってしまうのだ。リーフにも使えないことはないがあまりいいカーブにはならないから、リーフ時は普通の3段リーフを使っている。

　セールを揚げる時にはマストの前のハンドルを回してセールを少しほどいてからハリヤードを引き、ほどいた

図中ラベル:
- メインセール巻き取りクランクのハンドル
- ウインドラス手動ハンドル
- ジプシー
- ウインドラスモーターのカバー

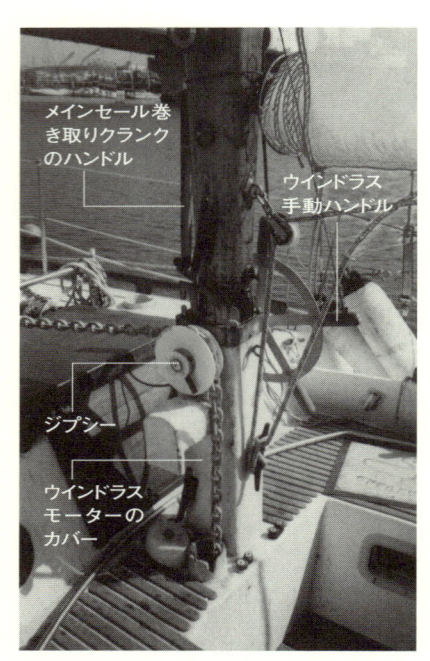

**図10-5** メインセール巻き取り装置とマストの根もとに組み込んだウインドラス

分だけセールを揚げ、それを繰り返して最後にマストの横面、肩の高さについているウインチで張りをかける。

このシステムの真価はセールを降ろす時にある。まずトッピングリフトの緩みを取ってクリートにとめ、ブームエンドを支える。ハリヤードをクリートから外し、先のウインチに1回だけ巻いてテールを右手で握って繰り出しながら左手でハンドルを回し、ブームにメインセールを巻き取っていく。自分はマストの左舷側に立っているわけだ。メインセールのラフがグースネックのほうまで巻きついてこないよう、時々右手首でガイドする。横で見ているとスルスルとメインセールが降りてブームに巻きついていくので、そのへんに散らからず、いい工夫ですねと何度もほめられた。帆走で桟橋や岸壁に達着するときなど、これはとても便利だ。

このシステムのポイントはメインブームのグースネックをユニバーサルジョイントにして、マスト側の軸はマストを貫通し、その前端にハンドルをつけることだ。これでハンドルを回せばブームが回ることになる。マストを貫通する軸は直径20ミリくらいほしい。しっかりした寸法のパイプをマストに通し、それを軸受けにする。ハンドルの握り棒は前後に動くようにしておき、ブームの回転を止めるにはその握り棒をマストの下のほうに通したもう1本のパイプに押し込んでおく（図10-5）。

## ウィッシュボンブーム付きステイスル（またはジブ）

カッターリグのステイスル（インナージブと呼ぶ人もいるが、フォアステイスルまたは略してステイスルが正しいと思う）にブームをつける例は

多い。マストの前に簡単なシートトラベラーを付け、シートをいったんブームの前端近くまでリードしてからコクピットへ引いておく方法もよく使われているようだ。こうしておくとタッキングの時にステイスルシートに手を触れる必要がないから、1人乗りには向いている。セルフタッキング方式という。

　ブームの付いたステイスルの場合、セールはルーズフットで、ブームの後端はクルーに、前端はタック近くのデッキにグースネックを付けることが多い。ブームがセールのフットを張ってくれるから、普通のジブのようにクローズホールドでシートに大きな力がかからず扱いやすい。

　この方式の弱点は、風が横に回ってくるとブームエンドが舞い上がってセールがふくらみすぎることだ。追い風ではまず使えない。その点、図10-6に示すウィッシュボンブームはよい。降ろしたときに邪魔にならないように片舷だけにして、その代わりエンドから1／3くらいの所からトッピングリフトを引いてブームの左右バランスを取っている。観音開きにする時にはボウスプリットからフォアガイを取ってシートと張り合わせてブームを固定する。追い風の強風の時には実に安定していて信頼できるリグだ。このフォアガイ用のロープはボウスプリットの滑車を通して常時両舷に引いてあるから、この観音開きの操作はコクピットから出ないでできる。こんな工夫も1人乗りには向いている。

＊

　もう一つの1人乗り向きの仕掛けは、このステイスルのダウンホールだ。図に示すようにセールのピークから、ハンクス一つおきにつけたリングを通して1本のロープが下りてきて、タック付近の滑車を通ってコクピットに引いてある。

　実はこのダウンホールはハリヤードとエンドレスのループになっていて、ハリヤードを引くとセールと一緒にダウンホールも上っていき、逆にダウンホールを引くとセールが引き降ろされるわけだ。だからこのステイスルの揚げ降ろし時にコクピットを出る必要はない。

＊

　なお、この"片割れウィッシュボン"ブームの前端、普通のブームならグースネックに当たる所は擦れどめのプラスチック軸受けを入れた金物を介してフォアステイのワイヤーに沿って上下する。この金物は短いロープ

スピン・ナ・ヤーン●シングルハンド・クルージングとその装備

でジブのボルトロープから吊ってある。

シートは先のセルフタッキング方式ではなく、普通のジブのように両舷に1本ずつ取っている。タッキングの時は、風下舷シートを適当量遊ばせてセルフテーリングウインチに止めて

からタッキングする。まず普通の方法でジブを返し、新しいタックで走り始めると、ステイスルの今までの風下舷シートが今度は風上舷になってピンと張るから、ステイスルは一応風をはらむ。そうなるように、タッキング前の風下シートの遊び量を決めて

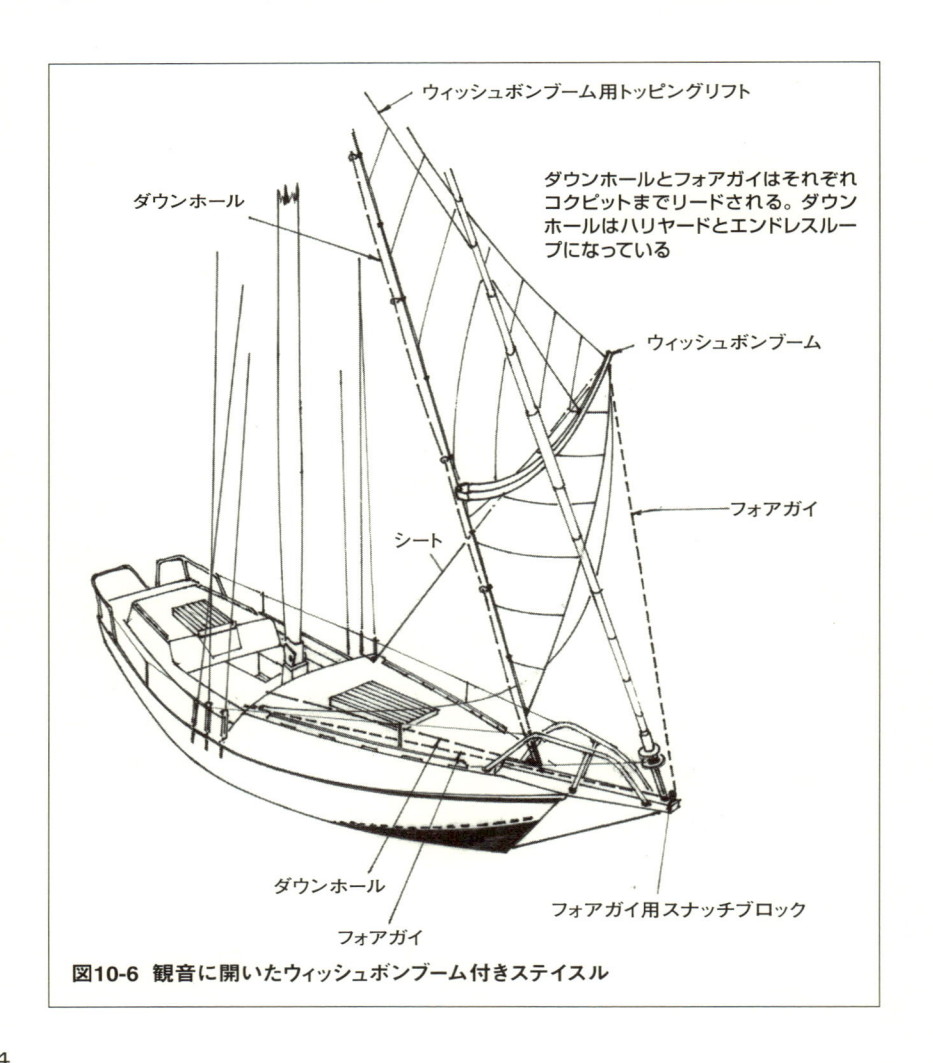

図10-6 観音に開いたウィッシュボンブーム付きステイスル

ダウンホール

ウィッシュボンブーム用トッピングリフト

ダウンホールとフォアガイはそれぞれコクピットまでリードされる。ダウンホールはハリヤードとエンドレスループになっている

ウィッシュボンブーム

フォアガイ

シート

ダウンホール

フォアガイ

フォアガイ用スナッチブロック

おくのだ。それから新しい風下シートを必要なだけ締め上げればタッキング完了となる。1人で十分やれる。もっとも港の出入りとか、手早いタッキングをしたい時には普通はステイスルを降ろしてしまい、ジブだけにすることにしている。

## マストを自力で起倒する方法

クレーンなしでマストを倒したり立てたりできれば、いろいろと便利だ。クルージング中に低い橋をくぐりたい時とか、台風避泊をしていてマストの風圧をなくしたい時、またマストや静索動索のメンテ作業にも役立つ。

キールからデッキを貫通するマスト（スルーマスト）では無理だが、デッキ上にステップ（台座）のあるマストなら可能性がある。〈春一番Ⅱ〉のマストをスルーマストにしなかった理由の一つはこれだ。オンデッキマストでもそれなりの設計をすれば、たいした重量増加なしにスルーマストと同じ強さにすることはできる。そして、船を浮かしたまま自力でマストを起倒できることのメリットはクルーザーでは大きいものがある、と判断したからだった。どのヨットにでもすぐにできるわけではないが、何かの参考に〈春一番Ⅱ〉で使っている方式を説明してみよう。

図10-7に示すように、マストを支えるFRPの柱が船底から立ち上がり、デッキ上約70センチまで延びている。その頂部にマスト受けの金物があり、その溝にマストの根元のピンが収まっている。起倒する際、マストはこのピンを中心に回転するのだが、このピンの軸を左右両舷に延長した直線上にちょうどトップシュラウドの下端のアイがくるようになっている。それから下、舷側に固定されたチェーンプレートとの間にはターンバックルと、長さを足すためのステンレスプレートが入っている。このプレートは舷側のライフラインで前後方向に固定されるので、トップシュラウド下端も前後に動かない。

マストを起倒する時には、左右のトップシュラウド下端のアイとマスト基部のピンを結ぶ一直線の周りにマストが回転し、トップシュラウドは張ったままでいる。これが第一のポイントだ。

\*

次にメインブームは通常の位置にあるが、倒す前にトッピングリフトと、さらに安全のためマストトップから引いたパーマネントバックステイもブームエンドに止めておく。メインシートはそのままでテークルとしてマストを

**図10-7 マストの倒し方**

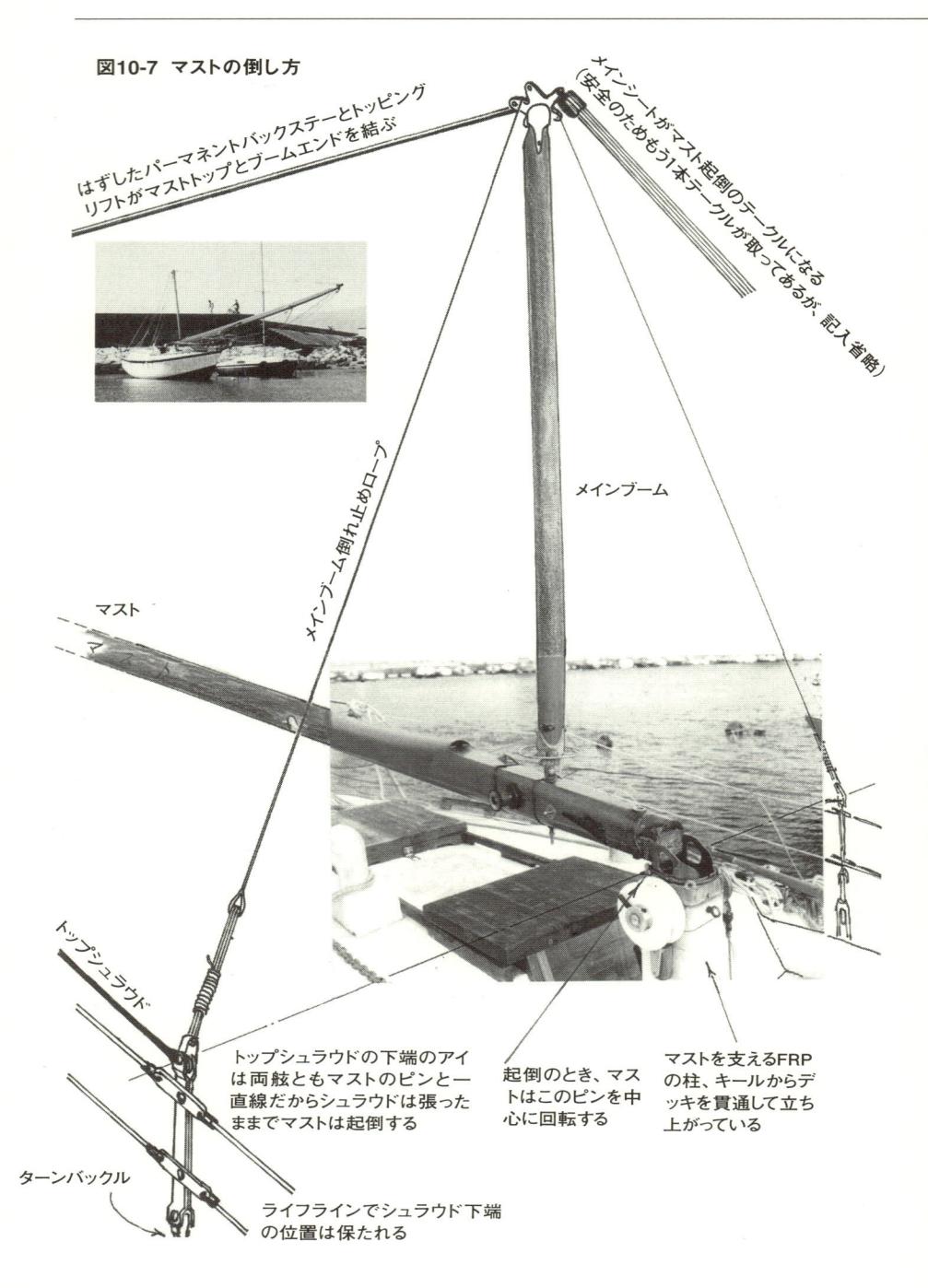

はずしたパーマネントバックステーとトッピングリフトがマストトップとブームエンドを結ぶ

メインシートがマスト起倒のテークルになる（安全のためもう1本テークルが取ってあるが、記入省略）

メインブーム倒れ止めロープ

メインブーム

マスト

トップシュラウド

ターンバックル

トップシュラウドの下端のアイは両舷ともマストのピンと一直線だからシュラウドは張ったままでマストは起倒する

起倒のとき、マストはこのピンを中心に回転する

マストを支えるFRPの柱、キールからデッキを貫通して立ち上がっている

ライフラインでシュラウド下端の位置は保たれる

起倒する操作ロープになる。ブームがマスト起倒のスプレッダーの作用をするわけだ。倒す時はシートを緩めていけばマストは自重で前に倒れていく。これが第2のポイント。

ただしメインシートのブロック（滑車）が飛んだりすると大変だから、ブームエンドに別のスナッチブロックを付け、12ミリのクレモナロープで舷側から控えを取っておき、メインシートと交互に少しずつ動かすようにする。これは安全のためのバックアップだ。

最後のポイントは、このままではブームが左右に倒れる危険があるから、マストを倒す前にブームエンドからトップシュラウド下端のアイに通したシャックルに向けて左右一対のプリベンター（倒れ止め）ロープを取る。

＊

メインシートのテークルにかかる荷重はマスト＋リギン重量の2倍程度までになる。起こす時にはこれに加えて滑車の摩擦を見なければならないので、最大500キロ程度の荷重になる。5重のテークルのメインシートに、もう一つ4重の補助テークルを初めのうち使うと1人でマストを起こすことができる。初めのうちが一番重く、マストが立ってくると軽くなる。最近、マストの根元のFRPの柱の中にオーダーメイドの電動ウインドラスを仕込んだので、その巻胴を使って補助テークルなしで楽にマストを起こせるようになった。ただし、相当な荷重だから、特に滑車やそれを止める部分のコタービンとかシャックル、メインシートトラベラーなどの強度には注意が必要だ。

〈春一番Ⅱ〉では1年に少なくとも1回はこれを使ってマストの起倒をしているが、いつも無事に動いている。操作時に注意することは、特に起こす時だが、フォアステイやロワーシュラウドがどこかに引っかかったり、またそれらのターンバックルのトグルを妙にクネったりして無理をしないことだ。少しでもテークルが重ければ決して馬鹿力を出してはいけない。どこか絡んでないか、気を配りながらマストを起こしていく。なおジブファーラーのフォイルは倒す前にトップシュラウドに沿わして舷側へ回し、余裕を与えてとめておく。そしてジブを揚げるトップスイブルを使ってフォイルの中ほどをスプレッダーから支えておくのはいい考えだ。ご存知だと思うが、あのフォイルはちょっと無理をすると継ぎ目の所ですぐに折り目が出て嫌なものだ。

## 1人でマストに登る方法

これもまたたくさんのアイデアがたくさんの人から出ている。ハリヤードにボースンチェアをとめて、ボースンチェアに腰かけてハリヤードを引けば、摩擦は別にして体重の半分の力で登っていけることになる。これでマストトップ2往復ぐらいは軽いという記事を読んだことがあるが、それはいいとこ40歳までの話ではないかと思う。

3重または4重テークルをハリヤードでマストトップまで上げ、下のブロックにボースンチェアをとめてテークルのテール（1番出口のロープ）を引けば、これは確かに楽だ。しかしマストの高さの4重テークルと言えばかなり嵩の高いものにはなるだろう。

\*

伝統的な方法はシュラウドに縄梯子（ラットライン）をつけることで、クラシックボートでは今でもよく見かける。普通のヨットではロワーシュラウドとトップシュラウドの間にラットラインをつければスプレッダーまでは帆走中にも登れてよいのではないかと思うがまだ試していない。サンゴ礁の海などでは高い位置から海面を見下ろすことが大切だと言われているから、そんな場所では便利かも知れない。

\*

もうひとつはマストの側面に、電柱の横についているようなステップを取り付けることだ。確かにこれはいい方法で、いつかアメリカ東海岸でハル・ロス氏と一緒にクルージングした時だったが、このステップを使って彼はあっという間にマストトップに登っていた。

\*

最後にこれはもっぱら港内のメンテ作業用だが、私が使っているのをご紹介しよう。ブームエンドを吊るトッピングリフト、これがハリヤードと同じくマストトップの滑車を通ってデッキまで下りているのだが、これをブームエンドから外し、ポリタンク20リットルに海水を入れたものに縛りつける。ポリタンク1個でもよいが2個付ければもっと楽だ。パーマネントバックステイにスナッチブロックを引っかけ、短いロープでポリタンクとくくりつける。

これでトッピングリフトのマスト側を引けば、海水の入ったポリタンクはバックステイに沿って上って行くことになる。これをじかに引くのは大変だから、ハリヤードウインチを使い、ハンドルを利かせて巻き上げる。ポリタンクがマストトップまで上がったら、

リフトをいったんクリートにとめる。

　ボースンチェアに足を通す。必要な道具をポケットに入れる。メインハリヤードのシャックルをボースンチェアのリングにとめる。それから短いロープでチェアのリングをポリタンクで張力のかかっているトッピングリフトの途中にくくりつける。ローリングヒッチの出番だ。

　これで用意はできた。トッピングリフトをクリートにとめた所を外す。ぐっとボースンチェアに上向きの力がかかった。ポリタンクの重みだ。あとはハリヤードのテール側を次々に手繰っていけばよい。自分の体重の相当部分はポリタンクの重みでバランスしているから、楽々とマストの上へ上がっていく。

　この方法で気をつけることは、マストから体が振り出されないように短いロープで自分の体とマストを巻いておくのがよい。スプレッダーを通る時には一度外して巻き替える。

＊

　ボースンチェアを使う他の方法でも同じだが、この方法でハリヤードいっぱいまで登っても、マストトップの航海灯とか、ウインデックスなどに十分手が届かないことがある。このためにはマストトップの近くに左右一対だけステップを付けておいて、ボースンチェアは腰に着けたまま、このステップを足で踏んで立ち上がれるようにしておくとよい。

＊

　下りる時はポリタンクの重さを自分の体重より軽くしてあるから、ハリヤードのテールを繰り出してやるとスルスルと自分の体はデッキへと下りていく。ポリタンクはマストトップへ上がっていく。これを一度ヨットハーバーでやってみて下さい。大いにウケること確実だと思います。

## アンカーローラーとウインドラス

　1人乗りで一番きつい作業は錨を上げることだろう。その対策としてぜひ付けるべきものはアンカーローラーだ。図10-8のローラーの上にあるのは一種のラチェットで、ステンレスパイプの先端を平にたたきつぶしたものを爪に使っている。この爪とローラーの間にチェーンを通すと、引き込むほうは自由だが、チェーンが出て行こうとすると爪が引っかかって止まる。

　よいしょと、ひと引きして力を抜くとチェーンは爪で止まる。体勢を立て直してまた、よいしょ。これでずい

図10-8 アンカーローラーの上に爪があってチェーンが止まる。チェーンを出す時は爪を向こう側へ倒す

ぶん楽になる。〈春一番Ⅱ〉の16キロCQRと10ミリのオールチェーンでも、水深10メートルまでで静かな日和なら、なんとかこれだけで上げることができる。錨を入れるときは爪をひっくり返して、向こう側にしておくから邪魔にならない。

　　　　　　＊

同じものを船尾にも付けるとよい。この場合には、腕木のようなもので舷側からローラーを突き出して、上がってきた錨が船体に当たらぬ工夫が欲しい。この腕木はおそらく内側へひっくり返して収納できる形がよいと思う。

　　　　　　＊

アンカーローラーを付けたうえでウインドラスを使えば、これは桁違いに楽になる。手動ではよく知られたシンプソンローレンスの装置のように、長いレバーを前後に往復させて歯車を回す仕掛けが多い。最近では電動ウインドラスもよく市販されているが、手動のバックアップが付いているものがよい。また垂直軸にせよ水平軸にせよ、ワーピングエンド（シートウインチのような巻胴）付きを強くお勧めする。揚錨だけでなく、動力でロープを引く装置が一つあることは非常に助かる。さっきのマスト起こし、テンダーの上げ下ろし、マスト登りのバランス重りの巻き上げなど用途は広い。

　　　　　　＊

最後にこれはあまり汎用性がなさそうで申し訳ないが、参考までに〈春一番Ⅱ〉のウインドラスを紹介しよう（図10-5）。マストの台のFRPの柱の中にモーターと減速歯車があって、左右に貫通する太い軸を回す。交流モーターを使いインバータで給電しているのは、交流モーターの信頼性と経済性をかっての実験のつもり。それにインバータはドリルやジ

グソーなど電動工具用にもともと積んであるからこれを利用する。このオーダーメイドのウインドラスの太い軸の左舷側にチェーンに噛み合うジプシー（米語ではワイルドキャット）、右舷に巻胴がつき、そのまた外側に舵輪の形のハンドルを差し込むことができるようになっている。このハンドルでも回せるわけで、その場合に減速ギアを逆ドライブしてモーターを高速回転させないように、自転車の後輪用の一方向の回転しか伝えないギアを途中に入れてある。このハンドルでもチェーンを引く力は5倍ほどになり、事実、これでオールチェーンの錨を20年間上げてきたのだが、2、3年前にモーターと減速ギアを付けてみるとさすがに違う。もっと早くつければよかった。

　この配置の長所はチェーンがマストの根元へ下りてくるから、そのまま船底のチェーンロッカーに収まること。船の中央近くだから、オールチェーンの重量もピッチングに悪い影響を与えない。

# 11 ボウスプリットと軽風用セール

**ボウスプリットの効用**

　一昔前のクルージングヨットは大型帆船なみの長いボウスプリット（やり出し）を持つものが多い。リンとパーディの〈セラフィン〉（9章参照）などがよい例だ。これは単なるファッションではなくてそれなりの理由がある。

　その頃の船はみんな木造で構造が重く、そのうえレース用ルールの影響を受けていないから深い船体をもっている。長さのわりに重い船

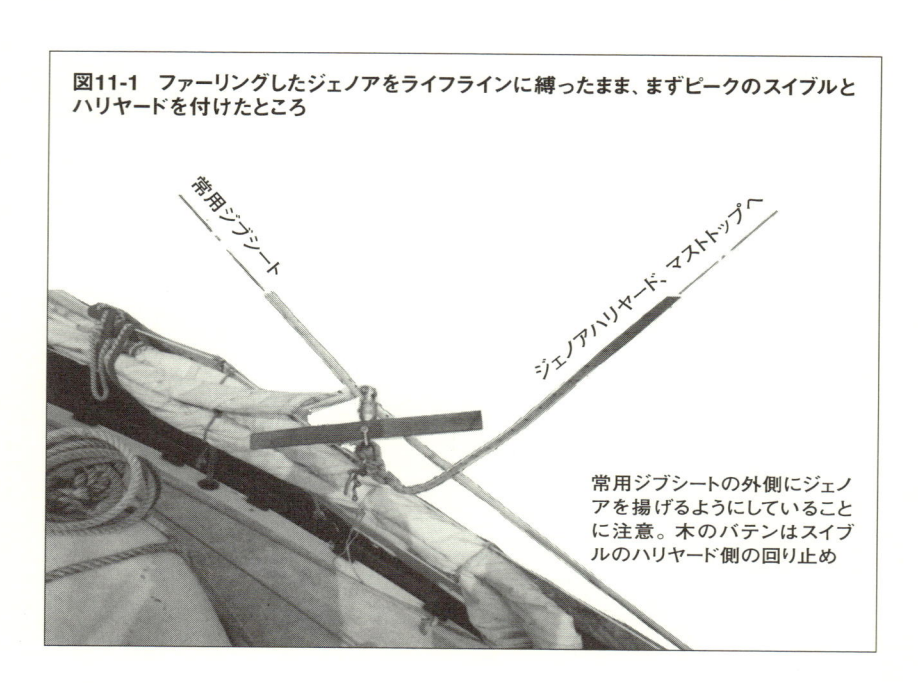

図11-1　ファーリングしたジェノアをライフラインに縛ったまま、まずピークのスイブルとハリヤードを付けたところ

常用ジブシート

ジェノアハリヤード、マストトップへ

常用ジブシートの外側にジェノアを揚げるようにしていることに注意。木のバテンはスイブルのハリヤード側の回り止め

なのだ。風力4も吹いてくれば重い船もけっこう走るのだが、軽風で、そのうえ少し波でもあれば無残な状態になる。そこで長いボウスプリットの先端から大風呂敷のようなジェノアを張って、その馬力でスピードを稼ぐことになる。

そういえばロンドンのテムズバージやオランダの運河の帆走荷船なども長大なボウスプリットを持っていて、港では邪魔になるからデッキへ引き込んだり、船首でヒンジになっていて垂直に立てたりしていたものだ。

近頃のヨットはFRPや軽構造木船になり、また純粋なクルーザーまで外洋レーサーの影響を受けて浅い船体、軽排水量の傾向が強い。軽い船は軽風でもよく滑るから、軽風用といっても大きいオーバーラップのジェノアを張るくらいで足り、一昔前のようなボウスプリットは要らないわけだ。

＊

しかし、これは前にも書いたことだが、レースのことを考えない本当のクルージングには現在の普通のヨットより少し重い船が適していると思う。そうなると問題は重い船の軽風時の滑りの悪さだ。機走す るのは一つの解決だが、ヨットはやはり帆でやろうよというなら、これは思い切って大きい帆を張るしかない。今の場合、ルールの制約はないから昔に返って長いボウスプリットの先端からメインセールの2倍もあるジェノアとか、とびきり大きいジェネカー（クルージングスピネーカー）を張るのはどうだろう。

## 長いボウスプリットの例

〈春一番Ⅱ〉ではこの考え方で何年か前から実験をしてきた。初めはリーフィングボウスプリットの考えで、必要な時に長い棒を突き出し、普通は船内に引き込む方法を試みた。結果はその棒が横に撓んで折れたり、それをステイで補強するのはけっこう手間がかかったりすることになり思わしくなかった。そこで既存のボウスプリットより1メートル長い、新しいボウスプリットを作り、取り替えた。

＊

まず、軽風用ジェノアは1×19の6ミリステンレスワイヤーをラフに通し、軟質のウレタン発泡材の棒をラフの全長にわたって縫い込んである。ワイヤーの両端にはスウェージングでアイ金物がつき、これがそれ

図11-2 テンダー〈こはるいち〉を積んで港を出てゆく〈春一番Ⅱ〉（朝井章氏撮影）

ぞれジェノアのピークとタックになる。

　ピークのアイはハリヤードでマストトップまで揚げるスラストベアリング入りのスイブル（撚り戻し）に固定し、タックのアイはボウスプリット先端のファーリングドラムに固定する。マストトップのスイブルには図11-1に示すとおり40センチばかりの木のバテンを付けて、スイブルのハリヤード側は回らないようにしてある。ハリヤードをいっぱいに揚げるとこのバテンがマストに当たって、スイブルの"連れ回り"を妨げるわけだ。

　これでもうお分かりと思うけれど、最初にジェノアを自身のラフの周りに巻き込んでおき、ハリヤードをいっぱいに揚げるとジェノアは巻かれたままの形でマストトップとボウスプリット先端の間に張られることになる。ジェノアのシートを引けばジェノアは展開し、同時にファーリングラインがドラムに巻き付いていくわけだ。

　この形の、ラフワイヤーの周りにジブをファーリングする方法は現在はディンギーでしか使わないようだが、ファーリングジブの開発段階では大型のクルーザーでもよく使ったものだ。たとえばアメリカのSchaefer社などは普通のアルミフォイルの周りにファーリングするもののほかに、この形式もまだ作っていると思う。

＊

　〈春一番Ⅱ〉の場合、このジェノアにつけるシートは2メートルばかりでその先端はボーリンノットにしてある。一方、船尾近くの両舷縁にスナッチブロックを付け、これに常時長いシートをつけてある。その一端にはスナップシャックルが付いており、ジェノアなり、ジェネカーなりの短いシートのボーリンノットにつなぐ。こうすると長いシートをいちいち取り

図11-3 ボートフックを縛りつけて手すりにすると陸との行き来に便利（日高耕平氏撮影）

回す必要がないから扱いやすい。
　このジェノアは40平方メートルでちょうどメインセールの2倍の面積がある。〈春一番Ⅱ〉はカッターリグで、その常用フォアトライアングルは25平方メートルだから、その1.6倍と考えてもよい。リーチングからアビーム少し後寄りまでの風だとさすがに馬力がある。風力3の上限あたりがこのセールの安全限度と今のところ考えている。
　長いウィスカーポールを使えば微風の追っ手でも強力だと思うが、まだできていない。図11-2は臨時に一番長いボートフックを使って観音開きを試みている所だ。

　なお、これくらい極端なオーバーラップがあり、それに常用ジブとステイスルの両ステイを交わさねばならないからタッキングの時は一度ファーリングしないとまず無理。だから残念ながらショートタックには使えない。

＊

　もう一つ細かい話をすると、船尾錨の船首着けの時、この長いボウスプリットの上を渡って上陸するのはちょっとした軽業になる。図11-3にその対策を示すが、今までにこれを渡って小学3年生の男の子、ミニスカートのキュートなお嬢さん、3歳の幼児を抱いた若いお母さんなど

が来船された実績がある。

## ジェネカーまたは
## クルージングスピネーカー

　大きなオーバーラップの軽風用ジェノアは風がクォータリーに回ってくるとメインセールの陰に入ってもうひとつ馬力に欠ける。十分長いウィスカーを使って観音開きに風を流せばよいのかもしれないが、今のところはこの状態ではポールなしの非対称スピネーカー（ジェネカーとかクルージングスピネーカーとも呼ばれている軽いナイロンのセール）を揚げている（図11-4）。これを長いボウスプリットの先端のスナッチブロックからの長いタックロープで飛ばすわけだ。風が毎秒2メートルくらいも吹いてくれるとタックロープを十分延ばし、合わせてシートも出してやると凧でも飛ばしているような具合に気持ちよく開いてみるみるスピードが上がるのが分かる。

　このセールは約25平方メートル。もともとの短いボウスプリットから飛ばしていたものをそのまま使っているのだが、今度ボウスプリットを延ばしたから、もう少し大きいサイズにするのが本当だろう。

*

　このセールの展張、収納はクルーザーではよくやっていることだが、

**図11-4　ジェネカーを飛ばして走る（西山隆氏撮影）**

スピンナ・ヤーン ● ボウスプリットと軽風用セール

セールを細長いナイロンの袋に入れたままマストトップへ揚げ、タックロープ、シートを付けてから操作用の細索を引いて袋をマストトップへたくし上げる方法を取っている。この方式で一つ大切なことはハリヤードの端とセールのピークの間に短いロープを入れ、その両端にスイブルを付けることだ。そして袋の上端はこの短いロープに縫い付けておく。ハリヤードと袋の間にスイブルを入れるのだが、ときどき袋とセールのピークを縫い付けてしまって、袋とセールの間の撚り戻しのないものがある。うまくいけばそれでよい理屈だと思うが、実際にはもう一つスイブルを入れておくと、セールがピークまでいつもきれいに開いてくれる。こうしたうえで袋の上端に小さいフープ（輪）を入れて、袋とセールのピークが絡まないようにしておけば万全なのだが。

\*

　それでは少し重い船をお持ちで軽風の時うんざりしているオーナーの方、この長いボウスプリットを試みてはいかがですか？　メインセールの倍くらいもある軽いジェノアやジェネカーに風をはらんで、軽風の中を心地好いヒールで滑っていくのは機走とは比べものにならないほど、いいものです。

# 12 ウインドベーンとオートパイロット

　1人乗りはもちろんのこと、そうでなくても少し長いクルージングになると、自動的に針路を保ってくれる装置は実にありがたいものだ。私は長年、自作のウインドベーンを頼りに、日本沿岸から北欧一円を大方1人乗りか、妻とのダブルハンドで乗ってきたが、ここ数年は電気式のオートパイロットも使っている。両方の長所短所、問題点などもだいぶ分かってきたように思う。どちらもそれなしには、とても本格的なクルージングに出ていく気にはなれない。

　もちろん、船そのものの保針性はクルーザーの大切な性質だし、事実、ある条件のもとでは保針性のよいヨットはティラーをショックコードなどで固定して長い時間勝手に走ってくれる。しかし波や風のいろいろな環境の中をそれだけに頼って長い航海をするというのはいささか神話的に過ぎるのではないだろうか。そして保針性に優れるヨットはウインドベーンや

オートパイロットでも例外なくうまくコースを保ってくれるもので、それは小人数で長い航海をするにはほとんど必要不可欠な条件だと思う。

## ウインドベーンの原理と種類

　ウインドベーンとは風向板のことで、船のコースがずれるとそれに応じて船に吹きこむ風向きが変わり、その分だけ風向板が回転する。その回転が水中の補助舵を回し、補助舵は斜めに水流を受けるから力が働く。その力で本物の舵を動かしてコースを元へ戻す。理屈はそれだけのことだが、それを実行するためにいくつか異なる仕掛け、メカがある。実はこの補助舵を省略して風向板で直接に舵を動かす形式もなくはないのだが、普通のヨットでは力不足で今ではあまり実用されていない。

　　　　　　＊

　いくつか異なる仕掛けのなかに

は、まず風向板が風見鶏のように垂直軸の回りに回転するものと（図12-1）、ウサギの耳のような風向板が斜めに風を受けて横に倒れるもの（図12-2）がある。風見鶏型は分かりやすくメカも簡単で、初期のウインドベーンはみなこれだった。ウサギの耳は小さなベーンでコンパクトにおさまる長所があり、現在市場に出ている装置の多くはこちらのほうだ。

＊

補助舵の一番簡単な形は、本物の舵の後ろの端に小さな舵をもう1枚つけるもので、トリムタブ型と呼ばれる（図12-1）。この補助舵は風見鶏型ベーンと同じ方向に回すことになる。風見鶏ベーンとトリムタブ補助舵を組み合わせたメカは最も単純明快で性能もよい。泣き所はトランサムラダー（船尾の端に付いている舵）でないと使えないことだ。ウインドベーンがイギリスを中心に普及し始めた1960年代にはまだトランサムラダーのクルーザーがかなり走っており、この形式のウインドベーンの自作が盛んだった。

＊

ウインドベーンで補助舵を動かす着想をインボードラダー（トランサムラ

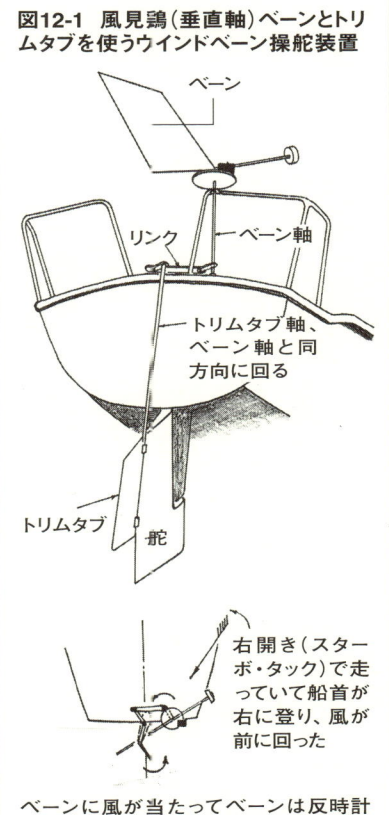

**図12-1　風見鶏（垂直軸）ベーンとトリムタブを使うウインドベーン操舵装置**

ベーン
リンク
ベーン軸
トリムタブ軸、ベーン軸と同方向に回る
トリムタブ
舵

右開き（スターボ・タック）で走っていて船首が右に登り、風が前に回った

ベーンに風が当たってベーンは反時計に回る。トリムタブも反時計に回る。タブに働く水王で舵は時計方向に回り、左舵になる。船は左に落ちて元のコースへ

ダーでない、今ではほとんどみなこれ）に実現したのは英国の帆走家H・G・ハスラーの発明したペンデュラムサーボの仕掛けだった。ペンデュラムサーボ（図12-3）の補助舵はトリムタブ型とちがって主舵とは独立に、船尾に付けた枠組みから吊るしてあ

**図12-2 ウサギの耳型（水平軸）ベーンのペンデュラムサーボ——Monitorベーン**

舵軸

コース調整ロープは記入省略

補助舵

動かす。これならどんな舵の形式でも使うことができる。

　ウインドベーンが今日の隆盛を見るにいたったについては、このハスラーの功績が大きい。この非凡な帆走家についてはすでに10章のジャンクリグのところで話している。

＊

　このようにウインドベーン操舵装置にはいくつかの形式があるが、現在市場にあるものの大多数はウサギの耳のベーンのペンデュラムサーボ型になっている。ただオートパイロットに押されぎみで、だんだん品薄になる傾向はある。

## ウインドベーンの
## コース設定と微調整

　ところでウインドベーンを使って望みの方向へ走るためには、ベーンすなわち風向板と補助舵の間の角度を自由に設定できるメカが必要だ。たとえばアビームならベーンが真横を向いている時に補助舵が舵中央になって力を出さないようにしておくし、クローズホールド（詰め開き）ならベーンが船首から30°くらいを向いた状態で補助舵が同じく中央になっていなければならぬというわけだ。

　そのための仕掛けもいろいろある

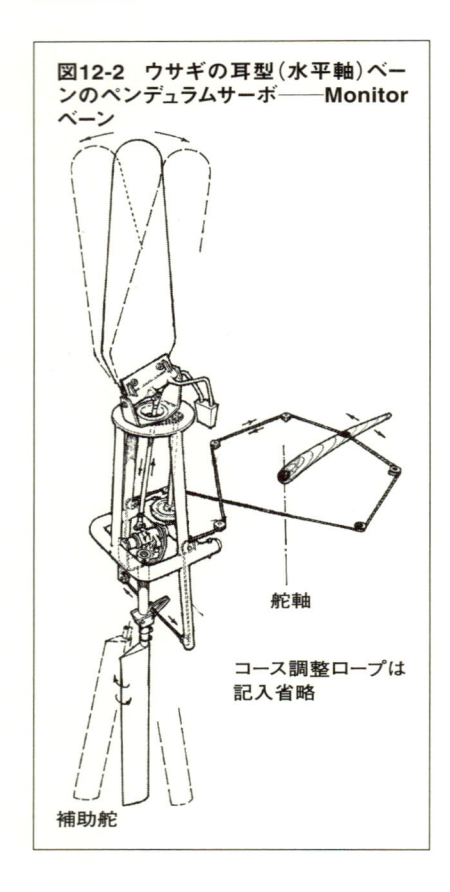

る。この補助舵をハスラーは風見鶏ベーンで動かしたし、現在は大方ウサギの耳で動かしているが、どちらにしてもコースが振れて風が回ると補助舵も回って舵板に横向きの力が働く。補助舵は全体が振り子のように左右に振れるように支持してあるので、その横向きの力で左右に振れる。その振れの動きを細いロープでティラーに伝えて本物の舵（主舵）を

が、先のハスラーの工夫は気が利いている（図12-4）。風見鶏型ベーンの軸の下のほうにウォームギアの歯車が固定してあり、それに噛み合うウォームねじはギア台座3に乗っている。ウォームを歯車に噛み合わせると台座3はベーンと一緒に回り、それはリンクを介して補助舵を動かす。

ウォームを軸受ごと持ち上げて反対側に倒すと（図中点線）、歯車との結合がはずれてベーンと台座は自由に回るようになり、ベーンは風の方向に向く。補助舵も同時に自由になったから水流に沿う姿勢、すなわち舵中央になる。そこでウォームを戻して噛み合わせると、船はそのコースにセットする。ウォームを回せばコースの微調整ができる。

\*

ウインドベーンを沿岸航海で使うには、かなり頻繁にこの微調整をする必要がある。沿岸では風がよく振れるから、その変化に合わせてコンパスコースを正確に保つことが大切だ。図12-4のようなウォームギアを使う装置なら、ベーンの所までいって指で小さなつまみ（ノブ）を回したり、あるいはこれに細いラインをつけて手元まで引いてきてリモートコントロールするものもある。

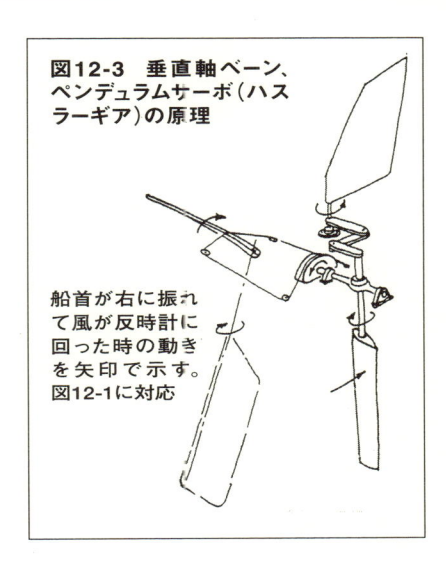

図12-3　垂直軸ベーン、ペンデュラムサーボ（ハスラーギア）の原理

船首が右に振れて風が反時計に回った時の動きを矢印で示す。図12-1に対応

〈春一番Ⅱ〉はトランサムラダーなので一番簡単な風見鶏トリムタブ型ウインドベーンを自作して使っているのだが、このコース設定の微調整はいろいろやってみた。この船はセンターコクピットなので、ベーンのところまでいちいち歩いていくのは面倒だし、さっき言ったラインを手元へ引いてくる方法も、もうひとつうまくいかず、結局、小さなモーターを使うリモコンに落ち着いた。

この電動式リモコンは、自動車のアンテナ上下仕組みを利用したもので、12Ｖバッテリーで動かす（図12-5）。アンテナを上下させるローラーから先を外してしまい、ローラーの軸に硬質ナイロンの小さな歯車

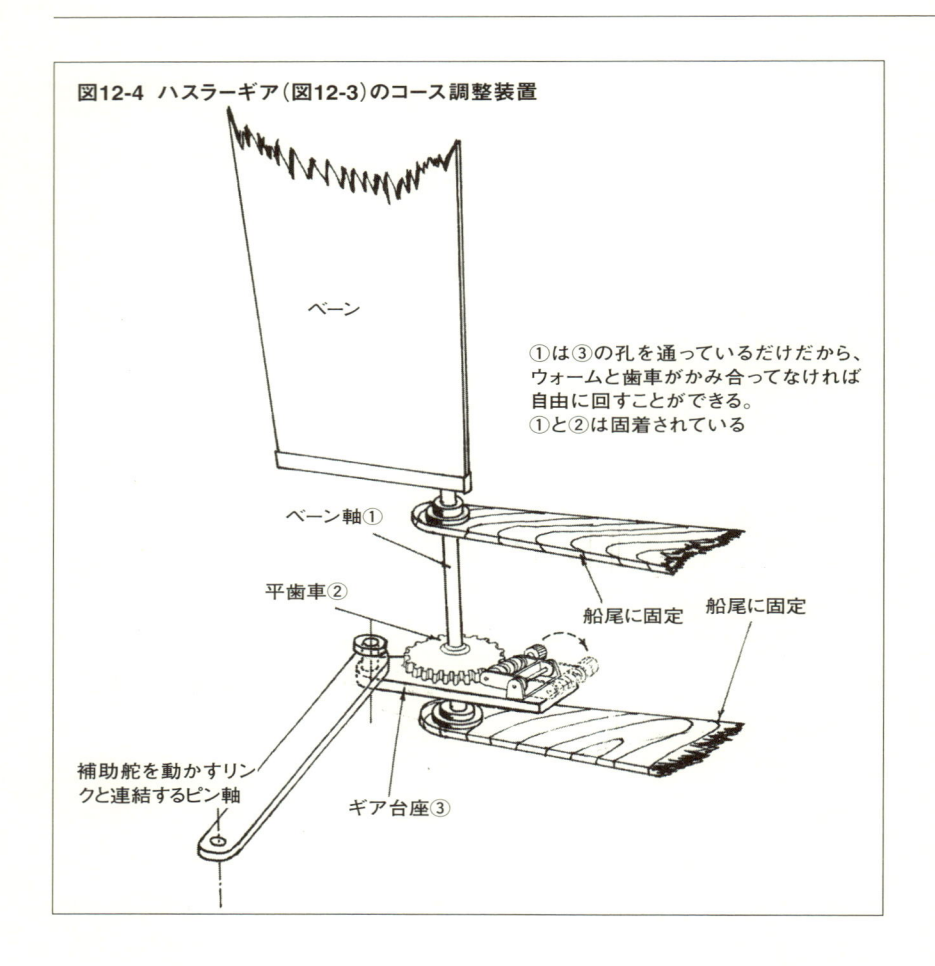

**図12-4　ハスラーギア（図12-3）のコース調整装置**

①は③の孔を通っているだけだから、ウォームと歯車がかみ合ってなければ自由に回すことができる。
①と②は固着されている

ベーン
ベーン軸①
平歯車②
船尾に固定
船尾に固定
補助舵を動かすリンクと連結するピン軸
ギア台座③

　を付け、それに噛み合う平歯車で2段に減速してベーンの方向を微調整するわけだ。ベーンを開放する時はリモコンのモーター仕組み全体を少し回して歯車の噛み合いを外す。ベーンを使っている時は仕組み全体をスプリングで引いて、歯車が噛み合うことになる。

　スイッチは、コクピットから船尾キャビンに下りたところにあり、下がオン・オフのスイッチ、上が右転、左転のスイッチになっている。これはとても便利で、コンパスを見ながらこのリモコンでコースを微調整する。また上りいっぱいのコースではマストトップのウインデックスをにらみながら、右転左転のスイッチを一瞬入れては切って、ちょうどよい上りコースにセッ

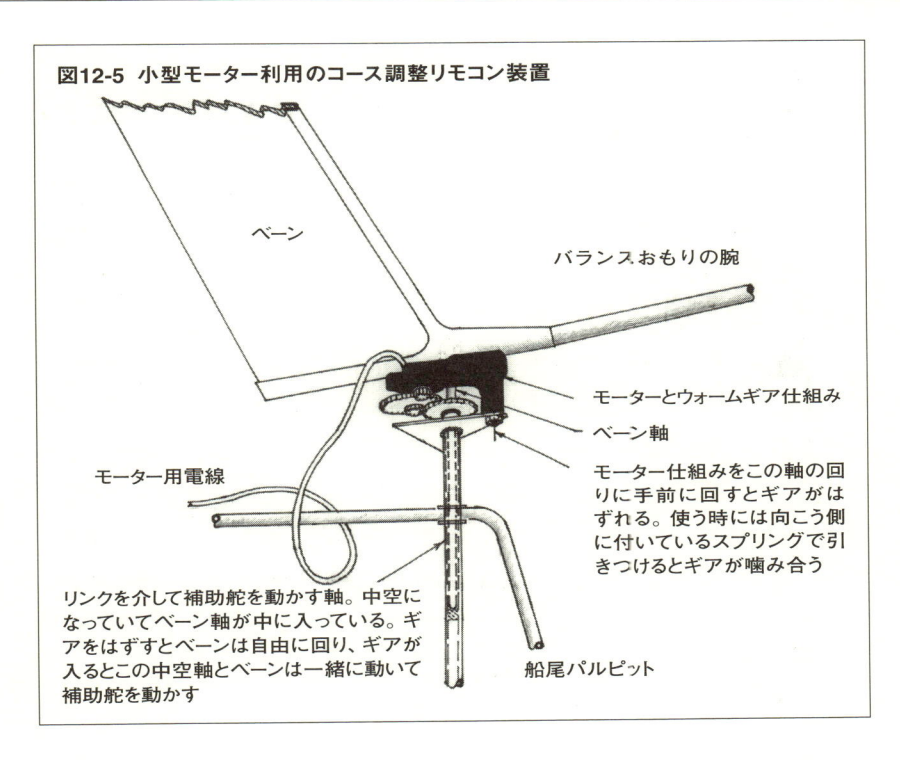

**図12-5 小型モーター利用のコース調整リモコン装置**

- ベーン
- バランスおもりの腕
- モーターとウォームギア仕組み
- ベーン軸
- モーター用電線
- モーター仕組みをこの軸の回りに手前に回すとギアがはずれる。使う時には向こう側に付いているスプリングで引きつけるとギアが噛み合う
- リンクを介して補助舵を動かす軸。中空になっていてベーン軸が中に入っている。ギアをはずすとベーンは自由に回り、ギアが入るとこの中空軸とベーンは一緒に動いて補助舵を動かす
- 船尾パルピット

トできる。

## ウィンドベーンは風に合わせて舵を取ってくれる

　これは全く当たり前の話だが、とくに上りのコースではありがたい。腕のいいヘルムスマンが根を詰めて上っていくほどではないにしても、感心するくらい風の振れを捉えて上っていく。そしてこれを何時間でも飽きずに続けてくれる。これは最大の長所だろう。それにこれはまったく理屈に合わないのだが、こうしてウインドベーンにまかせて上っていると不思議に風がいい方向に振れて、10°も20°も、時にはそれ以上も知らぬ間に上っていることがよくある。何かすごく得をしたような気がして気分のよいものだ。だからウインドベーンは大洋航海用で、私たちが普通にやっているようなクルージングにはあまり縁がない、と言うのは当たっていない。さっきのコース設定の微調整を手軽に、確実にできるようにしておけば、沿岸でもまったく重宝する道具なのだ。私など航海時間の優に半分以上はウイ

スピン・ナ・ヤーン●ウィンドベーンとオートパイロット

ンドベーンで走っていると思う。

　　　　　　＊

　似たようなことは、真追っ手の観音開きにもあてはまる。メインセールを右に出すと風が右に振れ、左へ出すと左へ振れてうんざりした経験は皆さんお持ちだろう。手で舵を取っていれば、こんな時いちいちジャイブせずに少しコースを振って両方の帆が風を受けるようにすることが多いだろうが、ウインドベーンも勝手にそれをしてくれる。ただし追い風では相対風速が弱いので、〈春一番Ⅱ〉では風力３以上ないとウインドベーンがうまく働かない。

　　　　　　＊

　風に合わせて舵を取る性質はウインドベーンの長所で、内蔵のコンパスを基準にするオートパイロットはこれができない。ただし、最近のオートパイロットはミニチュアの風向ベーンがオプションでついていて、理論的にはこれでウインドベーンと同じことができるはずだ。私はまだ試してないのだが、経験者によると、どうもうまく働かないという。ベーンは風向のほかに、船の横揺れによっても左右に揺れる。機械式のウインドベーンではそれを適当に平均して風向を正しく捉えるが、電気式ではそこのところがまだ十分にできていないのかもしれない。理由はともあれ、現在のオートパイロットでは、ウインドベーンのように、風に合わせた操舵はできないと思ったほうがよいのではないだろうか。

## 舵輪（ラット）とウインドベーン

　舵輪で舵を動かすにはワイヤーを取り回し、舵軸の頭に付けたコードラントを回すことになるから、ティラーで直接に舵を動かすのに比べてどうしても摩擦が大きくなる。それをウインドベーンで動かそうとすると、風が弱いときには力不足でうまくいかないことが多い。

　その解決法として、舵軸をコードラントに固定せず、ナイロンの軸受けを介して通しただけにしておく方法がある。こうしておけば、ウインドベーンの補助舵／トリムタブの力が舵にかかり舵は軽く動く。舵輪もワイヤーもコードラントも動かず、舵だけ動くわけだ（図12-6）。

　舵輪を使うときには舵軸の頭に固定した短いレバーとコードラントをピン１本で連結する（図12-6）。このアイデアは一般のラット操舵装置にもちょっと手を加えればできると思う。ピンの抜き差しをすぐにできるように

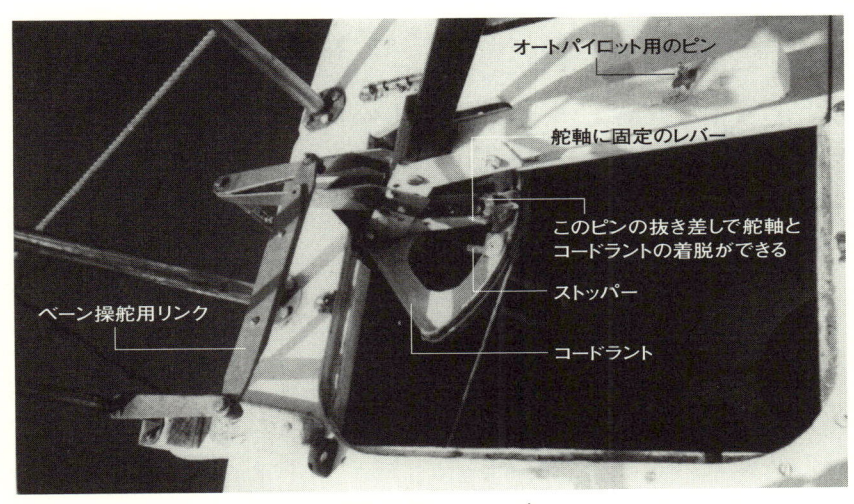

図12-6 舵軸とコードラントの着脱装置（一種のクラッチ）

しておくことが大事。急いで手で舵をとるようにしたい事態もあり得るからだ。それを考えて〈春一番Ⅱ〉では、ピンを抜いていても舵角にして15°相当だけ舵輪を回すと、さきほどの短いレバーがコードラントのストッパーに引っかかって、その方向へは手で操舵できるようにしてある。この仕掛けはウインドベーンで走っていて、前に釣り船が出てきて、ちょっとコースを振りたい時などにも役立つ。

## 軽風の追い風はオートパイロットの得意技

　風力2から3くらいまでの追い風やクォータリーでは、オートパイロットはとてもありがたい。このコンディションでは相対風速が弱いため、ベーンは力不足になってもうひとつなのだ。だから以前は、1ノットか2ノットでのろのろと動く船の舵を手で取らねばならず、ずいぶんうんざりしたものだ。数年前にオートパイロットをつけてから、これは全く楽になった。こんな状況はたいてい静かで、いくらか退屈な航海だから、操舵から解放されて食事の準備をしたり、ちょっとした修理作業などができるのは大きな福音だった。

　〈春一番Ⅱ〉はセンターコクピットだから舵輪を使っているが、オートにするときはウィールパイロットではなしにティラーパイロットを使う。さきほどの仕掛けのピンを抜いて舵輪操舵

のメカと舵を切り離してしまうのだ。ティラーパイロットはバッテリーの消耗がずっと少ないのがよい。

## 精密なコース保持もオートパイロットの得意技

　現在のヨット用オートパイロットは、フラックスゲイトコンパスと呼ばれる、地磁気を感知して方角を知るセンサーを内蔵している。これを基準にしてコースを保つため、針路保持の精密さは、風向を基準にするウインドベーンよりも確かに優れている。風向、風力が安定している時はベーンでも驚くほど一定のコースを保つけれども、それはいつもではない。普通はかなり頻繁にコンパスを見て、所定の針路になるようにウインドベーンの微調整を繰り返さないと3°ぐらいの誤差に収めることができない。3°というと20海里先で1海里の誤差になるから、視界の悪い時などはとても無視できない。

　実は今、この文章を福岡県宗像郡の孤島、沖ノ島で書いているのだが、昨日、大島を出て3海里も走ると大島は雨に煙って消えてしまった。沖ノ島まで25海里、通り過ぎてしまうと韓国まで何もない。風は南から南南西に回り、だんだん力を増して風力5を超えたかというくらいになり、雨はますます強い。ウインドベーンが十分使える風力だが、この状況ではできるだけ精密にコースを保ちたいのでオートパイロットでコンパスコース331°にセットした。途中、数回、微調整をしたが、4時間ばかり経つと沖ノ島の見上げるような島影が、激しい雨の中、ちょうど船首方向に現れた。こんな芸当をウインドベーンでやるには、かなり注意深く微調整を繰り返す必要があっただろう。

## オートパイロットの消費電力

　オートパイロットは確かに便利だが、バッテリーの電気をどのくらい消費するものだろうか。これもよく耳にする疑問だ。ひと昔前のオートパイロットは見るからに電気を食いそうなモーターが付いていたりしたものだが、現在の装置は全然ちがう。〈春一番Ⅱ〉で使っているのは、NAVICO社のティラーパイロットTP5500だが、これで実際にバッテリーから取り出す電流を測ってみたことがある（応答の早いペン書きオシログラフを使用）。スイッチを入れただけの状態では0.03A（アンペア）ぐらいで大変小さい。舵が動くと一瞬、ピークで1Aほどの電流が流れるが、これは1回

が0.4秒くらいで終わる。その0.4秒間に平均すると0.6A程度。舵の動く頻度が一番問題だが、条件のよいときで10秒に1回、かなり手荒く揺れているときで2秒に1回ばかり動く。おしなべて3秒に1回動いたとすると平均電流は(0.6A×0.4秒)／3秒＝0.08A、これに常時流れている0.03Aを加えると0.11Aとなる。10時間使うと1.1Ah(アンペアアワー)の消費があったことになるが、これは普通のクルージングヨットのバッテリー消費の中では非常に小さいと思う。例えば、航海灯を点灯すると同じく10時間で20Ahは消費する。

　この実験をしたとき、同じくNAVICO社のウィールパイロットを借用して舵輪に付けてみた。この舵輪はかなり重いほうだが、それでも電流はティラーパイロットの2倍余りだった。

＊

　この程度の電力ならば、大してかさばらない寸法の太陽電池(ソーラー・パネル)でも給電可能だと思われる。いつも晴天とは限らないし夜もあるから、バッテリーに充電しておいて使うことになる。〈春一番Ⅱ〉では、45センチ×53センチの京セラ製のパネルをスライドハッチの上に付けているが、1日に2〜3Ahくらい充電しているようだから、オートパイロット分は、充電していることになる。こうしてみると、太陽電池とオートパイロットの組み合わせは、ウインドベーンと同じく、燃料を一切使わない天然自然の自動操舵装置だという考え方もできるかもしれない。そうなってくるとオートパイロットの弱みとしては、さきにふれた風に合わせる操舵ができないことと、もう一つは故障の問題だろう。これが解決すれば、ちょっとさみしいけれども、ウインドベーンは博物館行きかも。

　だが現在のオートパイロットは私の短い経験だけでも結構たびたび故障している。ウインドベーンなら故障してもなんとか手を出す気にもなるが、オートパイロットでは二の足を踏む。だから少なくとも1セットは予備を積むことをお勧めする。それと、案外多い故障は電源回路の接触不良ではないかと思う。特に差込みコネクターのあたりが怪しい。これなら素人でも手出しできるから、オートパイロットが故障したら諦める前に、この点だけはチェックするとよいでしょう。

# 13 ヨット暮らしの知恵（1）

　ヨット巡航の大きな楽しみは船で生活して未知の浦々を訪れ、そこに広がる自然や、そこで暮らしている人々と交歓することだと思う。たとえ1週間のクルージングでも、船をすみかの旅をすることで全く新しい世界が開けてくるものだ。車の旅なら車は移動の手段で、生活はホテルなりレストランなり、他人の供給するサービスに依存することになるが、ヨットでこれをしたらその楽しみはずいぶん失われるのではないだろうか。生活の知恵という言葉があるが、ヨットをすみかとするのにもたくさんの工夫がある。何百年にもわたる船乗りたちの哀歓の産物でもあれば、一方、個人の好みによるところも大きい。

*

　ヨットの船上生活を考えるにあたって一つの大きな課題は、どれくらい陸の生活を船に持ち込むか、だろう。これまた無数のマイウェイがあり、極端なスパルタンから、経済の許すかぎりたくさんの生活設備を積むべしとの意見まである。これは人間の欲望と快楽と自由の3者の関係において、なかなか面白い問題かもしれない。

　エリック・ヒスコックやハル・ロス

のようなタイプの人たちが指摘するのは、例えば冷凍冷蔵庫や温湯給水設備などを積むと、それだけメンテの手間が増え、清水、電力の消費の増加に対応する必要も生まれてきて、結局のところ船上生活はより快適どころか、むしろ煩わしくなることさえある、シンプラー・ザ・ベター（単純なほどよろしい）だ、ということだ。これも確かに一面の真理だろう。それやこれやを考え、自分の経験も加えて、ヨット暮らしの工夫の数々を挙げてみよう。対象は10メートル前後のクルージングヨットで1人乗りから4人くらいまでの乗員を考えている。

## ヨットの灯り

　照明を知っている生物は人間だけだといわれる。われわれは灯火に特別の愛着を持ち、それに慰められ励まされる。夜の海を手探りで泊地に入り、やっと錨を入れて落ち着いて船室の中を明るくする時、私たちの心の中にもパッと灯がともるのだ。暗闇の海に吸い込まれていく停泊灯の淡い光に、白く浮かび上がるデッキとリギンの影。ヨット乗りの最も幸福な時間の一つがそこにある。

　　　　　＊

　現在大多数のヨットは疑うことなしに電灯を使っている。しかし考えてみるとメインキャビンの照明は一晩に3、4時間は使うだろうからヨットのバッテリーの一番大きい負荷になり、2日か3日に一度はエンジンで充電したくなる。だから帆船の静かさを乱したくなければキャビンの照明は石油ランプにするのがいい。使ってみると石油ランプのオレンジ色の灯りはなかなかムードがある。来客たちもいい感じですね、と言ってくれる人が多い。

　一方、トイレとか炊事場など、短時間だけつけたり消したりする灯りはやはり電灯がいいだろう。そのほうが便利だし、バッテリー消費も知れているから。私はシャワールーム、ギャレー、チャートテーブル、寝室、それにフォクスル倉庫の5個所に12V電灯を取りつけて、必要以外はこまめに消しているが、これなら1晩の消費電力は1Ahそこそこでスライドハッチの上につけた20Wの太陽電池で十分まかなえているようだ。

　　　　　＊

　もう一つ大きい問題は航海灯でマストトップの三色灯を使っても電流は約2A、10時間点ければ20Ah、

**図13-1 壁付け石油ランプのやわらかい光**

80Ahのバッテリーで2晩がいいところだ。私は今のところ1人が多いので長時間の夜航をせず、10日くらい全くエンジンを使わなくてもすんでいるが、夜航がもっと多くなると何か補充電の手段を講じなければならないだろう。沖がかりするときの停泊灯（アンカーライト）は3章の終わりに書いた石油ランプでよいと思う。

\*

こういうわけで主な船室の照明は石油ランプがよいとなって、さて問題はどこで売っているの？　かだ。昭和10年代までは沿岸帆船はもちろん、港のタグボートなどでもローリングランプといって、ジンバル付きで気の利いた装飾のある銅合金の石油ランプを使っていた。大阪、神戸、横浜などの町工場で盛んに作っていたものだ。20年ばかり前にそんな工場の一つを捜し当てて訪ねたことがある。

「ああ昔はみんな石油じゃったが今はもう1個も出ん。その代わり喫茶店なんかの飾りに電気を入れたのがボチボチ注文がある。打ち抜きの金型は残してあったんで近頃また時々使う。石油なぁ、そんなん5個や10個いまさら作ってくれ言われてもなぁ」、ということだった。前々からあのガラスのグローブの下の、燃焼空気を取り込む部分の繊細な模様の隙間をどうして作るのだろうと思っていたが、ここで見せてもらった金型でなるほどと分かった。

こうして国内ではまず望みがなくなったがヨーロッパやアメリカではヨット乗りの需要があるとみえて、船具屋でよく売っている。かなり安っぽいものから円換算3万円もする高級品まである。近頃はカタログによる通信販売で個人輸入が手軽にできるからそれもよいだろう。また海外旅行でもする時にちょっとそんな店をのぞいてみるのも面白い。

ハンブルク地下鉄U3線のランドゥングブリュッケン駅の少し東にあるランプ屋、アムステルダム中央駅の表出口から左前方約500メートル、プリンスヘンドリックカーデ（通り）沿いのヨット船具屋、コペンハーゲンの対岸、マルメ市、リムハムのS・フィスクハム（南漁港）にあるリムハムシェップスハンデル（船具屋）、アナポリスヨットハーバーの湾奥付近のランプ店などは間違いない。そんなわけで勤めていた頃は海外出張のたびに石油ランプを買って帰ることになり、〈春一番Ⅱ〉のキャビンにはちょっとしたランプのコレクションができている。

＊

　図13-1のようなランプは壁付け用で、ジンバルから簡単に外してテーブルランプに使えるものもある。灯芯は平芯のものと、巻きせんべいのように細い円筒状に巻いたものがあるが、後者のほうが一般に明るく、またこの形式にはあまり安物はないようだ。

　このランプを壁のあちらこちらに取りつけると結構明るくなるが、9メートル以上の船なら図13-2のトローラーランプをお勧めする。これは灯芯型だが大型のせいか断然明る

**図13-2　北海漁船の由緒正しいトローラーランプ**

い。熱も出るのでスカイライトハッチ（天窓）を少しすかせて、その下に吊るとよい。こうすれば夏でも特に暑いとは思わない。このランプで気をつけたいことは灯芯を出し過ぎると不完全燃焼を起こして煤が出る。初めは明るくよい調子で燃えていたのが、そのうち温度が上がりすぎて煤を出す。この煤は始末の悪いものだからご注意。

　このランプはその名のとおりトローラー（底引き網漁船）で使い始めたのだと思うが、ヨットの場合には天井から吊るだけでは帆走中揺れ

スピン・ナ・ヤーン ● ヨット暮らしの知恵（1）

てまずい。傘の縁から下へ延びてランプ本体を支えている曲線のパイプを利用して、三方か四方から揺れ止めの装飾鎖などを引くとよい（図13-2）。

〈春一番Ⅱ〉ではこのトローラーランプをスカイライトの下に吊り、壁付きジンバルランプをキャビン中央部両舷とチャートテーブルのずっと上のほうと合計3個取りつけている。航海中は風向きやヒールに応じてこれら三つのどれかを弱く灯しておくことが多い。

\*

泊地で今夜はひとつ御馳走を作ってゆっくりしようとか、来客のある時などは、控えの石油ランプが出番となる。これは手押しポンプで圧力をかけて石油を微細なノズルから吹き出し、ガス化したのち燃やすから強烈に明るい。コールマンのガソリンランタンなどと同じ原理で、光を出すのは専用の網状フィラメントでマントルという。ついでながらガソリンランタンはヨットでは使うべきでないと思う。コップ1杯のガソリンはダイナマイト1本だそうだから。

石油加圧ランプにはいくつかの商品があるが私は北アイルランドのティレー（商品名Tilley Storm Lantern、図13-3）が一番よいと思う。確かこの形式のランプを世界で初めて作った会社で、電灯のない地方を中心に全世界で広く使われたという。その経歴がものをいって信頼性の高いことは一驚に値する。〈春一番Ⅱ〉の品は25年間使って一度も故障したことがない。もっ

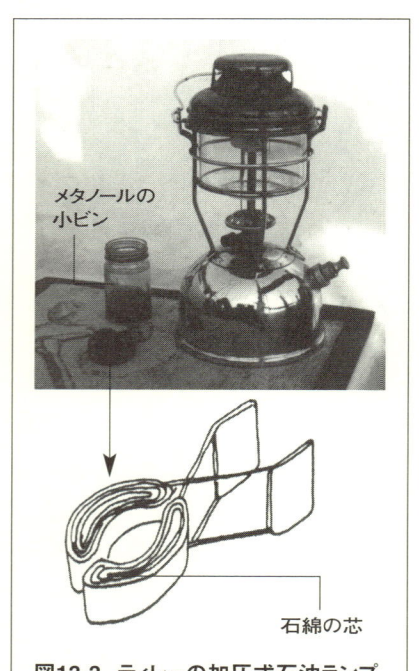

図13-3 ティレーの加圧式石油ランプ。余熱用の二つ割れカップには石綿の芯が入っていてメタノールが浸みこむ。これをランプ中心の気化棒に挟みつけて点火すると、火が燃え尽きるころちょうど余熱ができている。この道具は調理用オプティムスコンロの余熱にも重宝する（図13-4参照）

とも、棒状の気化器やマントル、ポンプのバルブとパッキンなどは時折取り替えている。これらの予備品はランプと一緒に買っておくとよい。イギリスでは今も売っている。値段は類似品より高いが、その値打ちはあると思う。

　　　　　　＊

　このランプは加圧気化式だから、初めにメタノール（メチルアルコール）で予熱してやらねばならない。このために付属している小物が秀逸で、ランプのほかに炊事用の加圧気化式コンロの予熱にも大変便利だ。一度使ったら止められない。なぜオプティムスなどがこれを使わないのか分からない。

　これは図13-3でランプの横においてあるものだが、針金細工のクリップの先に小さな半割カップが一対付いていて、その中に石綿（アスベスト）を巻いたものが詰めてある。全体をガラスの広口ビンに入れ、メタノールに漬けておく。使う時はビンからこの道具を取り出し、余熱する部分の下を挟んで点火する。石綿に染み込んだメタノールが燃え尽きるころにちょうどよい加減に余熱されている。オプティムスのコンロを使った方はご存知だと思う

が、予熱のメタノールを適量、あの受け皿に注ぐのは簡単でない。ペースト状のメタノールもあるが割高なうえに受け皿のあたりが燃えかすで汚れる。また近年は同じ白灯油を付属のバーナーで燃やして予熱することも行われているが、このバーナーの機嫌をとるのはわりと難しい。結局、石綿カップが一番使いやすい。

　　　　　　＊

　「石油ランプはロマンチックでいいでしょうけど、臭いませんか」と聞かれることがある。普通キャビンのなかで気になることはないし、来客からも言われたことはない。一般に日本の白灯油はなかなか品質が良いようで、その点最近レストランなどで使っている精製ランプオイル、少しピンク色をした白灯油だが、高いお金を払ってあれを使う必要はないと思う。

　石油ランプのメインテナンスだがグローブは時々磨いてやりたい。きれいな灯りは気持ちがよいし、いくらか明るくもなる。新聞紙でキュッキュッとこすると弱い汚れは取れるが、それでだめなら微細な粒子の入った洗剤、食器やステンレス磨きなどに使う台所用品だが、これを少し

垂らして磨くとよい。

　また時々、灯芯の先に溜まってくるカーボン（炭）を布切れでこすり取るようにして除去する。原則として鋏で芯を切り揃えてはいけないと言われているが、ひどく一部が焼け焦げていびつな芯先になってしまった時など、細かい注意が必要だ。私は時々鋏を使っている。

　それと金属部分にどうしても緑青（銅のさび）が出る。なるべくまめに"ピカール"などの金属研磨洗剤をつけた布切れでこすって手入れしたい。昔の船乗りはいくらかマニア的にこの真ちゅう磨きに精を出したものだ。

## 調理用コンロの種類と燃料

　3度の飯より好きな、と言う表現があるが、確かに食事は健康な人間にとってもっとも素朴な楽しみではないだろうか。しかしこの楽しみをヨットの上で味わうにはそれ相応の工夫や道具が必要になる。特に炊事用コンロはヨットの生活道具の中でも優先順位が高い。

　昔話をすると笑われるが昭和20年代頃までは、小舟の上の炊事はカンテキ（七輪が標準語かも？）と木炭だった。ふっくらした植木鉢のようなこの道具の中にまず新聞紙、細かく割った木ぎれ、その上に木炭をおいて火をつける。下のほうに空気を送る口があり、ここをうちわであおいで火をおこす。ちょっとした要領が要る。3度3度これをしないとご飯が食べられないわけで、まぁよくやったものだ。

　そのうちに灯芯式の石油コンロができた。今の石油ストーブの原始的なもので、炊事専用だから平べったいものだ。これでヨットの炊事は革命的に楽になった。

　これを自作のジンバルに載せて

図13-4　オプティムス5Rを使う炊事コンロ。ステンレスのジンバルに乗っている。図13-3の道具でメタノールを燃やし、予熱中。赤紫の焔が見える

（火力調節／ノズル掃除丸ハンドル／燃料注入／圧力抜きプラグ／加圧ポンプ）

使った。その後、加圧気化式の石油コンロも国産されたが、現在のオプティムスに比べて調整しにくく、特に消火したあとの生ガスの臭いには悩まされた。結局プロパンガスの普及でこれら炊事用石油コンロはその短い生命を終えた。

　　　　　＊

　プロパンガスの便利なことは多言を要しない。唯一最大の欠点は、このガスは空気より重いので万一洩れると船底に溜まり、なかなか抜けないことだ。何かの原因でこれに引火すると致命的な事故になる。アメリカでは相当数のプレジャーボートのプロパン爆発事故があり、日本でも機帆船が吹き飛ばされて沈んだ話を聞いたことがある。

　私も初めのうちは、使うたびに元栓を確実に閉めておけばよいと思い、キャビンの中に5キロボンベを置いていた。ところが数年経った頃、航海中に異臭を感じた。皆さんご存知のようにプロパンガスやブタンガスにはわざと変な臭いをつけてある。この時コンロは使ってなかったし、ボンベの元栓もしっかり閉まっていた。すぐにボンベをデッキに上げ、調べたが分からない。元栓を付けている金具、減圧弁の取付部などを締め直して、しばらく外に置いておいた。キャビンの中は床板まで外して全員で合羽や帽子であおいだり、ハッチなども全開し風を入れるようにした。間もなく臭気を感じなくなって、とにかくこの時は一件落着した。

　この経験から私はプロパンは諦めて、オプティムスの加圧気化式石油コンロを使うようになった。しかし正しい設置と安全対策をすれば、ヨットでプロパンを使うことに反対はしない（私はそれでも怖い目にあったので使う気になれないのだけれども）。正しい設置と安全対策については既に『舵』誌でも取り上げられたことがある。要点は、

（1）ボンベは船内から隔離された場所に収め、万一洩れた場合、船外へガスが流出するよう排気口を設ける。

（2）コンロ使用後、ボンベの元栓を遠隔操作（普通は電磁弁）で毎回確実に閉じるようにする。

（3）ボンベからコンロのすぐ近くまで固定配管し（ゴムホースではだめ）、そこにコックを付けて、あとはゴムホースでコンロにつなぐことは家庭用ガス配管と同じ。

　ここまできちんとすればプロパン

を使ってもよいと思うが、もし昔の私のようにボンベを船内に置いている方があったら、どうぞ対策を立てて下さい。転ばぬ先の杖どころではないかも。家庭では(3)のコックを閉めるだけでよいが、船では(2)も必須となる。

## 加圧気化式石油コンロ（オプティムスなど）の使い方

　そんな経緯で私の船のコンロは加圧気化式石油コンロに落ち着いたわけだが、これにもいろいろなブランドがある。今のところオプティムスの一口コンロの5Rという型式をステンレス製のジンバルに乗せて使っている。燃料は家庭用ストーブに使っている白灯油で、ランプや暖房とも共用なので50リットルばかり積んでいる。なお予熱用メタノールは薬局で買うと高いが、化学薬品卸問屋などで石油缶で買うとよい。これで10年はもつだろう。

＊

　このタイプの石油コンロは登山などでも使われているのでご存知の方も多いと思うが、点火の時に少しコツが要る。気の短い人はやはりこの手は駄目だと投げたりするが、慣れてしまえばまったく問題なく毎回気楽に使うことができる。

　まず予熱だが、すでに述べたティレーランプ付属の石綿カップはいい。これをメタノールの小瓶から取り出して、バーナーの下のメタノール受皿の所へ挟み付ける。マッチで点火。タンクの上面にある圧力抜き用の小ネジを閉め、火力調整用の丸いハンドルを右回りにしっかり締めてから、ポンプで空気を押し込んでタンクの中に圧力をかける。満タンなら5回、だいぶ減ってきたら15～20回くらい、中の空気が多いほどたくさんポンプを押す必要がある（図13-4）。この予熱中に風が入って焔が流れるようだと予熱不十分で失敗する。コンパニオンハッチを閉めればたいてい解決する。すぐ使うつもりの鍋や湯沸かしなどをかけておくのもよい。

　石綿カップの火が弱くなってきて間もなく消えそうなくらいの時、マッチの火をバーナーの横にかざし、丸ハンドルを少し左に回す。バーナーからシューと音がしてガスの煙が出ると同時にマッチをバーナーの真上にずらして点火する。パッと青い火がついて、聞きなれた燃焼音とともに勢いよく燃え始めればよい。そうならずにメラメラと赤い焔が上がった

らすぐに丸ハンドルを右いっぱいに締めて止める。予熱不足だからもう一度予熱してやり直す。

青い火はついたが頼りなげな燃え方をするなら、マッチをもう1本擦ってバーナーの近くにかざしておいて、丸ハンドルを左いっぱいに一瞬締めてすぐ右に緩める。この操作でノズル掃除用の細い針がノズルの中から一瞬突き出してノズルに詰まっている煤を飛ばすのだ。マッチをかざすのはこの操作中に火が消えてもすぐに再点火するため。このノズル掃除は普通に燃えていても、どうも少し勢いが弱いと思ったら、時折やっておくとよい。

＊

今の操作から分かるように、丸ハンドルは右いっぱいと左いっぱいの中間でノズル全開となり、それ以上左へ回すとノズル掃除の針がノズルをふさぎ始める。この状態で長く燃やしてはいけない。言い換えれば丸ハンドルを右いっぱいと左いっぱいの真ん中より右いっぱい寄りでバーナーは使わなければならない。

消す時はタンクの圧力抜きのネジを緩めて圧力を抜くと火が弱まってくる。同時に丸ハンドルを右いっぱいに回して火を止める。

新品のバーナーならこれだけ気をつければ必ずうまく燃える。何百時間も使って、どう機嫌を取っても勢いよく燃えなくなったら、新品と取り換えるのが早道（調子のよいバーナーだと千時間近くなってもまだ健全なこともあるけれども）。バーナーの予備は安いものではないが、2個くらいは積んでおきたい。それとバーナーを取りつける所の石綿（だと思う）のワッシャは十分予備を持っておくこと。例の受け皿の上と下に1枚ずつ入るのだが、ここから生の石油がしみ出してチロチロ燃えて困ることがある。少々なら口で吹き消すか、茶さじで水を受け皿に注いでやると消えるが、それでだめならワッシャを換えて締め直すとよい。

## 携帯式ブタンガスボンベの補助コンロ

〈春一番II〉ではオプティムス5Rを2個並べてジンバルに乗せたものを15年ばかり使ってきた。だが考えてみると、たいていの料理は火にかけたまま何かと手を加えなければならず、一つの頭と2本の手で二つの鍋の面倒を見るのは結構忙しい。結局、一方のバーナーはほとんど使わない。一方、1人で航海してい

てホットケーキを1枚焼くとか、オートミールを煮てミルクを温めるだけとか、5分間かそこら火を使いたいことがある。オプティムスだと予熱して火をつけたと思うともう終わりという感じになる。

　そこで少し前から携帯用ブタンボンベの調理コンロ（カセットコンロ）を補助に使うことを試みている。ブタンガスもプロパンと同じく空気より重いから同じ問題はあるが、こちらはボンベが小さいし、配管は皆無。使用後はすぐに外してキャップをかぶせて安全な所へしまっておけば大丈夫ではないだろうか。これはまだ試み中で確信はないので、この道具の安全についてご存じの方は教えていただきたい。

　実はこのカセットコンロを積むと、つい不精になってそればかり使う悪いくせがつかないかと思ったのだが、今のところそうなってないようだ。炊飯、湯沸かしをはじめ主な調理は従来どおりオプティムスでやっている。慣れれば加圧気化式もそう面倒でもないという証拠かもしれない。

## 暖房ストーブ

　ヨット用ストーブにはずいぶんと種類が多い。いつか『舵』誌のバイヤーズガイドという記事でキャビンヒーターの商品紹介があったが、どれがいいか、ちょっと迷ってしまう。輸入品が多いので値段も結構する。燃焼機構で分類すると、先のオプティムス類似の加圧気化式ともう一つはドリップフィード式と言って銅板とか石綿の芯へ1滴ずつ燃料を垂らすように送り込み、送り込む一方から燃やす方法がある。加圧気化式は輻射と自然対流で暖房するものが多いが、ドリップフィードはファンで燃焼空気を送ると同時に、暖めた空気を（排気ではない）別のファンでキャビンに送る方式も多い。燃焼した排気は例外なく煙突で外へ逃がす。

　国内の家庭用石油ストーブは家屋の構造もあって排気をそのまま屋内に排出するものが多い。暖房効率は最高だが、密閉のよいヨットでは危険だと思う。

＊

〈春一番Ⅱ〉も北欧にいた5年間にいろいろと暖房に関しては試行錯誤をした。自動車や舟艇用ディーゼルで日本にもよく知られたボルボはスウェーデン随一の総合重工業企業だが、その名を信用して買った強制通風式キャビンヒーターは、数度

キャビン上面の雨よけ煙突

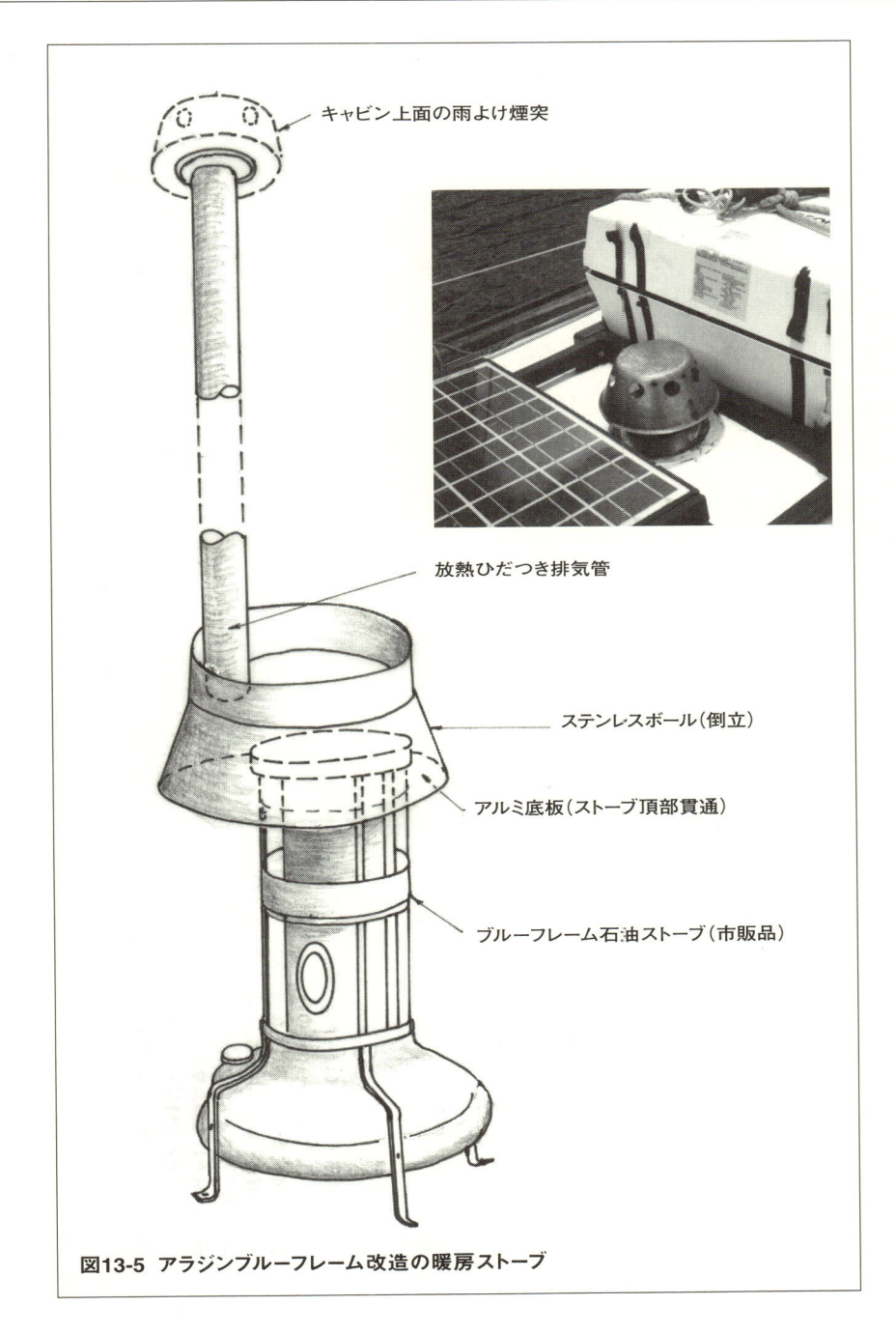

放熱ひだつき排気管

ステンレスボール（倒立）

アルミ底板（ストーブ頂部貫通）

ブルーフレーム石油ストーブ（市販品）

図13-5　アラジンブルーフレーム改造の暖房ストーブ

にわたるディーラー技術者の調整にもかかわらず結局ものにならなかった。燃焼機構や安全装置が複雑微妙に過ぎて、専門の職人たちが首をかしげる始末なのだ。

たどり着いた結論が準自作の灯芯式石油ストーブだった。これは図13-5でお分かりのように、日本でも結構使われているイギリス製アラジンのブルーフレームストーブを使っている。それに図のようなステンレスの大きなボールを逆さにして、ちょうど鉢かつぎ姫のように被せる。ボールの底すなわちここでは上面の部分から煙突を立て、キャビントップの屋根へ抜く。ボールの下縁はアルミの円板でふさぎ、ストーブの燃焼筒が貫通する所だけ、それに合う大きな穴があいている。また、このストーブはもともと点火する時は燃焼筒を倒して下を開くようになっているのだが、それができなくなるので、燃焼筒を上に持ち上げて点火や灯芯の手入れができるよう、ちょっとした改造をした。それと転倒消火装置は外した。ヒールするたびに消火されてはたまらない。

上から被せたボールの底にはステンレス板を円周に沿って溶接してある。ここにヤカンを置いておくといつでも熱湯が使えて便利だ。室内に湿気を与える効果もある。

＊

キャビントップの煙突の覆いは（図13-5）、ステンレスのボールや灰皿、パイプなどを溶接で組み立てたものだが、雨が入らないようにすると同時に、風が吹き下ろしてストーブの燃焼を妨げないことが大切だ。初めに頂部の穴なしで取り付けたら、ものの見事に失敗してスースー風が吹き下ろした。横から吹きつけた風がボールの天井に溜まって圧力が上がるのだろうと気づいて、写真のように周囲に丸穴を並べたら解決した。ベンチレーターなどもそうだが、この種の艤装品の設計は難しい。

＊

このストーブは大成功だったと思う。あれから毎冬、10年余り使って大きな問題はない。一番よいのは眠る時も安心して燃やしておけること。加圧式だと圧力が下がってポンプを押さなければならないかも知れないし、小さなファンが回っているのも何かと気になる。

その点、灯芯式は原始的だから、油があるかぎり20時間でも40時間でも青い焔で燃え続ける。外の気

温が0°C近くてもキャビンの中は20°Cくらいに保たれている。排気は煙突から出るから、酸欠や一酸化炭素中毒の恐れはない。

　今も寒くなる季節には大いに助かっている。真冬の泊地で寒風吹き荒ぶデッキの作業を一段落してキャビンに入った時の暖かさは、本当にホッとする。

# 14 ヨット暮らしの知恵(2)

## ヨットのトイレ

　ヨットのトイレ——帆船時代の伝統でヘッド(head)というのが正式とされている——はおそらくトラブルメーカーの雄に数えられるだろう。一体、本当に使っているのだろうかと首をかしげる船もあるくらいだ。しかしヨットが単なる競技の道具や1日の行楽のための乗り物ではなくて、その中で何日かを過ごすすみかとなればこの問題は大切だ。

　私も長年、いろいろなマリントイレットとつき合ってきたが、その経験から言うとピストン式往復動ポンプはお勧めできない。実は現在市販されているものの大部分はこの形式だから、意外に思われる方も多いかも知れない。

　ピストン式はピストンの一方側（普通は上側）に海水を吸いこんでボールへ流し、反対側に汚水を吸いこんで船外へ排出する。この構造上、1枚のピストンの両側に海水と汚水が隣り合わせに存在しているから、ピストンのリングパッキンが磨耗してくると汚水が洗い用の海水の方へ混入してくる。新品でもいくらかその傾向があることさえある。もっと厭なのは、ピストンを動かす棒がポンプのシリンダーの頂部を貫通しているのだが、そこの

パッキンの間から汚水の混ざった海水が滲み出してくることがあるのだ。ポンプは力を入れて何度も動かすので、悪くすると滲み出した汚水がそこらに跳ねてシミを作ってしまう。

\*

ダイアフラムポンプ、普通に手動ビルジポンプに使っている人造ゴムの厚い膜がボコンボコンと凹凸をくり返してポンプの作用をするあれだが、この型式のポンプならこの欠点はない。

私の知っているものではダイアフラムを使ったマリントイレは2品あってどちらもイギリス製だが日本のディーラーでも扱っている。一つは例の老舗のシンプソンローレンス製。スマートなボールの横に長いレバーが出ていて、ダイアフラムポンプを動かす。

もう一つはブレイクアンドサンズ社のラバック(LAVAC)という製品で、ポンプにはヘンダーソン社のマークファイブ(MK-V)ビルジポンプをそのまま使っている。この装置はマリントイレットにちょっとした革命的アイデアをもたらしたもので、いつかイギリスで工業デザインの賞をもらっていたと記憶する。私はもう20年以上使っているが、断然ベストだと思う。シンプラー・ザ・ベター(簡単なほどよい)の原理を地で行った感じだ。

## ラバックマリントイレットを使ったシステムの例

図14-1に〈春一番Ⅱ〉のトイレシステムを示す。ラバックトイレの特徴は、ボールのふたとリング状の座(よくある馬蹄形ではない)の両方とも、その下面にゴムパッキンが付いている。ふたをしてからポンプを動かす。ボールの中の汚水は排出され、ボールの内部はパッキンで気密になっているから同時に気圧が下がる。この負圧で洗い用の海水が吸いこまれる。なおもポンプを動かし続ければ次々に海水が流れ込んでは排出されて洗いができあがる。簡単確実、まったくよくできている。

この装置(ラバック)の取付説明書では、海水吸入、汚水排出の2本のホースともデッキ裏まで立ち上がらせて、背の高い逆U型ベンドを作るよう指示している(図14-1)。そして吸入ホース(排出でない)の一番高い所に4ミリばかりの穴をあけ、その穴にメーカー支給の小さな

プラスチックの栓を押し込む。この栓は赤と黒と2個付いてくるが、ボールが水面下なら赤、水面上なら黒を使う。この栓にはどちらも針でついたくらいの微細な穴があけてある（実は赤と黒で穴の寸法が違う、芸が細かい）。これがまたミソで、ポンプを動かして海水がボールに吸いこまれ始めるとこの穴から外の空気がシューという音とともに海水吸入ホースに吸いこまれていく。穴が非常に細いからボールの負圧で海水を吸い込む妨げにはならない。

しかしポンプを止めると、この穴から入る空気でしばらくすると吸入ホースの中、さらにはボールの中も大気圧に戻り、海水吸入は止まる。そうしておかないとサイフォン現象でいつまでも海水を吸い上げて危険を招くおそれがある。だからこの穴にゴミが詰まったり衣類などを吸

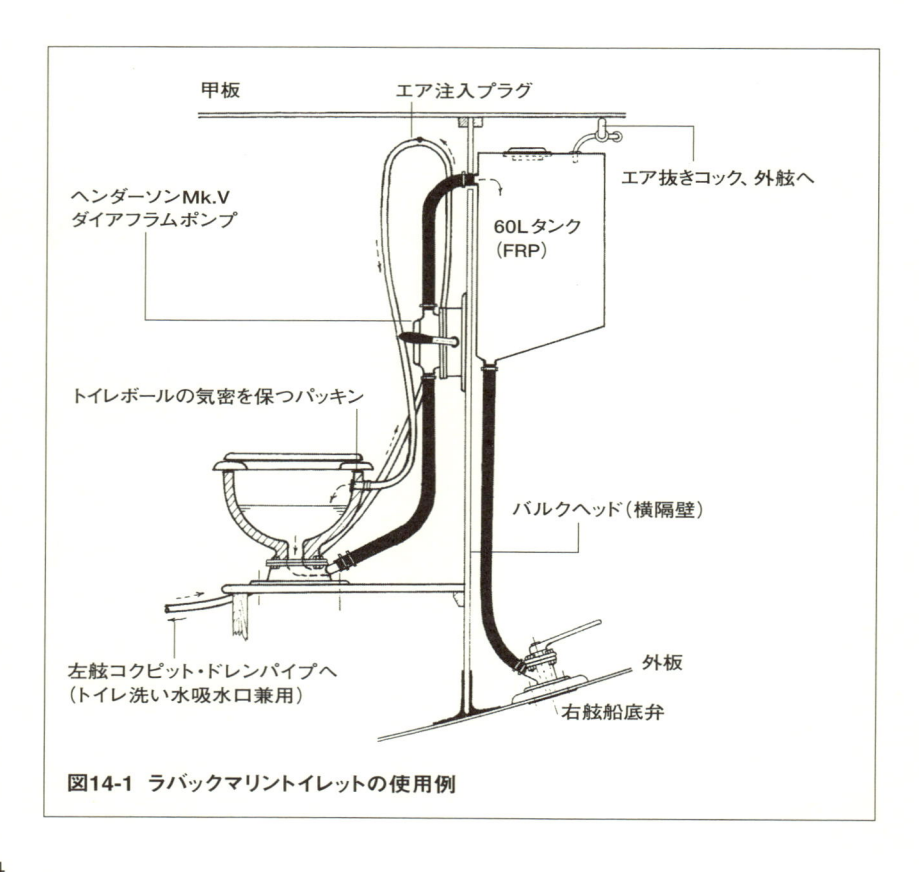

**図14-1 ラバックマリントイレットの使用例**

いつけて穴をふさいだりしないよう要注意。

　この装置では前述のデッキ裏まで立ち上がらせた逆U型ベンドと、この空気注入プラグのおかげで、よほどの悪天候でも海水吸入、汚水排出の船底弁は開け放しにしておいてよいと書いてある。理屈も通っているので私もそうしているが、まったく不安はない。これもこの装置の実用上の長所だ。狭い所でうつむきこんで船底弁を開閉するのは揺れている船内で楽しい作業ではない。

*

　このシステム（図14-1）では汚水排出ホースは逆U立ち上がりの頂上で約60リットルの汚水溜タンクに開口している。タンクはFRP製の自作で、その底は紙などが溜まらないようにじょうご形になって、その出口は再び厚肉ゴムホースで船底弁につながる。タンクの頂部には清掃用のネジぶた付き穴があり、また空気抜き用の細いホースが小さいコックを通して外舷の高いところに開口している。

　普通は船底弁も空気抜きも開け放しだから、汚水はそのまま船外へ排出される。狭い漁港や排出規制のあるヨットハーバーなどでは船底弁を閉めておく。沖へ出てからそれを開いて排出するわけだ。

*

　トイレの船底弁について一言。国内では船底にスルース弁（丸いハンドルを何回も回すと、内部のネジが円板状の仕切り板を動かして流路を開閉する）をよく使っている。これは元来ヨットの船底弁には適当でないとされているのだが、とくに汚水排出管に使うと腐食で必ず問題を起こす。ハンドルを90°回すだけで開閉するシーコックに取り替えることをお勧めする。

　従来のシーコックは円錐形の短いパイプに大きな穴が開いている構造だが、近頃は中空のボールに穴を開けた"ボールコック"が普及している。従来の円錐のほうは回り難くなったら、締め付けのボルト、ナットをほんの少し緩めてハンドルを何度か開閉してから元へ戻すとたいてい正常になるし、また上架時には分解してすり合わせができる。ボールのほうはこんな自由はきかず（と思う）、問題が出たら取り替えということではないだろうか。近年は何かにつけてこのようなブラックボックス的な部品が多いようだが、正

直言うとこれは人里離れたクルージングにはあまりありがたい傾向ではない。

どちらにしても船底弁（シーコック）は材料や構造のしっかりしたものにすることが大切だ。これは船の生命に関わるからこんな所でケチってはいけない。

\*

話をラバックトイレに戻して、どんな道具でも使用するにはちょっとしたコツがある。次のことに気をつければラバックトイレは非常に使い勝手のよい装置だ。

（1）ふたの気密はこの装置の肝心かなめ、毎回きれいに流し切るコツは、ふたを閉めてからちょっと手で押さえつけてパッキンのなじみを取ってからポンプを動かす。給水ホースの例の栓からシューと勢いよく空気が入っていけばOK、その音がなければ気密が悪い。パッキンが老化して裂け目が少しでもあれば取り替える。パッキンの当たり面はいつも清潔に。

（2）ポンプはストロークいっぱいに、ぐいぐいと力を入れて動かす。大のほうなら私は10～15回動かし（1往復で1回）、少し待ってふたを開け（中の負圧がある間は開かない）、残り水を押し出してから、必要なら内部をトイレットペーパーなどで掃除する。もう一度ふたを閉めて仕上げ洗いをすることもある。最後にボールの水は大方押し出しておくのがよい。小のほうはしかるべく簡略に。シートカバーは専用の紙なら流してよい。

（3）このトイレはその機構上、排出の初期に汚水がふたの下面あたりに跳ねかかったりすることがある。だからまめにペーパーで清掃し、時々弱い洗剤などで拭くとよい。シート（座）も同じ。またポンプに残った水がボールへいくらか戻ってくるが、これが夏などは時々よくない臭いになることがある。排出がきちんとできていれば気になるほどではないが、これには防腐剤で対応するとよい。

（4）まだ十分水を含んでないトイレットペーパーが束になってボールの底の狭い所に詰まることがたまにある。こうなると正直なものでポンプの中に何か固形物が詰まったような固い手応えでポンプのレバーが動かなくなる。こんな時、慌ててポンプを分解するのは無駄手間というもので、何のことはない、割箸を1本犠牲にしてボールの底の詰ま

りを突きほぐせばよい。ヘンダーソンポンプはよくできていて、このポンプ自体が詰まって動かなくなることはまずない。レバーが動かなくなったらこの故障だと思ってよい。

（5）当たり前の話だが、ダイアフラムポンプの予備品キットと、例の肝心なふたや使座のパッキンの予備は積んでおかねばならない。それから2年に一度はポンプの分解掃除をお勧めする。本体内部や弁の所などにカルシウムらしい固形物がびっしり付着しているかもしれない。ドライバーと布切れで簡単にきれいになる。なお分解組み立てでは取扱い説明書に注意。とくにダイアフラム（ゴム膜）の取り付けナット（黒いプラスティック製）の本締めはポンプ本体組み立て後に、正面の開口から道具を差し込んで行う手順をまちがえないよう。この開口は最後に、付属のゴムパッキンを入れてふたをする。

　最後に、ラバックのマリントイレは非常の際の排水ポンプとしてもかなり有効だと思う。ボール上面が没水するまで船内水位が上がっていればそのまま強力な排水ポンプになる。そこまででなければ1人がバケツで水を汲んでボールへ流しこみ、1人がポンプで排出すればよい。バケツ排水はもっとも強力な非常時排水ではないかと思うが、それでもコンパニオンハッチから外へ排出するのはかなりきついだろう。ボールに流しこむのは女、子供でもできるだろうし、しかもこのポンプはたいてい壁付きの高い位置にあるから力が入りやすく、また半ば水船になった状態でも使いやすいだろう。

## シャワー

　ヨットのシャワーというと、かなり大型のぜいたくな船でないと備えられないのでは？　さらにその大型ヨットでさえも水の消費を考えると、実際にはマリーナにでも泊まっている時にしか使えないのではないか？　といったイメージがある。確かに陸のシャワーのようにふんだんに温水を使えば100リットルくらいはすぐになくなるからそういうことになるだろう。

　一方、船をすみかの生活を続けていると、やはり身体は清潔にしておきたい。以前はどこの港にも銭湯があって、入港するとまず一番に風呂屋の高い煙突を探したものだが、これが今ではほとんどの家庭で

風呂を持つようになったので、かなり大きい町でないと見かけなくなってしまった。

　　　　　　＊

そこで〈春一番Ⅱ〉のシャワーをいろいろ工夫してきたわけだが、図14-2および14-3に示した方法が今までの結論でまぁ満足している。少し長いクルージングをされる方にはお勧めできる。これだと3リットルあれば、陸のシャワーのようにはいかないが一応石けんを使ってさっぱりできる。シャンプーもすると女性で5リットルくらい要るようだ。

夏は少し湯を足してぬるま湯くらいでいいが、それ以外の季節なら熱湯をギャレーで作ってシャワーのタンクの中に足して、40℃から45℃くらいの湯にして使う。〈春一番Ⅱ〉は炊事用清水と別に洗い用清水200リットルのタンクを持っているので、1人や2人の沿岸航海だとわりあい心おきなくシャワーを使っている。暑い日に汗をかいた時

**図14-2　ヨット用節水シャワー**

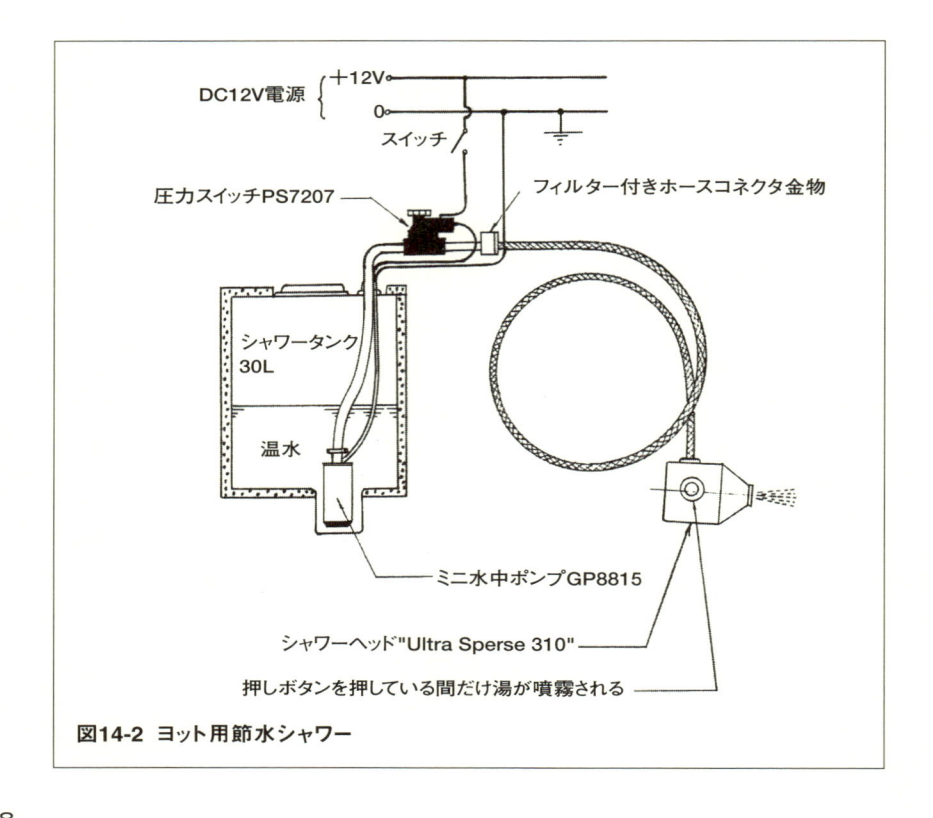

- DC12V電源 +12V
- スイッチ
- 圧力スイッチPS7207
- フィルター付きホースコネクタ金物
- シャワータンク 30L
- 温水
- ミニ水中ポンプGP8815
- シャワーヘッド"Ultra Sperse 310"
- 押しボタンを押している間だけ湯が噴霧される

など、泊地に入ってシャワーを浴びて新しいパジャマに着替えると格別にいい気分になる。また真夏のまっ昼間、凪につかまったりすると頭がクラクラしてくるほど暑いが、こんな時には1リットルばかりでよいからザッと冷水シャワーを浴びると生き返る。

*

このシステムの要点は米海軍でも使っているという噴霧節水型のポンプでおなじみの北アイルランドのマンスターシムズ社のミニ水中ポンプだ。シャワーヘッドのほうはアメリカの大きいヨット船具屋やキャンピングカー用品店で"Ultra Sperse310"の商品名で売っている。

販売元：MINNCO社（1992年現在）

シャワー用タンクはFRP製の自作で容量約30リットル、3センチ厚のウレタン発泡材で保温し、その外側は美装ベニヤを張ってある。タンク頂部にネジぶた付きの直径100ミリの開口があり、ここから水や湯を入れる。手も入るから湯加減もわかる。

このタンクの底の一段低い所にウェイルのスーパーサブ88、12ボルトDC駆動のミニ水中ポンプ（GP8815）が沈めてある。ポンプから出てきたホースは同じくウェイルの圧力スイッチ（PS7207）を通ってシャワーヘッドにつながる（図14-2）。圧力スイッチの出口に細かい金網のフィルターをつけてシャワーヘッドの中の精密なノズルを保護している。

直流12Vの船内電源（バッテリー）はスイッチを一つ通って圧力スイッチへ、そして水中モーターに接続する。モーターへの接続部は水中に入れないように。圧力スイッチの頂部のツマミを回して設定圧力を調整するが、その目安はスイッチを入れるとモーターが1〜2秒動いて止まるくらいにする。シャワーヘッドのボタンを押すと水が噴霧され、圧力スイッチが働いてモーターが回る。ボタンを押していてもモーターが回り続けないのは圧力スイッチの設定が低すぎ、またボタンを放してもモーターが止まらないのは高すぎだから、圧力スイッチのツマミを調整する。

*

これでできあがりで、好みの温度の湯を必要量プラスαくらいのつもりでタンクに入れる。まず体全体に湯をかける。いったんシャワー

ヘッドのボタンを離して噴霧を止め、ヘッド掛け金具に収めておいて今度は体に石けんを塗り、きれいにする。次はたっぷりと各方向から噴霧して石けんを洗い流す。冬でも高めの湯温にしておけば寒くはない。陸のシャワーのように豪華快適とはいかないが、とにかく体を清潔にするには十分だ。

すんだらスイッチを切ることを忘れないように。それと水中モーターは水が切れているのに空回りすると過熱してすぐ駄目になるので注意。

*

問題は排水だ。〈春一番Ⅱ〉は今どき珍しいくらい船底の深い、ディープキールに近い船型なので、船底からバラストキールに続くFRP一体成形の部分に大きいビルジ溜めス

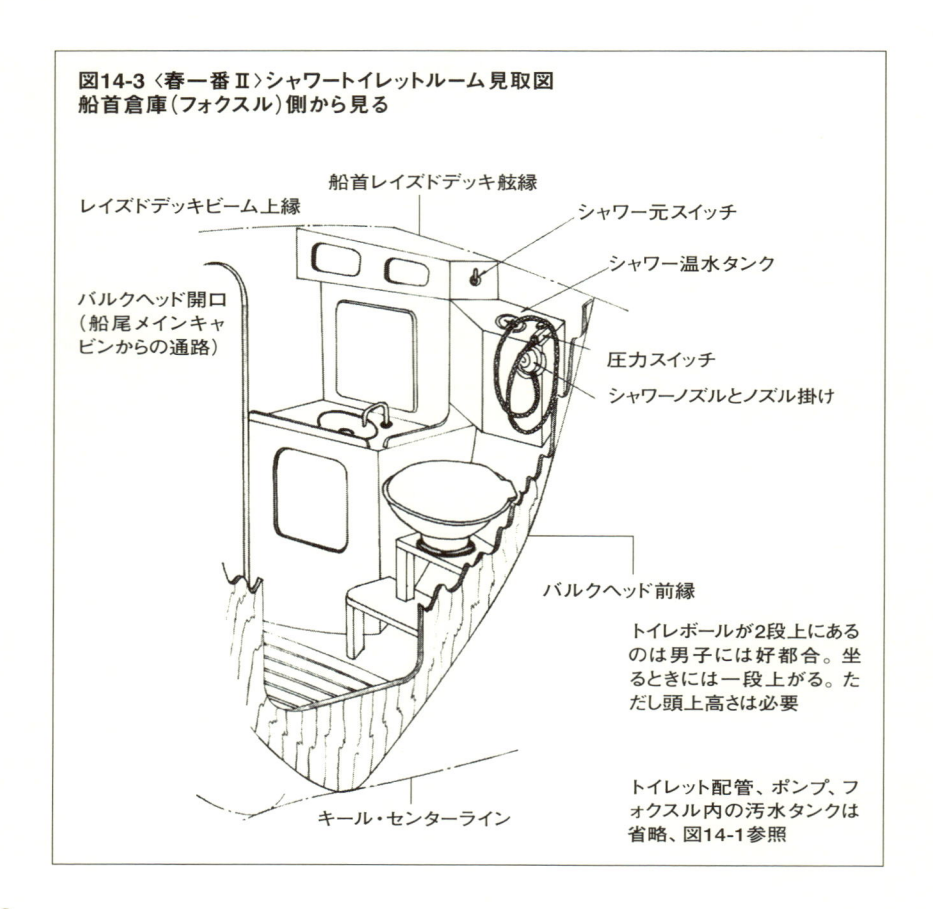

**図14-3 〈春一番Ⅱ〉シャワートイレットルーム見取図**
**船首倉庫(フォクスル)側から見る**

- レイズドデッキビーム上縁
- 船首レイズドデッキ舷縁
- シャワー元スイッチ
- シャワー温水タンク
- バルクヘッド開口（船尾メインキャビンからの通路）
- 圧力スイッチ
- シャワーノズルとノズル掛け
- バルクヘッド前縁
- トイレボールが2段上にあるのは男子には好都合。坐るときには一段上がる。ただし頭上高さは必要
- キール・センターライン
- トイレット配管、ポンプ、フォクスル内の汚水タンクは省略、図14-1参照

ペースがある。船がどんなに暴れてもここの水は跳ね出さない。だからギャレーの排水もシャワーの排水もいったんここへ落としてしまい、ときどきウェイルガッシャー10番のビルジポンプでコクピットへ排出する。シャワー排水は石けん水だから問題なし、ギャレー排水のほうは米のとぎ汁など醗酵のもとになりそうなものは別に受けてコクピットへ直接捨てている。

　普通のヨットの船型ではこの方法は取りにくいかと思うが、そのときはシャワー室の床下に排水タンクをおき、溜まった水を手動ポンプで排出すればよいだろう。

# 15 文明の利器も ハサミも使いよう
### エンジンの工夫いろいろ

　今、私たちが使っているヨット用ディーゼルはすばらしい道具だ。何より信頼性が高い。軽くて馬力がある。私も本州、北海道を一周して使った燃料が70リットルだったとか、出入港の8割は帆と櫓でこなしているとか言って得意になっているが、それでもディーゼルにはずい分お世話になっている。陽が傾いてきたのにいつまでも風は吹かず、次の港はまだ10海里も先だとか、何かの約束があって何時までに入港したいのに風が弱いとか、そんな時こんなありがたいものはない。

　しかしどんな道具でも、使うようにして使わないと役に立たない。肝心なときに限って機嫌を損ねられるものだ。

　だからヨットの雑誌や本にもエンジンのメインテナンスや取り扱いの記事はよく見かける。エンジンメーカーの取扱い説明書はよくできているから、船に積んでおいて時々読んでおくのはよい習慣だ。〈春一番Ⅱ〉がスウェーデンにいたとき、クラッチが焼けて滑り出したことがある。ヤンマーの看板を上げている、場末のボートのメカ屋を訪ねると、その職人はエンジンの型式を言っただけでクラッチ減速歯車部分の分解図をコピーしてくれて、部品は2、3日でストックホルムから取り寄せる、あとは自分でやれるよという。彼の対応にもだが、YS-12というようなちっぽけなエンジンの分解図を地球の裏側まで行

きわたらせている日本のメーカーにも感心した。あの分解図は重宝だった。国内でも手に入るはずと思う。

こんな次第で、エンジンについてもいろいろと経験したり工夫したりしてきたから、何か参考になりそうなところをいくつか取り上げてみよう。

## 排気管
### (エキゾースト・パイプ)

ヨットの補機の排気管はトラブルメーカーの一つに数えられるだろう。昭和20年代の終わり頃に電気着火の石油発動機をクルージングヨットに積むようになったが、初めのうちはエンジンから真っ直ぐに煙突を立てていた。

間もなくアメリカの雑誌などで仕入れた知識で、排気管をいったんデッキ裏くらいの高さにまで持ち上げ、そこで下向きにUターンさせて、コクピットの床下などを通して船尾へ抜くようになった。このUベンドはなかなか有効で、追い波でもシリンダーに浸水することはあまりなかった。

問題は排気管が熱を持つから、木部を貫通するところで木を腐らせたり、ひどい場合は木が焦げたりすることだ。そこで先のUベンドを過ぎたあたりで排気管の中へエンジンの冷却水を注入した。熱の問題は解決し爆音の減少にも役立ったが、次のトラブルは管の腐食だった。排気と一緒に温度を上げた海水をぶっかけて、そのあと空気にさらすのだから腐食のテストをしているようなものだ。

この段階で一応の決定版は、Uベンドのあとの水平部分の排気管を二重にして、内管と外管の間に冷却水を通し船尾から捨てる。排気は内管を通る。これはかなり普及したから、今でも使っている船があるだろう。外管の両端を内管に溶接する所の熱応力集中を避ける工夫はしておいたほうがよい。

＊

さらによい方法がこの20年くらいの間にだんだん普及してきた。"アクアリフト方式"とか"湿式排気管"とか呼ばれている（図15-1）。エンジンから出た排気はUベンドを越えたところで冷却水と一緒になり、それからあとは厚肉ゴムホースでアクアリフトというFRPの箱（ステンレスもあるがFRPのほうがよい）に送られる。この箱の出口のパイプは

図の通り、箱の底から1センチか2センチまで延びている。冷却水がここまで溜まると排気の逃げ場がないから圧力がかかり、冷却水は出口から吐き出される。実際には吹き降りの雨のように、冷却水の飛び散った滴と排気ガスがいっしょくたになって、出口のパイプから船尾へと続くゴムホースの中を吹き飛ばされていくのだと思う。船尾近くでそのホースはデッキ裏まで立ち上がって、もう一度Uベンドを作ってから舷外へつながる。これは追い波の打ち込みなどの海水が一気にアクアリフトまで逆流するのを防ぐためだ。

＊

この方法の気が利いているところは、腐食する部分がほとんどないからトラブルが少ない、大部分の排気管が厚肉ゴムホースだから取り付けが簡単、そして先の二重排気管よりおそらく軽いということだろう。よいことばかりだが、一つだけ気を付けなければならないのは、この方式では悪くするとエンジンの冷却水が排気管を逆流してシリンダーの中を水浸しにすることがあることだ。その原因は分かってしまえば簡単なことなのだが案外見落とされがちで、何でこんなことになったのだろうと首をひねった話はよく聞く。このトラブルを避けるには（図15-1、図15-2）、

（1）エンジン排気口から立ち上がるUベンドの頂点（排気混合エルボ）は水面より高いことが望ましい。またアクアリフトはシリンダー排気口より低い場所におくべきである。

（2）エンジンから出てきた冷却水のホースは、排気混合エルボにつなぐ前に逆U字型に立ち上がらせる。その高さは船外の水面から30センチ以上。

（3）この立ち上がりの頂点にT型パイプを入れ、別の細いホースをさらに上に延ばす。できればコンパニオンハッチ（船室の出入り口）の外まで延ばすとよい。この（2）と（3）で、エンジン停止後に冷却水がサイフォン現象でアクアリフトへ流れ続けるのを切ることができる。サイフォン切りの一方向バルブもあるが、ごみが詰まることがあるというから、この細いホースのほうが確実だ。

（4）アクアリフト箱の底から径30ミリくらいのドレン抜きホースを付けてビルジへ落とし、その先端か途中の便利な所にコックを付ける。

**図15-1 ヨット用小型ディーゼルの冷却水、排気系統の例**
冷却水ポンプ、船底弁はエンジンの向こう側にある

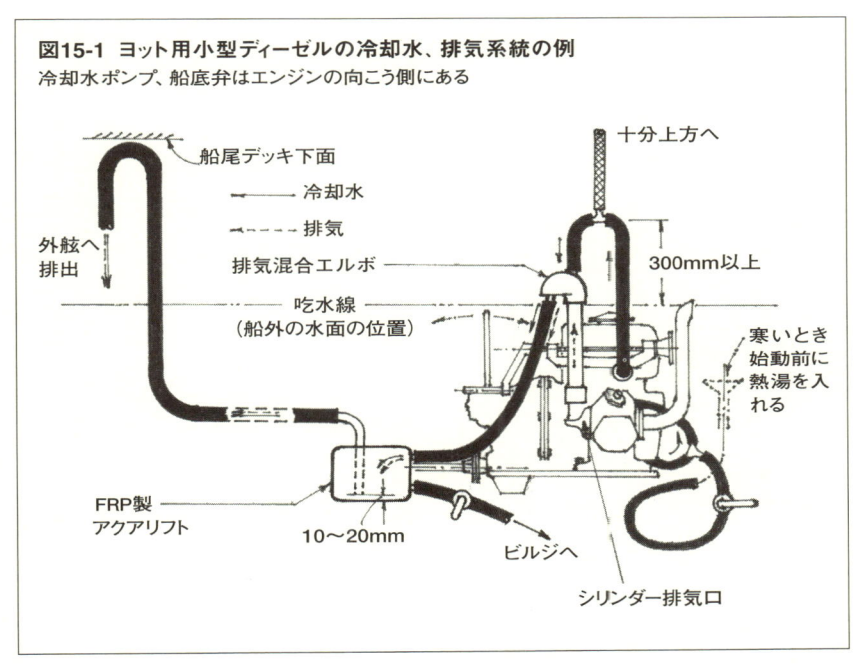

- 船尾デッキ下面
- 冷却水
- 排気
- 外舷へ排出
- 排気混合エルボ
- 吃水線（船外の水面の位置）
- FRP製アクアリフト
- 10～20mm
- ビルジへ
- シリンダー排気口
- 十分上方へ
- 300mm以上
- 寒いとき始動前に熱湯を入れる

**図15-2 サイフォン現象でシリンダー浸水を起こした例**
点線で示す"サイフォン切り"を付ければよい。
それに海水打ち込みを防ぐため排気混合エルボは図15-1のように水面上に上げたほうがよい

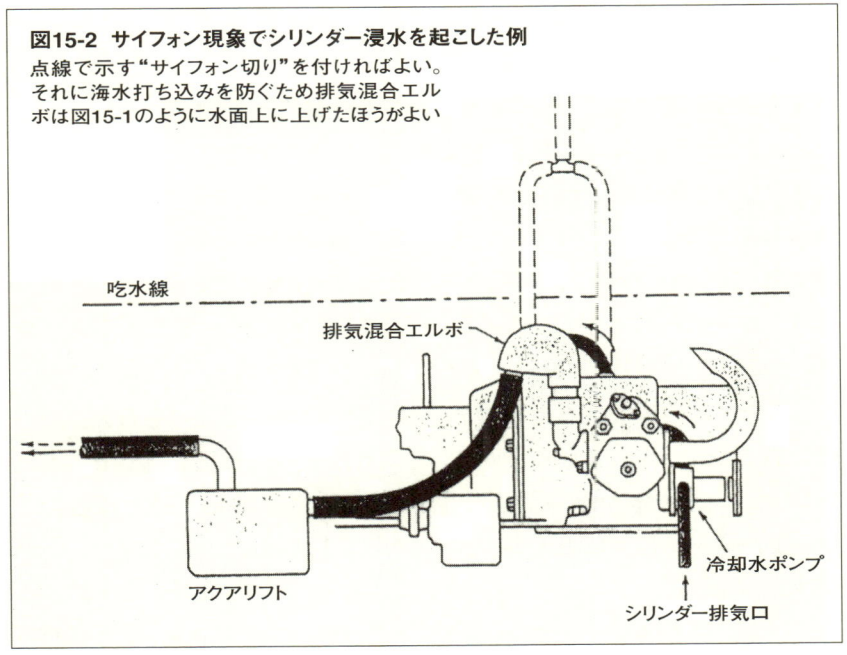

- 吃水線
- 排気混合エルボ
- アクアリフト
- 冷却水ポンプ
- シリンダー排気口

スピン・ナ・ヤーン ● 文明の利器もハサミも使いよう ── エンジンの工夫いろいろ

エンジンを止めたらいつもこのコックを開いておく。万一、船尾の排気管から海水が浸入してもここからビルジへ落ちる。エンジンを始動する時はコックを閉めるが、もし忘れたら排気と水がビルジへ落ち始めるから、これはどんなうっかり屋でも気がつくだろう。

＊

（3）のサイフォン現象がシリンダー水浸しの元凶なのだ。エンジン停止後にこの理由で冷却水がアクアリフト箱へ流れ続けると、最後にはシリンダーヘッドの排気口まで水が来て、排気弁の隙間からシリンダーの中へ浸水するわけだ。実際にはこの海水の経路には冷却水ポンプがあり（図15-2参照）、それが回っていないのだからそんなに無抵抗に水を流しはしないと思うのだが、船が揺れ続けると大なり小なり水を通すのだろうか。事実、この原因らしいシリンダー内浸水はそんなに珍しいことではない。特にシリンダーヘッドが低い位置にある横置き単気筒エンジンや、深い船体のクラシックボートの底のほうに据え付けたエンジンは要注意のようだ（図15-2）。

＊

このサイフォン現象のことは欧米では取り付け説明書などにうるさく指示しているが、わが国ではメーカーも造船所もわりと無関心な気がする。最近の浅い船型では問題になり難く、また横置きエンジンもあまり流行らないからそれで済んでいるのかもしれないが、それでも時々起きているようだ。〈春一番Ⅱ〉は横置きエンジンを使っているので、初めのうちシリンダー浸水で悩まされたが、図15-1の配管にして完全に解決した。

## 手動スタートと
## エンジンの水抜き

クルージングヨットのディーゼルは、手動スタートができるようにしておきたいものだ。太平洋を渡るとまではいかなくても、いったん海に出れば頼れるのは自分だけ。何が起こっても外からの援助なしに帰ってくる準備が必要だ。例えば水船になってしまったらフルに充電したダブルのバッテリーも役に立たないだろう。水をざっと掻い出したあと、最初に欲しいものが機動力という状態もあるかもしれない。

＊

手動スタートは危険という意見も

スピン・ナヤーン◉文明の利器もハサミも使いよう──エンジンの工夫いろいろ

あるが私はそう思わない。ディーゼルは電気着火機関と違って、いわゆる"ケッチン"（キッキングバック？）は少ない。デコンプ（圧縮抜き）をはずした後も力を抜かずに一気に回し切れば大丈夫だ。デコンプはいろんな形式があるようだが、シリンダーヘッドのあたりに付いている小さなレバーを一方へ倒すと排気弁が開きっぱなしになり、圧縮がかからない。反対に倒すと排気弁の動きは正常になり、吸入、圧縮の行程で閉まってエンジンが始動する。しかしクランクを回しながらもう一方の手をデコンプレバーに延ばすのはやりづらいことが多い。そこでこのレバーをスプリングで始動側へ引っ張っておき、同時にレバーの端には3ミリくらいの細いひもを付けて反対側（圧縮抜き側）に引けるようにしておく。始動に先立ちレバーをデコンプ状態に倒し、さきほどのひもを引いて左手で押さえたまま、右手でクランクを回す。もちろんスロットルは中速くらいにしてあるから、クランクの回転につれてビシッ、ビシッという燃料噴射音が聞こえる。4、5回も回して回転が上がってきたところで左手のひもを放すとスプリングがデコンプレ

バーを始動側に引いて圧縮がかかる。右手はそのまま力を抜かずに一気に回し切る。私の経験ではシリンダー径9センチの単気筒ディーゼル（15馬力くらいか）なら、整備さえよくできていればこの方法で楽に始動できる。

現在使われているヨット用ディーゼルのシリンダー直径は大体この程度までが多く、馬力を上げるにはシリンダーの数を増しているようだ。それなら圧縮抜き（デコンプ）レバーをシリンダー別にしておいて（そうなっているエンジンも見たことがあるように思う）、一つのシリンダーだけでまず始動して、他のシリンダーのデコンプをあとから外せばよいのでは、と思う。ヨットや小型漁船用のディーゼルはこれを標準装備にすれば安全に役立つだろう。もちろんセルモーターはつけておいての話だ。

　　　　　＊

それとエンジンまわりの配置を考えて、この手動スタートで力を入れやすくしておくことも必要だ。ヨットでは多くの場合、エンジンの船首側からクランクを手回しすることになると思うが、肝心のクランクが反対側についていることもある。漁

船などでは船尾側から操作するのが普通だからだろう。しかしたいていのエンジンでは簡単なつけ替えでクランクを船首側へ移せるようにしてあるものだ。

＊

私は特に急ぐとき以外はいつも手動でスタートしているから分かるのだが、クランクを手で回しているとエンジンの調子のよい診断になる。吸排気弁の馴染みが悪くなって圧縮が落ちたのなどはすぐに感じるし、デコンプを利かしているのにどうもクランクが重いのはどこか不具合があるからだ。こうしておけば電気系統にトラブルがあっても慌てずにすむ。

まぁいつもとは言わないけれど、2回に1回くらい手動でエンジンをかけていると、きっといろいろよいことが分かる。

＊

圧縮の話が出たついでに一言。圧縮が弱くて、デコンプを外したのにクランクがいつまでも回る、という不具合はかなり頻繁に起こる。これでは燃料を噴射しても火がつかずエンジンが始動しない。いろいろ原因はあるがその理屈や対応などは専門の記事に任せて、ここでは非常に簡単でたいていうまくいく方法を一つ。実はご存知の方も多いと思うが、吸排気弁の頭をハンマーでトントンとたたくだけだ。

シリンダーヘッドの箱型のキャップを外すとスプリングに囲まれた弁棒の頭が2本出ており、2本のレバーがそれぞれを上から押さえている。このレバーの上からハンマーで軽くたたきながらクランクを回す。煤だとか、微細な異物が弁と弁座の間に挟まっているのが外れて弁の馴染みが回復するのだと聞いたことがあるが、真偽のほどは定かでない。とにかく20～30回もこれを繰り返しているとたいてい圧縮が回復するから妙だ。これをいくらやっても駄目ならエンジンを分解する他ない。

＊

冬が近づき寒くなってくると手回しクランクが重くなる。潤滑油（いわゆるオイル）が粘ってくるのだろう。こうなるとデコンプをかけて圧縮を抜いても勢いよくクランクを回すことができず、一方シリンダーが冷えているから噴射された燃料に点火し難い。エンジンの吸気孔からスタータースプレー、おそらくエーテルか何か引火性の強い液体をスプレーするのだと思うが、これを入れる

といくらかましになる。しかし一番効果があるのはエンジンのジャケット内の冷たい水を抜いてしまって、代わりに熱湯を注入することだ。スプレーよりもエンジンのためによいと聞いたことがある。

*

　冷却水のドレンコックはどこかにあるのだが、そこから湯を入れるのは不便な場所も多い。私がやっているのは図15-1の右下隅に示すように、冷却水ポンプからシリンダージャケットへ水を送るホースの途中を切ってT形パイプを入れる。もちろんホースクランプでしっかり止める。このTから枝分かれしたもう1本のホースの途中にコックを付ける。コックを開けばジャケットの中の水はビルジへ落ちる。

　水が抜けてしまったら、この枝分かれホースの端をビルジから引き上げて漏斗を差し込む。ギャレーで湯を沸かし、図に記入のとおり漏斗から流し込む。徐々にしないとホースの途中が蒸気で詰まるかして熱湯が逆流して飛び散ることがあるから注意。シリンダージャケットの上から手を当ててみると、すぐに生暖かくなってくるのが分かる。デコンプをかけてクランクする

と、打って変わって軽く回る。こうなったらしめたものだ。

*

　ついでながらこの配管は、係船中にジャケット内の冷却水が凍る恐れのある寒冷地などでは特に便利だ。〈春一番Ⅱ〉は北欧にいる間、冬になるといつもこれを使って冷却水を落としてから船を離れていた。日本でも北海道とか、北のほうでは悪くすると冷却水の凍結でエンジンを割る危険があるのではないかと思う。

## バッテリーと充電

　ヨットのバッテリーは自動車に比べてはるかに酷使されている。環境の悪さは別にしても過放電になりやすく、しかも機走すると20アンペアを超す電流で急充電されたりしている。

　そのせいだと思うが、ヨットのバッテリーはいつも液面の高さに気をつけていて、下がったらすぐに純水を補給しなければならない。自動車ではあんなでないと思うが、ヨットではちょっと目を離すともう液面が下がっているものだ。

　ところで近頃ガソリンスタンドなどで売っているバッテリー補充液の

高価なのには呆れる。ないときにはステンレスの容器で水道水を十分沸かしたのち冷ました水を使ったりもするが、あまりよくないと言う人もいる。

最近、九州五島の漁港の組合売店で、駄菓子のジュースを入れているプラスチックの薄いチューブのようなものに入れた補充液があった。すこぶる安くて感激して買い込んだが、五島まで行かなくても漁協ならどこでも売っているのではないだろうか。

\*

しかしもっと根本的な問題はヨットの補機に使っている充電制御回路だと思う。大方は自動車用のレギュレータを使っているが、自動車には変速ギアがあるからノロノロでも高速道路でもエンジンの回転速度に大差があるわけではない。だから発電機（ジェネレータ）の回転

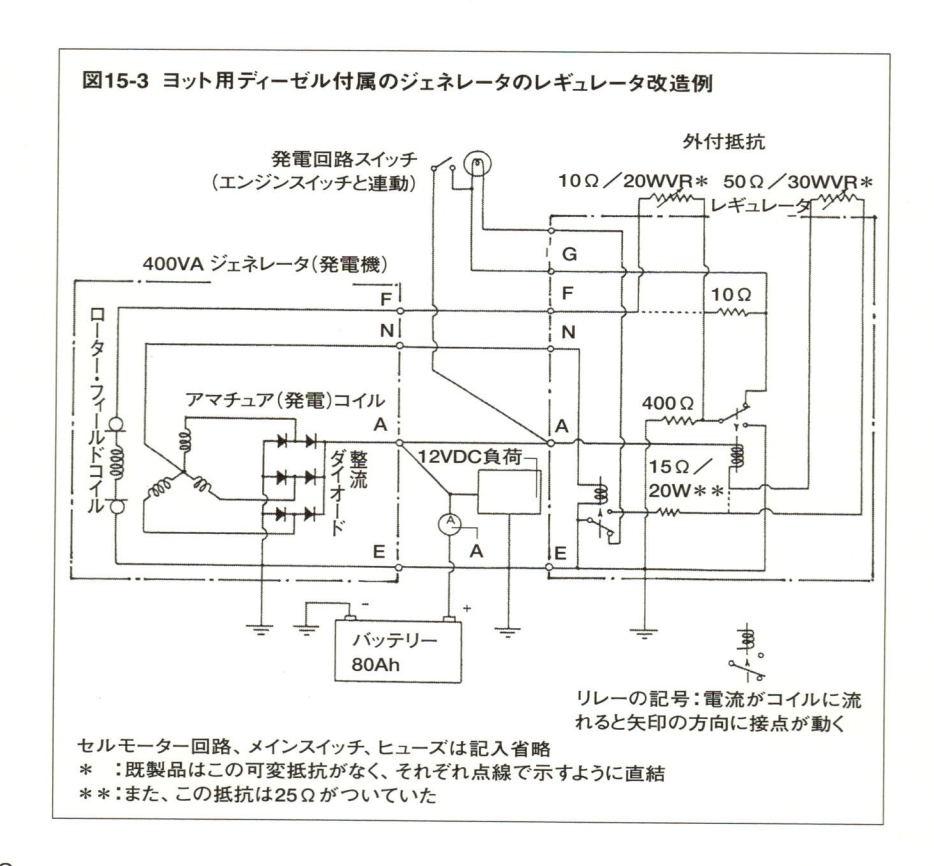

**図15-3 ヨット用ディーゼル付属のジェネレータのレギュレータ改造例**

セルモーター回路、メインスイッチ、ヒューズは記入省略
\* ：既製品はこの可変抵抗がなく、それぞれ点線で示すように直結
\*\*：また、この抵抗は25Ωがついていた

速度の範囲も限られている。ヨットのエンジンはスローから強速まで回転が変わり、それが直接発電機の回転になるわけだから、自動車用の充電レギュレータでは広い範囲に適合できなくてもおかしくない。そのために強速で長時間走ると大電流でバッテリーが沸いてしまったりするのだろう。私もスウェーデンのエータカナル（運河）を通ったとき、これでバッテリーを一つだめにした経験がある。

そこで既製品のレギュレータに手を加えて外付けの可変抵抗器を付け、アンメーターで充電電流を見ながら調節できるようにした。この回路（図15-3）だと基本的にはレギュレータが効いているから、エンジンを最強速にしても無茶な電流は流れない。

使ってみると好調で、普通は外付けの10オームの抵抗はゼロに近くしているから、なくてもよいかもしれない。エンジンを始動したらメーターを見ながら50オームのほうを動かして、普通なら2～4アンペアくらいの充電電流になるようにしている。夜航で航海灯を使うとだいぶバッテリーを使うから、そのあとにはもう少し電流を増す。エンジンのほうは3～4ノットの船速で走ることが多いが、場合によっては6ノットを超えることもある。エンジンの回転は3倍近く変わるが、この調節を使うといつも適当な充電ができてよい。メーターや外付け抵抗器はコクピットから手を伸ばして動かせる位置に取りつけてある。

\*

この回路は自分で工夫して改造したが、ちょっとした工作の経験のある人ならできると思う。既製品のレギュレータの回路は大同小異のようだから、それぞれのレギュレータの配線を追ってみれば、図15-3の応用でうまくいくだろう。電気をいじるのはどうも、というなら船の電装屋に頼んでも大したことはないと思う。自動車の電装屋でもよいかも。

\*

バッテリーの充電の話になるとソーラーパネル（太陽電池）のことを言っておくべきだろう。長い航海では風車発電も評判がいいようだが、沿岸のクルージングならエンジン直結のジェネレーターとソーラーパネルはよい組み合わせだと思う。私が使っているのは京セラ製の20ワット型で、コンパニオンのスライド

スピン・ナ・ヤーン ● 文明の利器もハサミも使いよう――エンジンの工夫いろいろ

ハッチの上に固定している（図13-5写真）。逆流防止のダイオードを2個付けただけでレギュレータの類はこの容量なら不要と思う。最良の日差しだと5アンペア近く充電するが、平均すると1日に2～3アンペア時（Ah）くらいのようだ。それでもこれを付けてからバッテリーはほぼ常時フルになっている。

　もっとも〈春一番Ⅱ〉はキャビンの照明は石油ランプで、トイレとか、その他こまめにスイッチを切る所しか電灯は使っていない（13章）。あとは測深儀（エコーサウンダー）とオートパイロット、時々無線を使うくらいで、それなら1週間か10日に一度、無風や出入港でエンジンを使うことがあれば、ソーラーパネルと合わせて収支バランスしている感じだ。ただし長い夜航を続けて航海灯を使うと、これは一晩に20Ah近く消費するから話は全く違ってくる。

＊

　最後にバッテリーの充電状態のチェック。電圧を測るのが正規の方法で、メインテナンスフリーのゲルバッテリーやガラス繊維含浸タイプなどではこれしかない。しかし電解液面が見えている普通のバッテリーなら、比重計は便利だ。自動車のメカの店などで売っている大きな注射器のような道具で、バッテリーの栓を取ってこれの先を液の中へ入れ、頭のゴム帽子をつまんで放すと液が吸い上げられる。液を吸い込んだ筒の中に浮きがあり、液の比重に応じて緑か黄か赤の所まで沈む。緑だったらフル、黄は黄信号、赤だとすぐに充電しないとだめ。まことに簡単明瞭。

　使ったら筒の中の液をなるべく完全に元へ戻すことを忘れないよう。それと水を補充した直後は当然比重が下がり、充電不十分のように見えるが、これはかまわない。またこの比重計は清潔な所にしまっておきたいものだ。

スピン・ナ・ヤーン ◉文明の利器もハサミも使いよう────エンジンの工夫いろいろ

# 16 沿岸ナビゲーションの三つ道具

　コンパスとログ（航程儀）とエコーサウンダー（測深儀）、この三つは沿岸ナビゲーションの基本装備とされてきた。GPSは確かに便利だが、この三つ道具によるナビゲーションをマスターすることなしに、GPSだけで航海するのはどんなものだろう。なぜかと言われても実はあまりうまく答えられないのだが、おそらくGPSはあまりに簡単、便利過ぎて、ナビゲーションというアート（職人芸）の深い内容を素通りしてしまう、それが不安だとでも言おうか。

　　　　　　　＊
　たしかにGPSの普及は私たちがすでに新しいナビゲーションへの過渡期に足を踏み入れたことを物語っているのかもしれない。しかしGPSを使うにしても少なくともここ当分は伝統的な沿岸ナビゲーションの手順は守ったほうがよいと思う。いつも海図の上に自分の位置を記入し、島や岬の見通し線だとかコンパス方位などでそれを確認し、そして時々エコーサウンダーで海の深さを測って海図に出ている水深と話が合うか、気をつける。こうして船を進めて行けば、危ないものを見落とすことはまずないだろう。定置網にも手前で気づくし、不意に浅瀬に乗り上げるようなこと

スピンナ・ヤーン ● 沿岸ナビゲーションの三つ道具

図16-1　ステアリングコンパスは船体中心線におくと自差が少なくてよい

もない。これをせずに、海図を見るのははじめにウェイポイントを決める時だけ、あとは画面で予定のコースをたどるという、単純なGPS航法の失敗例は多いが、両方を考え比べてみればその理由は明らかだ。

＊

これに関連するが、GPSを沿岸航海に使う時の落とし穴が一つある。海図の上の陸地の緯度経度が実際とずれていることだ。これにはおそらく二つ原因がある。一つはその海図が作られてから百年とかの年月の間に、地殻変動によって実際に陸地が移動したためで、日本列島が

何十メートルか、海図上の位置からずれているなどはこちらではないかと思う。もう一つは海図を作ったときの天測の誤差だ。あれ、と言われるかもしれないが、離れ島の場合を考えるとよく分かる。その島の海岸線は陸上の測量で決まるけれども、その島を地球の上のどこに置けばよいか、それは天測によるしかなかった。現在では特別に精確なGPS装置を使ってその見直しが進行中だが、とにかく今使っているほとんど全部の海図は天測時代のものだ（注：筆者執筆時点）。だから海岸線も暗礁も何十メートルか、何百

メートルかずれていても不思議はない。国内ではあまり大きい誤差はないだろうが、太平洋の島などでは2海里以上の誤差の例がある。2海里は論外だが、沿岸航海では50メートルでも致命的になり得る。だからいつも海図の上に自分の位置を記入し、陸の目標や水深でチェックしようと言うわけだ。

＊

ここまでは船の安全はいわゆるヴァーチャルリアリティではだめなんだという、わりとまじめな話かと思うが、少しトーンを落として本音の話をすると、海図と三つ道具だけのほうがずっと頭を使わねばならず、それだけ実は面白いということがある。この点はヨットの機走と似ていなくはない。休暇が切れかけてエンジンで急ぐのはいいとして、そうでないのに風が落ちれば機走、風が前へ回れば機走するのと、状況が許す限り純帆走に徹するのと比べてみよう。もちろん後のほうが余計頭も体力も使い、しんどい思いをする。だからそれだけ内容が濃くて、それだけ面白いといえないだろうか。

＊

結局の落ちは、所詮スポーツなんだから人それぞれ好きなようにすればよいわけで、感覚を研ぎすまし、しんどい思いをするのが楽しい人はそうすればよい、ということ。ただ、50余年のキャリアに免じて言わせていただけるならば、そうするのでなければ何も帆みたいな不便な道具を使い、風みたいな頼りにならないものに頼って航海することはないのではないかと思う。

## コンパス

三つ道具の筆頭で、11世紀の頃、中国の帆船が使い始め、それがおそらくアラブ商船の手で地中海にもたらされ、その後はヨーロッパで次々に改良が重ねられて今日の姿になった。

コンパスには二つの大きな用途がある。船の進行方向を知ることと、目標の方位を測ることだ。ヨットの場合、進行方向を知るにはコクピットにあるステアリングコンパスを使い、目標の方位測定は手持ちのベアリングコンパスによるのが普通だ。

## ステアリングコンパスの自差

ステアリングコンパスは船の中心線に設置するに限る。それは自差を少なくするためだ（図16-1）。自差（デヴィエイション）は船内の鉄などの磁

性体や、時には計器などの直流電流が作る磁界が地球の磁界を乱して発生する誤差で、厄介なことに船が北を向いたり東を向いたりするにつれて変化する。これを修正するための調整ネジが付いている製品も多いが、自差の量が大きいと残存誤差も大きくなる。

しかし鋼製のヨットは別にして、その他の材質だとコンパスを船体中心線に置けば、まず自差修正の必要はないことが多い。それはおもな鉄分がエンジンとバラスト（鉄ならば）なのでどちらも中心線にあるからだ。それでもコンパスをあまり低い位置に付けてエンジンからの垂直距離が小さいと問題になることがあるが、普通はまず大丈夫だ。それを確認するにはデッキに立ってベアリングコンパスで船首方位を測り、ステアリングコンパスの読みと比べるのが一番簡単だ。船首の向きで自差は変わるから、北、北東、東と次々船首方位を変えて測定する。

＊

コクピットの前のバルクヘッドに埋め込むステアリングコンパスがあるが、これは中心線を外れているので普通は無視できない自差がある。極端な例ではFRP船なのに20°近い自差を見たことがある。

＊

自差調整ネジはNSとEWの2個があるが、取り扱い説明書にしたがって、これらのネジを順番に調整する。初めは船を北向きに走らせて、デッキに立ったベアリングコンパスとステアリングコンパスの読みが合うまでNSネジを回す。実際には、ベアリングコンパスでなるべく真北に近い目標を選び、それを目指して走りながら上記の調整をする。次に南向きに走って、今度はベアリングコンパスと下のコンパスの誤差の半分を消すまで再びNSネジを回す。次に東向きに走って誤差を消すまでEWネジを回し、次に西を向いて誤差の半分を消すようEWネジを回す。これで第1ラウンド終わり。第2ラウンドはもう一度北を向いて誤差を消すようNSネジ、南を向いて半分修正とさっきと同じことを繰り返す。普通は第2ラウンドでそれ以上誤差を小さくできなくなるだろう。念のため第3ラウンドを試みて終わり。

なお、航海学校などで教わる正式な方法は方位の基準として陸の目標を使ったり、またコンパスの中心に細い黄銅の棒（シャドウピン）を垂直に立てておいて船をゆっくり旋回させ、

スピン・ナ・ヤーン ● 沿岸ナビゲーションの三つ道具

棒の日影がコンパスの角度目盛りの上を動いてゆく様子をストップウォッチで測ってグラフに描き、曲線の平均傾斜直線からのずれで自差を求める、などがある。しかしヨットのコンパスの自差の測定や修正には上記のベアリングコンパスを使うのが一番現実的と思う。精度をよくするにはそれなりの注意は必要だが。

## ベアリングコンパスとクロスベアリング、偏差

　偏差（ヴァリエイション、ときにマグネティックデクリネイション、Magnetic Declinationとも）は自差と違って、地磁気の北が真北からずれている誤差だ。海図の所々に描いてあるコンパスローズ（図16-2）の磁北を示す矢印が、日本近海だと数度ばかり西へずれているのがそれだ。場所によって少しずつ異なり、また年とともに変化していて海図には年にどのぐらいどちらへ偏っていくかまで書いてあるが、ヨットのナビゲーションではそこまではいらないだろう。どうせ1°以内の精度の話をしても始まらないのだから。私は自分のいる近くのコンパスローズに記入してある偏差を1°まで四捨五入して使うことにしている。

　　　　　　＊

　ステアリングコンパスで測った船首方向の方位も、ベアリングコンパスで測った物標の方位も、海図の上に移すときにはこの偏差を考慮しなければならない。日本近海ではいつも西向き偏差だから、コンパスで測った方位を海図の真方位に直すには偏差量だけ引き算をする。例えばコンパスコース220°で走っていて、付近の偏差が5°40'W（四捨五入して6°）だったら、船首は真北から測って220－6＝214°を向いている。

　逆に海図の真方位をコンパスの読みに直すには偏差を足し算する。例えば海図の上で自分のいる位置から危険な暗礁までの真方位が330°だったとしよう。付近のコンパスローズから偏差は6°15'Wだった。暗礁はコンパスで測ると330＋6＝336°の方向にあるはずだ。

　こんな単純な足し算や引き算を時々間違うのが航海中の人間の頭脳であることは憶えておいてよい。まさかと思うかもしれないが、本当だから。

　　　　　　＊

　ベアリングコンパスの種類は多いが、これから買うのだったら、まずミニコンパス、ゴムの保護枠のある、自動車のタイヤのミニチュアのように見

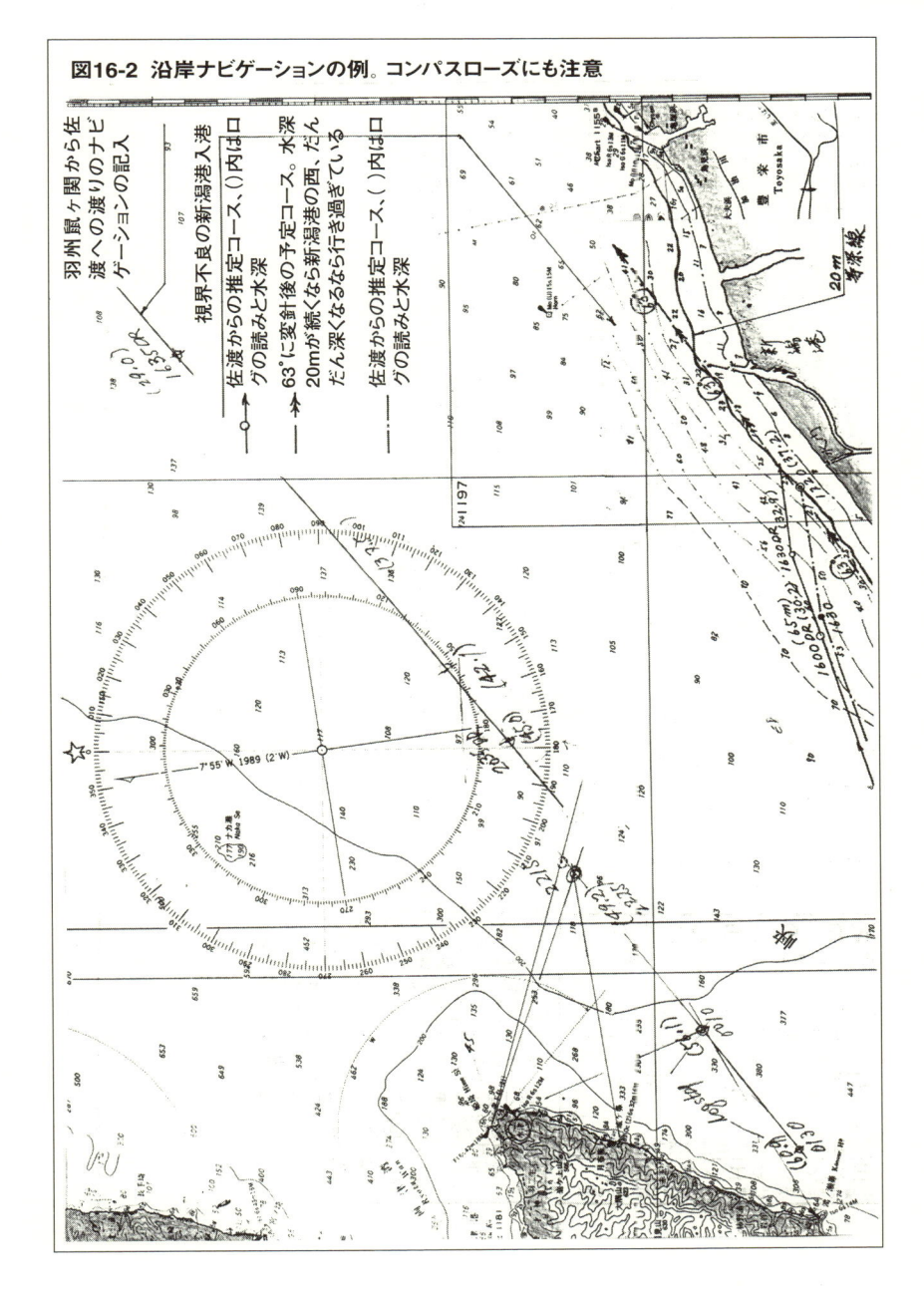

図16-2 沿岸ナビゲーションの例。コンパスローズにも注意

羽州鼠ヶ関から佐渡への渡りのナビゲーションの記入

視界不良の新潟港入港

○—○ 佐渡からの推定コース。( )内は口グの読みと水深

→ 63°に変針後の予定コース。水深20mが続くなら新潟港の西、だんだん深くなるなら行き過ぎている

○—○ 佐渡からの推定コース。( )内は口グの読みと水深

えるあれだ(図16-3)。小さいから首から吊るしておいて、いつでもベアリング(目標の方位角)が取れる。小さいけれども正確。電池不要の夜光目盛りは6〜7年はもつようだ。それくらいたつと鏡やレンズも曇ってくるので、そのあたりで買い換えていいだろう。値段も手頃なのだ。

このミニコンパスは比較的新しい製品だが、以前からあるのは垂直のハンドルの中に照明用の電池を入れる形式で、かさも割と高い。またこの種類にはコンパスカードの揺れ止めが不十分で使いづらい製品があるので注意。

次に紹介するのはアメリカで数年前に売り出したデータスコープ(図16-3)、これはかなり高価だけれどもその値打ちはある。何よりすばらしいのは、単眼鏡で目標を狙いながら一番手前の緑のボタンを押し続けて放すと、押している間のベアリングの平均値が表示される。船は揺れる、手も揺れるから、ほかの装置では荒れ模様でのベアリングには熟練を要するのだが、この平均機能はすごい。かなり手荒く揺れていても、3つの目標から引いた3本の線が小気味よく一点に集まる。なおこのデータスコープはボタン電池で動くが、これを入れ替えるたびに精度較正(キャリブレーション)をやるよう指示されている。取り扱い説明書を根気よく読めば実際はそんなにむずかしくはない。

＊

三つの目標の方位を測って海図の上に作図して位置を出すクロスベアリングの原理は簡単で、どんな本にも書いてあるから繰り返さない。いくつか実際面の話をすると、

(1)なるべく船首または船尾方向から右回りにベアリングを取っていき、その順序に下2桁だけの数字を憶えて海図に向かう。65°、187°、271°だったら658771と憶えるのだ。最初の桁は憶えてなくてもわかる。一つ測って線を引き、また頭を出して次を測るのはトウシロというもの。

(2)658771と憶えたら、チラッと時計を見て時刻を憶える。ログ(航程儀)の距離目盛りもついでに憶えられればもっとよい。経験によると8桁の数字が確実に記憶に残るのは10秒かそこらみたいだから(齢は取りたくない)、海図に向かったら鉛筆で時刻と航程の数字はどこでもそのあたりに走り書きしておくのもよい。

(3)そして658771とつぶやきながら、さっきの偏差修正をしては海図に線を引く。このとき、一つの方法は平

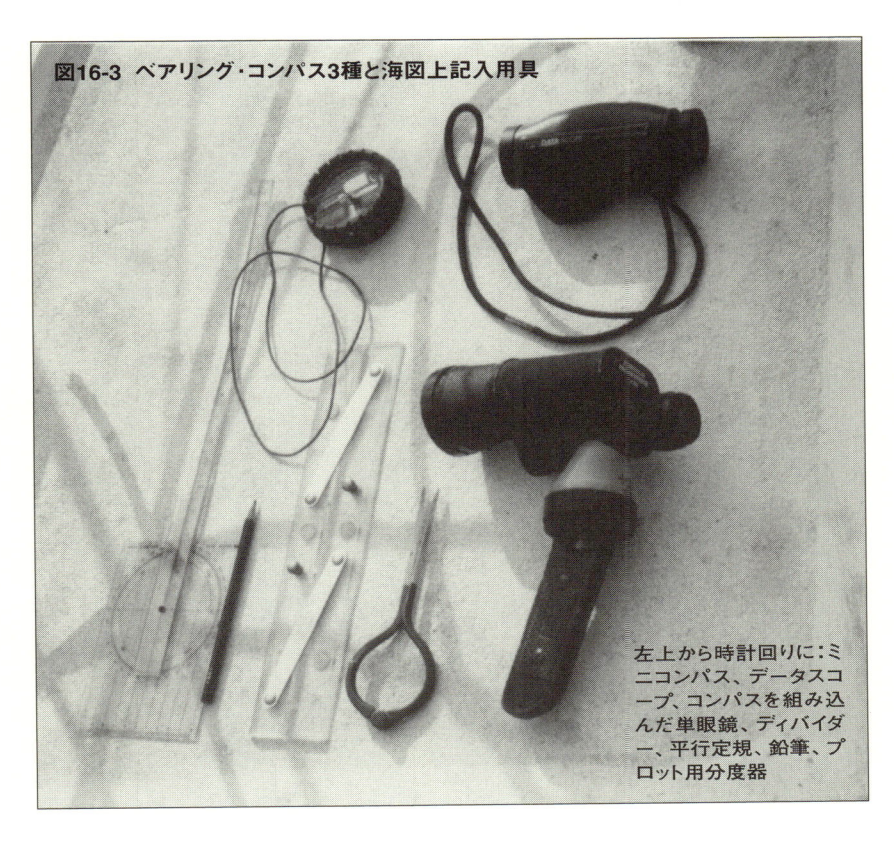

**図16-3 ベアリング・コンパス3種と海図上記入用具**

左上から時計回りに：ミニコンパス、データスコープ、コンパスを組み込んだ単眼鏡、ディバイダー、平行定規、鉛筆、プロット用分度器

スピン・ナ・ヤーン ● 沿岸ナビゲーションの三つ道具

行定規（図16-3）、または三角定規を二つ使ってコンパスローズの磁針ベアリング（ローズ内側の角度目盛）を平行移動する。もう一つは360°の分度器に回転自由の長い腕が1本出ている道具を使う（図16-3）。この場合には分度器のゼロを経度線（または90°を緯度線）に合わせて使うから、偏差の修正は暗算で分度器の上で行う。足し算と引き算の間違いはここで起こる。

船が大ヒールし揺れていると三角定規はもちろん、平行定規もよく途中でずれてしまう。上手にすればできるのだが、ここ10年ばかり私は分度器プロッターのほうを使っている。北欧で覚えたお土産だが、まぁ平行定規と一長一短かと思う。三角定規は使いづらい。

\*

視界もよく、島や岬、灯台などがいくつも見えていれば、このクロス

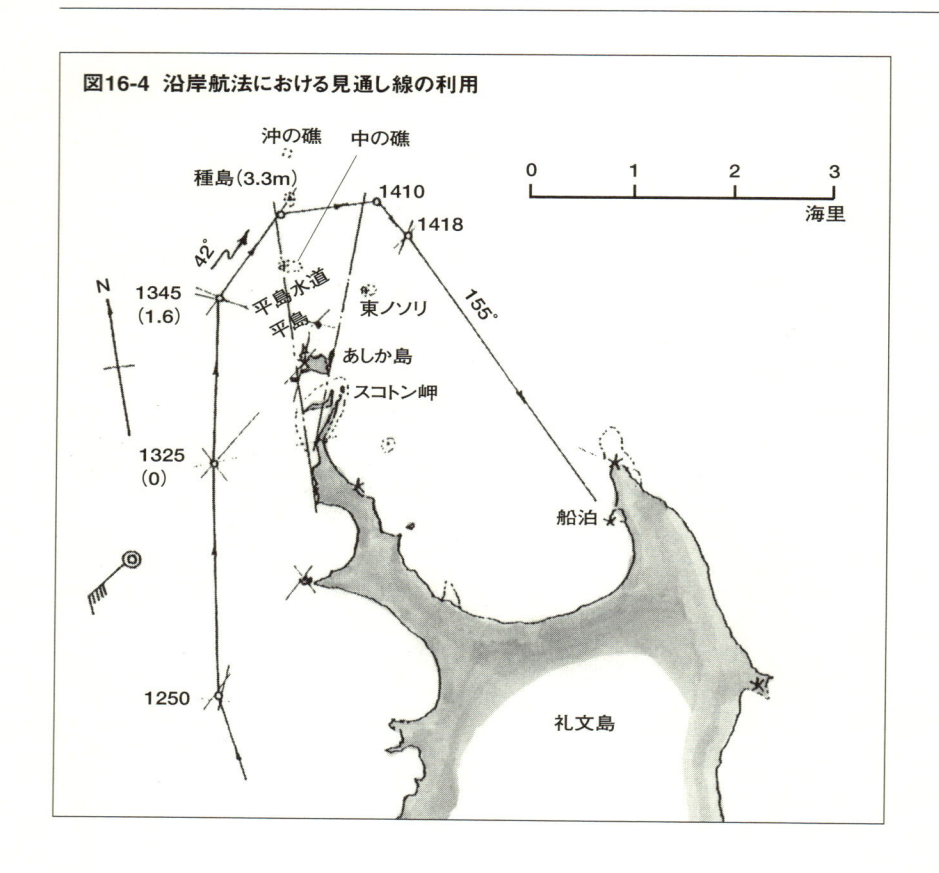

**図16-4 沿岸航法における見通し線の利用**

沖の礁　中の礁
種島(3.3m)　　1410
　　　　　　　　1418
42°
N　1345
　(1.6)　平島水道　東ノソリ
　　　　平島
　　　　　あしか島
　　　　　スコトン岬
　　　　　　　　　　　155°
1325
(0)

　　　　　　　　　船泊

1250

礼文島

0　1　2　3　海里

　ベアリングで自分のいる場所（船位）を海図の上に記入できる。時刻も鉛筆で記入しておく。図16-2の例では、羽州鼠ヶ関から50海里ばかり海を渡って来たところで佐渡の灯台が次々に見えてきて、クロスベアリングで船位を確定してゆく様子がわかる。この海図への船位と時刻の記入は沿岸ナビゲーションの基本で、ぜひ励行したい。これを続けていれば道に迷ったり、暗礁にあたったりはまずしないものだ。前にも言ったけれども、GPSを使う時にもこの海図への記入は続けるよう強くお勧めする。

＊

　クロスベアリングの応用で、島や岬の重なり具合で1本線を引き、もう一つだけベアリングを取って交点を求めるのも手早くて確実だ。
　この見通し線は危険な暗岩などを避けるための"避険線"にもよく使わ

れる。図16-4で問題の暗岩は水深0.5mの"中の礁"だ。海図で見るとこの岩は"あしか島"の西の端と、その南のスコトン岬の西の断崖を結んだ線上にある。と言うことは、スコトンの崖があしか島の向こうに見えているかぎり、自分は中の礁の西にいるわけだ。各地に何々出しと名付けられた暗岩や浅所があるが、その流儀で言えば"中の礁"は"スコトン出し"。スコトンがちょうど出るか、出ないかの所にある岩という意味だろう。この例ではこれを利用して安全範囲を北上し、高さ3.3mの孤立岩、種島のすぐ近くを抜けて、その日の泊地、"船泊"に向かっている。こんな避険線航法はいちいち角度を測ったり作図をしたりせずに確実に安全範囲にいることができて大変重宝だ。なお同じ例で、種島を過ぎてからもしばらく東に進んでいるのは次の暗岩、東ノソリを警戒しているのだが、この避険には"あしか島"の東端とスコトン岬の見通し線を利用している。

＊

どんな方法にせよ、船位を出したら測深儀で水深を測り、海図に書いてある水深と話が合うか、チェックするのはいい習慣だ。海図の水深はおよそ最低潮（干潮）の時のものと考えてよいから潮時によって実水深は海図の水深より1～2メートル深いことが多い。瀬戸内海や天草周辺などではもっと大きいこともある。それと測深儀（エコーサウンダー）の送受波器（トランスデューサー）は水面から0.5～1メートルくらい下にあることが多いだろうからこれも考慮に入れる。結局だいたいの目安としては計器の示す水深が海図の水深より1メートルかそこら浅ければ合っていると考えてよかろう。

＊

万一、これが大きく違っていたら何か間違いがある。すぐにやり直す。近くに危険があるときなどは一時船を止めて確認しなければならないこともあるかもしれない。

## 推測航法（デッドレコーニング）と航程儀（ログ）

沿岸航海でも離島へ渡るときとか、夜間や視界の悪いときなど目標が見えなくなってしまう。こんなときログは実にありがたい。日本のヨット乗りはこれをもっと使うべきだと思う。自動車の距離計と同じで、船底に取りつけたり、舷側から流した小さなプロペラの回転数から走った距

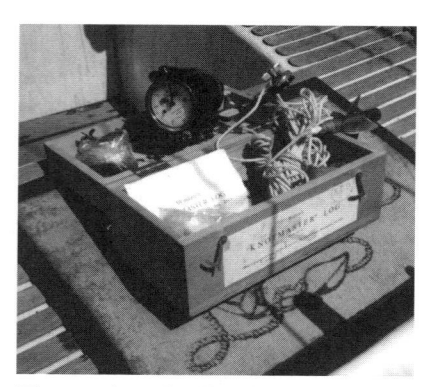

**図16-5** ウォーカー社の曳航ログ。箱の右縁に羽根車、その横の白い細ひもが曳航ロープ

離を示す。

　船底に付けるものは速力計と兼用になっているものが多いが、フジツボがついたり藻がからまったりした時の処置ができるものが欲しい。それと船底にあける孔は安全上できるだけ少なくしたいという点からは曳航式がよいかと思う。

\*

　昔からある曳航式は図16-5の英国製品で、同じ原理の一般船舶用ログの開発メーカーとして知られるウォーカー社がヨット用に作ったもの、いつか『舵』誌に〈シナーラ〉の松本船長の宝物としても紹介されていた。20メートルばかりの細いナイロン索を流し、その先に流線型の重りと細長い羽根車が付いている。舷側に取り付ける計器はたくさんの歯車で羽根車の回転を減速して時計の針のようなもので総回転数を指示する。簡単な原理だが、軸受けや歯車などに工夫がされているとみえて、長年、海水をかぶりながら使っても調子が狂わないのはさすがだ。大きな針の1回転が100海里（1海里＝1852メートル）、他に1回転1海里と10海里の小さな針が2本あって走った距離を0.05海里くらいまで読める。ただし艇速が1.5ノットを割ると動かないようだ。このログは速力は読めない。

\*

　近頃はこの曳航ログを電気を使って便利にしたものがある。同じく英国製で商品名はSTOWE（図16-6）。羽根車を流すのは同じだが、その回転を電気のパルス信号にして計器に伝える。電線がそのまま曳航ラインになっている。計器は9Vの乾電池で動き、延べ2カ月くらいはもつようだ。電気信号だから距離だけでなく速力もじかに読める。盤面左上のカウンターが距離で、横のボタンを押すとリセットでゼロに戻る。

\*

　沿岸航海に関する限り、この装置はすごく使いやすく、〈春一番Ⅱ〉では例のウォーカー製の宝物は予備とし

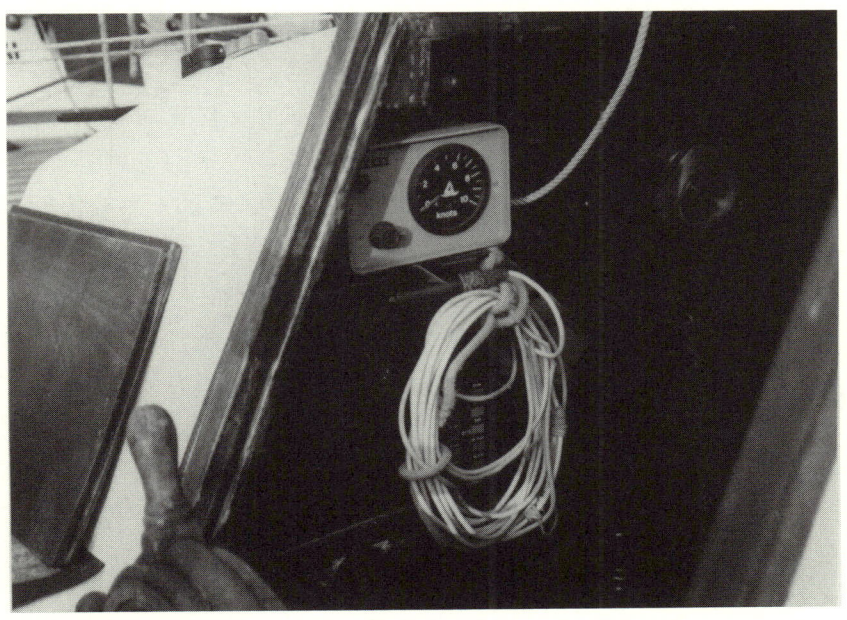

**図16-6　電子式曳航ログ**
丸い文字盤がスピード（0〜10ノット）、左上の度数計が航程（0〜999.99海里）。計器の下の黒いものが羽根車、白く束ねたものが曳綱兼用の電線

　てロッカーにしまったままになってしまった。

　クロスベアリングで船位を知るのがおぼつかなくなりそうな時は、まだ目標がはっきりしている間にこの曳航ログを入れ、クロスベアリングで海図に船位を記入し、距離計をゼロにリセットする。海図の船位の横に時刻と並んで（0）と書き入れる。このあとは船首方位を時々記録しておく。クローズホールドなら5°、アビームで2°くらいのリーウェイを修正して進行方向を海図の上に引き、1〜2時間ごとにログの距離を読んでさっきの線の上にプロット（置点）し、時刻、距離を記入、DR（推測位置）のマークを入れる。図16-2の例で佐渡に近づくまでの50海里ばかりはこの推測航法で渡ってきているが、かなりいい線を行っていることが分かる。

　推測位置を出したらすぐ測深して海図の水深と比較する。水深が120メートル以内ならこのチェックは大変役に立つ。海流、潮流で船が流されるのはよくあることで、それはいつもというわけにはいかないけれど

も、この水深のチェックで見当がつくことが多い。2、3回のDRと測深で流れのはっきりした傾向があれば、その分コースを修正して同じ推測航法を続ける。こんなときGPSがあれば簡単明快なことは確かだが、しかし私はコンパスとログと測深だけで納沙布岬も襟裳岬も、霧の中を岬の姿を全然目にすることなくシングルハンドの帆走で回航した経験がある。

＊

海霧の中に短時間、島の裾のあたりなどが浮かび上がることがある。すかさずベアリングを取る。DR船位、測深と組み合わせると、どの島かたいてい分かる。これで1本"位置の線"が海図の上に引ける。同じようなことがまたあると、これでずいぶん確かな船位が決まり、その後のDRはより信用できるものになる。

＊

ナビゲーションのこういう場面で大切なことは、ちょっと変な言い方かもしれないが疑い深くなることだ。どんなものも100パーセント信用できるものはない、これがこうだったらこうだし、（多分そうだろうが、しかし）もし、ああだったらどうか、こんなことをいつも気にとめておかねばならない。GPSのデータもそんな目で見るかぎり有益

無害なのだが、困ったことにあれはそのような疑い深さになじまない顔をしている。九州佐賀藩に"葉隠"という古典があるが、それに「誤り一度も無きもの危なく候」なる名句がある。失敗を知らず、したがって疑うことのない侍の危うさをついている。

＊

霧の夜だとか、そんな何が出てきてもおかしくないような海況でのナビゲーションを語るとき、疑い深さと並んで大切なのは注意深さだろう。一瞬浮かびあがる山影はもちろん、音、漂流物、匂い、五感にかかるすべての徴候を見落としてはならない。それらは三つ道具が与える情報を、あるいは補い、あるいは修正し、またある時は警鐘を打ち鳴らす。ナビゲーションのアートとはそういうものだ。

## 測深儀（エコーサウンダー）

測深は浅瀬を越えたり、出入港などで水深を監視するだけでなく、自分の船位の確認にも大きい役割を果たすことはすでに述べた。

＊

数年前のことだが、朝に佐渡小木を出た〈春一番Ⅱ〉はいい北風を受けながら午後には新潟港に近づいていた（図16-2）。DR位置はもう岸か

ら3海里ほどだが何も見えない。水深は60メートル余りで一応話は合う。一番警戒したのは佐渡海峡を北上する海流で、一日陸を見ずに走ってきたから悪くすると新潟港を通り過ぎてしまう恐れがある。そこで海図を見ると、20メートル等深線が新潟港の西ではおよそ63°の方向に走り、新潟港の信濃川口を越えるとずっと東に折れて85°になっているのに気づいた。よし、水深20メートルまで岸に寄って、そこで63°の方向に走ってみよう。それで水深が変わらなければ新潟の西、だんだん深くなれば行き過ぎていることになる。これはうまくいった。20メートル等深線を捉え、針路63°で走って間もなく、薄い煙霧の中に信濃川放水路の大きな水門の構造物が浮かび上がった。これで船位が確定したから曳航ログはスイッチを切って収納し、港口灯台一線に乗せた。これなども航海計器としてのエコーサウンダーの使い方だ。

\*

エコーサウンダーにもいろいろ製品があり、魚探兼用の高級な装置

図16-7 測深儀（エコーサウンダー）計器部
盤面真上の輝点が0点、右下の輝点が水深を示す。内側目盛：0〜120m、外側目盛：0〜20m、右下のノブで切り換える。右上ノブはスイッチ／ゲイン、左のノブはアラーム水深設定

**図16-8** エコーサウンダートランスデューサーの船内取り付け部品。トランスデューサーをひまし油に漬けておくことが大切

- トランスデューサー電線
- プラスティクスカバー
- ひまし油
- トランスデューサー
- プラスティクスパイプ
- グラスファイバーパテ
- 船体外板

オードを使っている（図16-7）。

　　　　　　＊

　この形式のエコーサウンダーのよいところは、潮波、海藻、大きな魚群などの反射と、海底の反射を見分けやすいことだ。もっとも、高級な魚探はもっと確かに見分けるだろうが、いわゆるデジタル測深器はそれができない。すぐに"エラー"の表示をしてしまう。肝心なところで"エラー"と言われては慌ててしまう。ダイオード回転式だと海草などの乱反射は中途の水深で光ったり消えたりして、本当の海底はあまり急に変わらない所で確実に光る。少し慣れるとこの形式のエコーサウンダーは大層使いやすい。

　　　　　　＊

　送受波器（トランスデューサー）の取り付けは、私は船内取り付けがいいと思う。船底に孔をあけたくないからだ。メーカーが図16-8のようなキットを売っていて、FRP船体の船底内側に送受波器を自分で取り付けできる。指示どおりヒマシ油（Castor Oil）を適量入れることを忘れないよう。これは送受波面を空中で振動させると壊れることがあるからだと思う。それに間に空気があっては超音波がきれいに発射できないだろう。

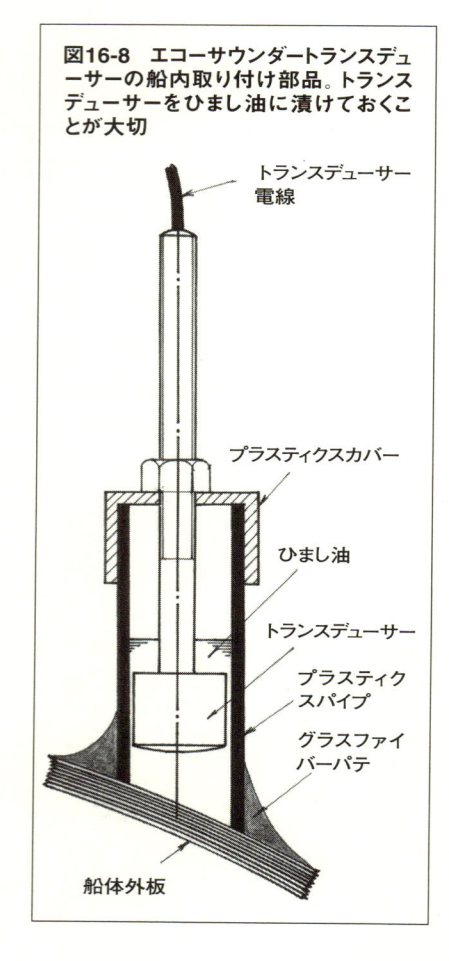

もよく見られるが、私たちに魚探機能はいらない（いる人もいるかも？）から、一昔前まで光電製作所などで出していたネオン管が回転して水深だけ示す簡単なものが欲しい。国産もあるようだが、英国では今もこの手の装置が出回っていて値段も安い。近頃ではネオン管の代わりに発光ダイ

普通のヨットはそのままでいいと思うが、取り付け部船底外板が15ミリ以上あるときは、内側から少し凹みを掘って残りの厚さを15ミリ以下にしたほうがよいと思う。〈春一番Ⅱ〉はその部分が25ミリもあるので12ミリばかり掘って取り付けたが、全くうまく作動している。FRP外板の孔掘りは入念にして、荒っぽい仕事を避ければ強度上の問題はないと思う。

スピン・ナヤーン●沿岸ナビゲーションの三つ道具

# 17 荒天を乗り切るタクティクス(1)

　何千年にもわたる人間と海の関わり合いの歴史の中で、船に乗る人たちの意識の奥に重くのしかかっていたものは荒天の恐怖だったと思う。まったくこの地球の上に時化というものがなかったら、さぞかし平和なことだろう。しかしまた荒天の海のあの形相がなかったら、あんなに大ぜいの人間たちが海に魅入られることもなかったかも知れない。

　　　　　＊

　それほど大げさな話でなくても、風力6ともなれば普通のクルーザーにとって結構な荒天だ。風力6といっうと風速約12m毎秒、波頭が一面に白く砕け、白い泡がかすかに筋を引いて風下へ流れ始めるくらいのところだが、ビューフォート階級の呼び名では、"Strong Breeze"（強いそよ風）で、まだGale（強風）のなかには入らない。英国では本職の船乗りや漁師たちが素人衆をからかってこの風力を"Yachtsman's Gale"と呼ぶそうだが、とにかくこれくらいの風は、夏以外なら日本近海でもしょっちゅう吹いている。

　ついでながら、この場合の風速は海面上10メートルの高さでの値で、ヨットのデッキで測る風速はそ

スピン・ナ・ヤーン ● 荒天を乗り切るタクティクス（1）

図17-1　紀伊水道外海、真冬の荒天。1958年1月、ヨール〈イレイン〉回航途上

の一階級下だと言われている。今の例で言えば、風力6は10メートルの高さでは約12m毎秒だが、デッキでは風力5相当の約10m毎秒しか吹いていない。少し慣れてくれば、風速は測らなくても波の立ち方、崩れ方、潮煙の立ち方、泡の流れ方などから風力8か9まではかなり正確に読み取ることができるものだ。

\*

　ところで普通のヨット乗りが本格的な荒天に遭う機会はまれだと思うし、またそんな機会は注意深く避けなければならない。それでも長年ヨットに乗っていればいつかは荒天に出合ってしまうものだ。これは断言してよい。だからヨットの航海というスポーツにとって荒天の問題は避けて通ることはできない。荒天下、船をどう扱うべきか、乗員の対処の仕方はどうあるべきか、そんな事柄について数え切れない帆船乗りや漁師たちの、生命をかけた経験が荒天運用のシーマンシップの形で今日まで伝えられている。

## 荒天準備

　"荒天準備"は海軍用語だと思うが、窓や開口部を閉め移動物を固縛しライフラインを張るなどして荒天

に備える作業をいう。だが、言うなればヨットでは毎日が荒天準備だ。風力4というと走りごろのいい風だが、もうテーブルの上に置いたコップは転げ落ちるしデッキではロープやアンカーが暴れ出す。だから港を離れる時はいつでも船内を整理し、40°くらい傾いて、その上ガタンピシャンと揺さぶっても物が転げ出さないようにしておくことだ。走り出してからではもう遅い。

\*

「しぶきが一滴飛んで来たら雨具を着けろ。次にはずぶ濡れになる」という格言があるが、海上における雨具の着用の要諦を言い得ている。なお、この言葉は雨具の着用に例を取って、帆船乗りの心構え一般——海や気象の変化の最初の徴候を見逃さず機敏に対処すること——を説いたものでもあろう。

\*

ヨットで生命を落とす最大の原因は落水だとよくいわれる。現在ではどんなクルーザーでも舷側にライフラインが張ってあり、その高さや支柱の強さは外洋レース安全規則で規定されている。レースに出ないでも、これはきっちり守らなければならない。

もう一つ大切な装備は安全ベルト(safety harness)で、よほどの凪でないかぎり、デッキではいつも着けているようにしたい。私などは1人乗りが多いものだから、ほとんどいつも着けているが、慣れればそう邪魔にならず、むしろ着けてないと何となく落着かないくらいだ。船室入口の階段の横にかけてあるので、舵を取りながらでもちょっと手を伸ばして取ることができる。ロッカーなどにしまいこまないほうがよいと思う。

このハーネスは近年関心が高く、いろいろ工夫をした製品も市場に出ているし、これに関する記事もよく見かける。ライフライン(命綱のこと、舷側のとまぎらわしいが、同じ名前)のフックはやはりストッパー付きを使うべきだ。普通のナスカンは、めったに起こらないけれども、妙にこじると外れることが確かにある。それと、このフックがラインの両端についていて、胸元でも外せるようにしてあるのが本当だ。

強いロープを船首から船尾までデッキの上に張っておいて、ライフラインのフックをそれに引っかけると前後方向の移動に便利だ。この"ジャックライン"はベルト状

のもの（ウェビング）がよい。ワイヤーや普通のロープは踏むと転がって危ない。

## 縮帆（リーフィング）と荒天用セール

　荒天運用の第一段階は縮帆だ。そしてそのポイントは縮帆の時期の選択だろう。

　「どんな馬鹿でも大きい帆を張ることはできる」という冗談がイギリスにあるが、これは風上へ上っている船には当てはまらない。ヨット乗りならみんな知っているが、それこそどんな馬鹿でも、上りでは過大な帆を10分間も辛抱できないだろう。船はもみくちゃにされるし、メインセールは風を抜かねばならないので上半分が今にも裂けそうな音を立てて暴れる。要するに、上りないしはリーチングコースでは船を正常に走らせようとすると自動的に縮帆することになる。そのなかには当然ジブの交換も含まれる。

　上りコースの縮帆については、むしろリーフしすぎないことが大事ではないかと思う。リーフしすぎると馬力が落ちて操船が不自由になり、実際以上に状況が悪いように錯覚する。

＊

　さきほどの冗談が生きてくるのは後寄りの風だ。見上げるような大波が次々に追い越して行く中を両舷に真白く泡立つ水尾を引いて飛ぶように落としていくのは素晴らしい。後ろよりの風で走っている時に船上で感じる風速は船が走るぶんだけ低くなるから、そんなにひどく吹いている実感がない。しかし、いい調子で走っていたヨットが一瞬にして大傾斜を起こし、大波がおおいかぶさるようにその上を流れすぎてゆくというような事故はもっぱらこのコースで起こるのだ。

　いつリーフするか？　この判断にはずいぶん幅があるようだ。外洋レースのベテランたちは私などから見ると恐ろしいような走り方をするらしいし、またそのほうがかえって安全だという考えも聞いたことがある。私はスピードや船首波の盛り上がり、船の動きなどから、これは走りすぎだなと直感したとき縮帆しているように思う。この直感が実は錯覚で、もっと走れるのかもしれないが、今のところ直感に従っている。どうかなと思えば、早めにリーフするほうがいいだろう。

＊

**図17-2 ジフィーリーフ**

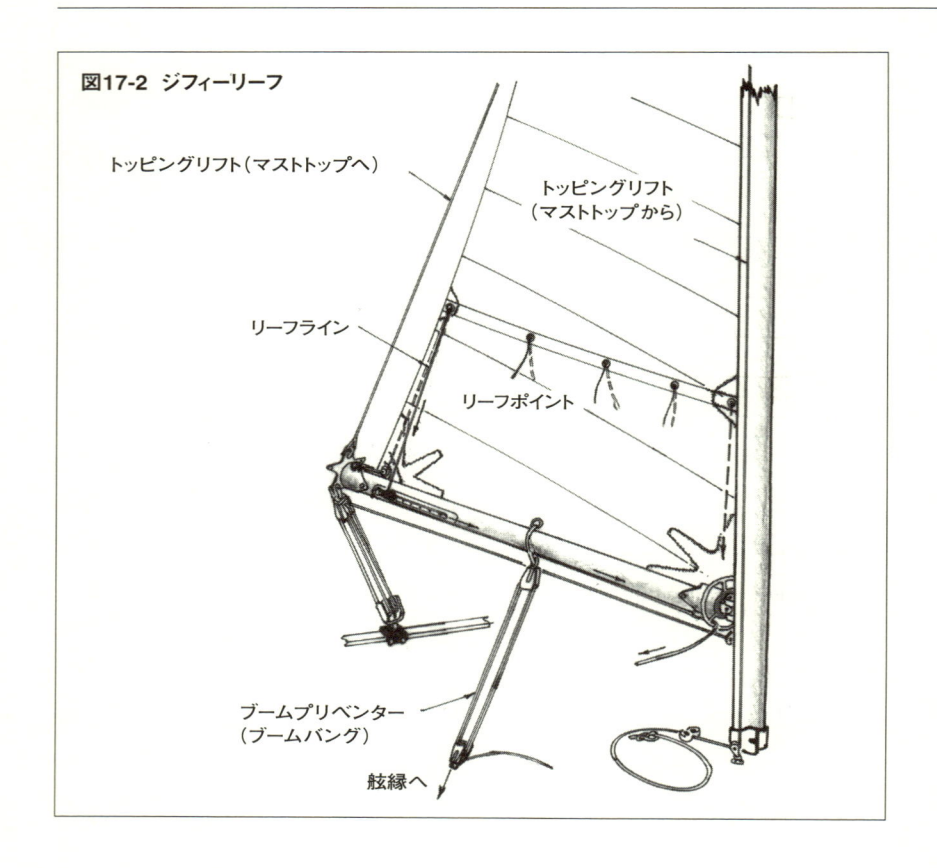

- トッピングリフト(マストトップへ)
- トッピングリフト（マストトップから）
- リーフライン
- リーフポイント
- ブームプリベンター（ブームバング）
- 舷縁へ

　メインセールのリーフには、一昔前まではブームをグルグル回して巻き取っていくローラーリーフがよく見られたが、これはどうしても縮帆後のセールが袋になるきらいがある。それと、ブームが垂れてくるのも問題だ。また最近ではファーリングメインセールもかなり使われるようになった。これについては10章にふれた。

　現在メインセールのリーフの主流はジフィー（またはスラブ）リーフ（図17-2）だろう。これは帆船時代からずっと使われてきたポイントリーフの近代版だ。まずハリヤードを少しずつ緩めながら、メインセールのラフを必要なだけ引き降ろしてブーム前端に止める。セールにはその場所にしっかりしたリング（クリングルという）が縫い付けてあるから、これをブーム前端のフックに引っかけるか、それがなければ別の短いロー

プで縛り付ける。追っ手で走っていて、この作業をする時にはシートを引き込んでセールがマストやスプレッダーに押し付けられているのを外してやる必要がある。ワイルドジャイブをしないよう、舷側から引いたブームプリベンターをとっておくのはよい手順だ。ハリヤードをいっきに緩めないのは、余ったハリヤードが風にあおられてスプレッダーなどにからむのを防ぐためだ。

　次にブーム後端のリーフラインを締めて、セールのリーチのクリングルをブームに引きつける。大切なのはセールのブームに沿う部分が前後方向にピンと張られていることで、そのためにはリーフラインを通すブーム後端の滑車の位置が決め手になる。リーフラインを締める作業は、とくに最後の段階では強い力がかかる。シートを緩めトッピングリフトを引いてやると楽になる。

　ハリヤードをいっぱいに締め、セールをトリムすると船は走りだす。それからでいいから、ブームに沿って余っているセールの裾をブームに縛り付ける。クルーザーなら短いロープを3本ばかり、その位置にセールを貫通して縫い付けておくとよい。リーフポイントと言って、帆船ではおそらく1000年以上使ってきただろう。風力に応じて何段階かリーフするためにリーフポイントの列が何段か並ぶ。1段目までリーフするのをワンポイントリーフ、2段目までをツーポイントリーフと呼んだ。この言葉は今でもヨットで使っているのはご存知のとおり。

*

　リーフで対応しきれないくらい吹いてきたら、荒天用セールの出番だ。ファーリングジブはいくらでも小さくできるけれども、ストームジブの大きさまで巻き込んで長い時間使うのは感心しない。この点、カッターリグ（10章）で前帆を2枚ともファーリングにするのはどんなものかと思う。おそらく後ろのステイスルのほうは普通のハンクス付きにしておいて、ストームジブ（ストームステイスルというべきか）をここに引っかけるのがよいのではないか。

　ストームジブには1〜1.5メートルくらいのワイヤーをタックにつけておき、デッキから少し上のほうに離して張るのがよい。波をすくわないし、またシートのリードにも好都合だ。帆の形は下縁を後ろ上がりにするハイカットがよい。布地はむやみに厚くすることはなく、それよりも

縫い目のジグザグの糸をしっかりしたものに、そして最小3列は欲しい。そして隅々の補強とか、ラフのボルトロープやフットのウェビング（ベルト）の縫いつけ、ハンクスの取りつけなどを十分強くしておくことだ。昔の綿セールはいざしらず、今では壊れるのは布地よりもこれらの接合部分だと思う。

ついでながらクルーザーのセールはみな、先の縫い目を3列にするのが本当だと思う。2列が多いけれども、擦り切れてくるのは布地ではなくて糸が先だから、3列にしておけばそれだけ長持ちするはずだ。

*

ストームトライスルはもう一つの大切な荒天用セールだ。3段リーフしたメインセールは似たような面積かもしれないが、それを長時間、本物の時化のなかでは使うべきでない。トライスルの高さはおそらくマストの半分くらい、タックはブームのグースネックより少し上方、クルーはブームの高さくらいだろうか。シートは普通のジブシートのように左右に2本取り、舷側後方のスナッチブロックにリードする。ブームは使わないのが普通だ。製作上の注意はストームジブと同様。

ストームトライスルのマストへの取り付けにはメインセール用とは別のトラック（レール）をマストに付けておいて、時化てくる前に（まだ普通のメインセールで走っているうちに）トライスルをこのトラックの下のほうに入れておくという長距離航海のベテランは多い。本当に時化てきてからトライスルをセットするのは容易でないからと言う。

## 機走

機走の話がここに出てくるのは場違いみたいだが、実際問題としてやはり取り上げるべきだと思う。すでに7章「ヨットは帆で走ろうよ」でもふれたけれども、荒れてきたら帆を降ろして機走で逃げれば安全だという考えがかなり広くあるからだ。私はこの考えを無条件に否定するつもりはないが、それ以上に無条件で賛成はできない。むしろこの考えが大きな危険をはらんでいることを強調したい。

何故かというと、荒天を帆で乗り切るつもりの船は船体や艤装の整備が行き届いており、乗員の心構えもそれにふさわしい。機関に頼る気持ちがあるとどうしてもそれが薄められる。しかも、その機関

なるものが決して万能ではないのだ。故障は別にしても、ヨットは本来帆船として設計されているから、たとえ帆を降ろしても大きな風圧を受けるマストやリギン、重いバラストは機走時には大きい邪魔物だ。エンジンの馬力も船のわりに十分とはいえない。あまり時化てないときには気づかないこれらのハンディキャップが、荒天では容赦なく出てきてしまう。風波に向かって船首を立てることさえおぼつかない。こんなはずではなかったと言ってももう遅い。

　だからヨットに乗るからには自分が出合うであろうあらゆる状況を帆走で乗り切るつもりでいたいものだ。船体も艤装も、そして自分の体力気力も帆走運用の技術も、それにふさわしいものでなければならぬ。そのつもりなら気象情報の収集も海況の判断も慎重綿密にならざるを得ない。無理をするわけにいかない。

*

　そしてその上で信頼できる機関を積んでおくのは賛成だ。つまり、いい機関を積んではあるがそれに頼らない、頼ると本来の帆走のほうがついいい加減になる。帆船に乗るからには帆船に徹する、それがヨットの安全を保証するということだ。そうして初めて機関がその船の安全に役立つことになる。そうでなければかえって危ない。いささか逆説めいてきたが、しかしこれは本当だ。

*

　この観点からすれば機関の馬力は大きい必要はない。総トン数(排水量ではない)くらいの数字の馬力で結構だ。大切なことは信頼性の高いものを選ぶこと。その点国産の漁船用ディーゼルは世界に冠たるものだ。馬力当りの重量の数字に迷わされてはならない。自動車ディーゼルを基礎にした高回転機関はこの数字は有利に見えるが信頼性の点で大分差がある。なお手動スタート装置は必要不可欠だと思う(15章参照)。

*

　荒天時の機関の使用法についても先ほどの原則はよい指針をあたえてくれる。常に帆を張った状態で機関を使うこと、これだ。荒天だからそれはトライスル1枚かも知れない。とにかく帆船として行動しながら機関を補助に使うべし。これは精神論ではない。運動はやわらか

になり、安定した走り方になる。機関に無理がかからず、また万一機関にトラブルがあっても慌てることがない。一方、舵利きはずっとよくなり前進速力も若干増加するだろう。帆が張れないような海況になったら、機関を使っても似たようなことだ。いずれ走れる海ではない。激しい動揺で潤滑不良を起こしたりしないように止めておいたほうがよいだろう。

### 港へ避難

私たちが普通にやっているような沿岸から離島程度のクルージングで経験する荒天ではどこか逃げ込む港が念頭に浮かぶことが多いと思う。しかも統計的に見るならば、多くの海難が逃げこむ途中、それもその港に近い所で発生していることは注目しなければならない。

初めから港の中にいるかぎり、それが第一級の良港とまではいかなくても一応気が楽だ。ところがその港も、時化始めてから入ろうとなるとこれは全く別だ。

幸にして風上側の岸近くにいて、近所にいい港や奥まった小湾などがあればこれは楽だ。それでも入口近くには暗礁だとか、浅くてうねりが砕ける所、あるいは定置網、工事中の防波堤、とにかく海岸近くは帆船にとって危険に事欠かないものだ。

これが風下側ないしはアビームで走りこめるくらいの方角の海岸と

**図17-3 理想的な避難港の例**
熊野賀田湾と三木浦、二木島

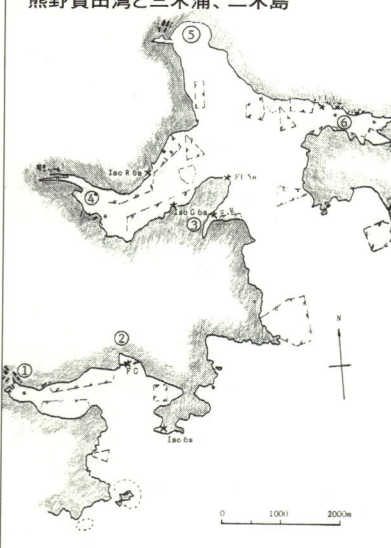

⑤の三木里は典型的な"波の捨て場"で、このおかげで手前④の賀田と⑥の三木浦は波浪の侵入がない。昔からの港は④と⑥にある。それを小振りにした形が①の二木島でここもよい泊地。②は防波堤はあるが大きい時化には役に立たず、漁船はみな①へ避難する。新設のヨットハーバーにはこのたぐいの立地——防波堤が直接外海に面する——が多いから注意。③は一見よさそうで、事実②よりはずっとましだが、大きな日和になると波浪が侵入する

なるとよほど慎重に行動しなければならぬ。そして沖で荒天に捉えられたヨット乗りにとって、とにかく陸に近づきたいのはほとんど本能的な誘惑であることは十分記憶しておいてよい。一人前のクルーザーであれば沖合いにいるかぎり相当な海況でも一応行動力はある。この調子で数時間も走り飛ばせば、いつか泊ったあの平和な港へ入れそうな気がするものだ。いざ近づいてみると風下岸にあるその港が打って変わってどんな形相でそのヨットを迎えてくれるか、考えただけでもぞっとする。貴重なシールーム（風下岸までの距離、これが十分あるかぎり帆船はなかなかヤラれるものではない）を失った今、取り返しのつかない状況に落ちこんでしまったわけだ。

　だから風下の港へ避難するにあってはよほどの確信が必要だ。そこまで何時間かかるか、その間に海況はどう変わるか、そして何よりも大切なことはその港の近くの地形や海の様子だろう。

　一般的に言って、砂浜の切れ目にある河口港や、防波堤が直接外海にさらされている港は風浪を沖から受けて入れる港ではない。近づくにしたがってどうしようもないような波になり、ついには操舵不能におちいって叩きつけられたり、浅所特有の化け物のような波にのみ込まれてしまったりする。

　屈曲の多い海岸線で半島や島が天然の巨大な防波堤となり、だんだんと奥まった内湾に導くというような地形だと、大きい追い波に押し込まれるようにして入って行ってもあまり悪い波は立たず、徐々に静かになるからよい（図17-3）。たとえば四国南西部や三重県南部の諸港とか、紀州の田辺湾などもこの部類に入るだろう。それにしても暗岩や浅所や局部的な強い流れと砕け波などはつきものだと思わなければならない。昼間でも安心はできないが、日が暮れそうだったりしたら、よほど確信がないかぎり風下側の入港は試みるべきでない。少しでも疑念があれば、縮帆して上り気味に走り続けるか、それもできないなら次に述べるヒーブツー（漂泊）を行って貴重なシールームを失わないよう、そして体力気力の温存につとめることだ。それは気楽なことではないが、はるかに安全な方法なのだ。港の誘惑に負けてはならない。

## ヒーブツー
## (heave-to、漂泊)

　ヒーブツーとは帆を張ったままで船を走らないようにすることをいう。ますます海況が悪くなって、思い切りリーフしても走りづらく、船の動きが激しすぎて不安が感じられるようになればヒーブツーの時期だと思ってよいだろう。また、そこまで海況が悪くなくても夜の間は慎重を期して流しておこうとか、乗員の休養のためにという使い方もある。

　なおこれは荒天運用とは関係ないが、暗いうちに入港の難しい目的地に近づいた時などヒーブツーして夜明けを待つことがある。

＊

　ヒーブツーの良い点は、(1)帆を張っているから動揺が柔らかになり、(2)風浪に対する船の向きをほぼ一定に保つことができ、(3)必要に応じてただちに帆走を始めることができることだ。

　航海記などを読むと皆盛んに使っているが、やってみると確かにぐあいがよい。走るのを止めて漂泊するというと遭難一歩手前みたいに考えがちだが、それは間違いで風下の海岸まで安全な距離さえ取ってあれば、無理して走っているよりは漂泊のほうがずっと安全で体力の消耗も少ない。正常な荒天運用の一段階なのだ。

＊

　その方法だが、船型や帆装によって少しずつ異なる。ある程度荒れている時に試してみて、自分の船の癖を知っておくことをお勧めする。1本マストのヨット(スループまたはカッター)ならジブまたはステイスルを半ば風上に張りメインセールをいっぱいに引き込む。舵柄を適当量風下側に取って固定する。ジブは裏風を受け、舵は船をラフする方向に取っていることになる。

　この状態に入るにはメインセールを精いっぱい引きこんだのち普通の要領で上手回し(タッキング)を始める。風に立つ少し手前でいったん舵を戻し同時にジブシートを替えて風上側へ張る。タッキングは途中で止まり、船首は再び風下側へ落ち始める。舵柄(ティラー)を風下へ押してその動きを抑える。行き足はだんだんなくなり、船は風浪を船首から50°くらいの角度に受けてほとんど停止する。実際には1ノットかそこらで風下側40°くらいの方向に流れる。船は結局、風に対してほぼ90°の方向に動く(図17-4

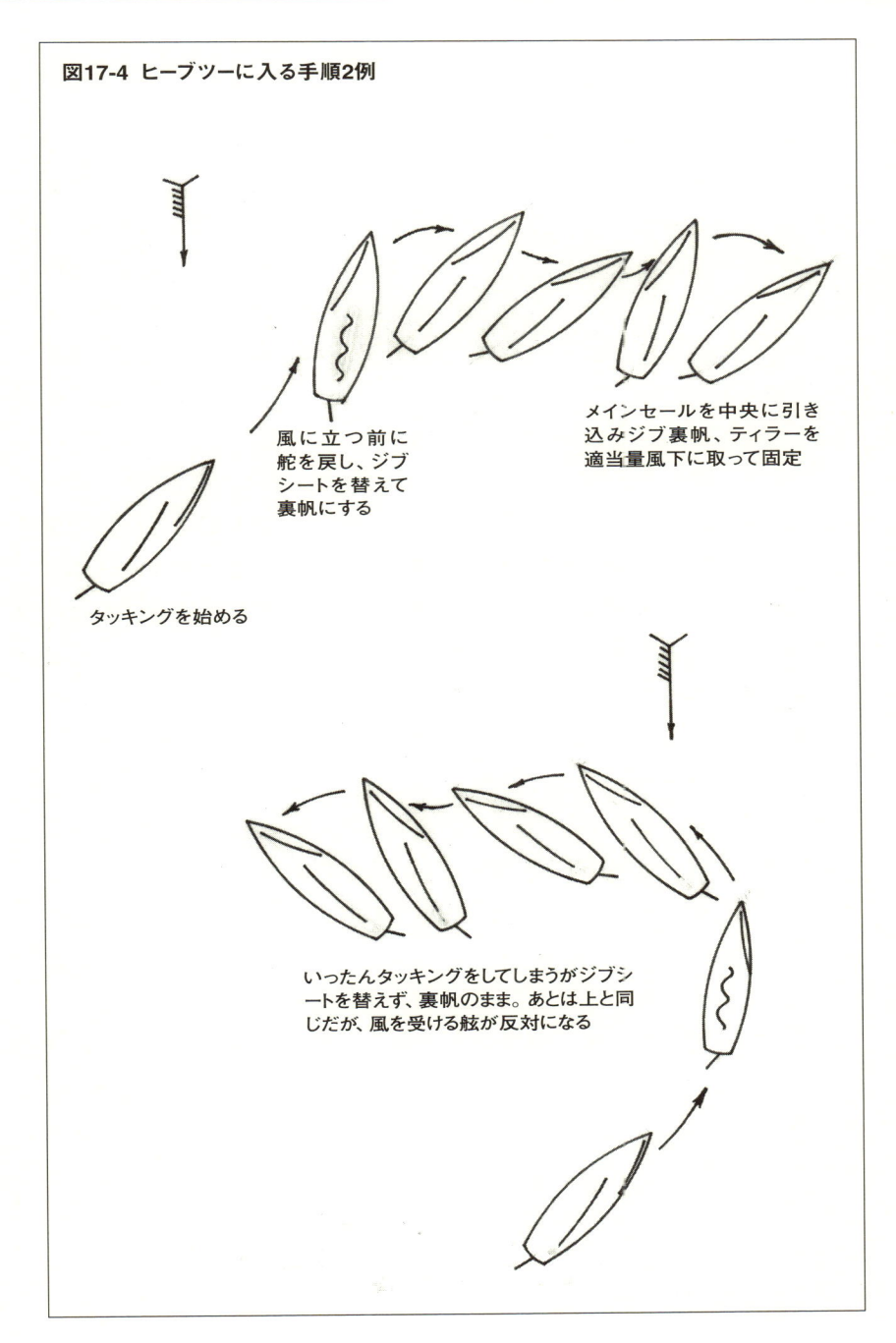

図17-4 ヒーブツーに入る手順2例

メインセールを中央に引き込みジブ裏帆、ティラーを適当量風下に取って固定

風に立つ前に舵を戻し、ジブシートを替えて裏帆にする

タッキングを始める

いったんタッキングをしてしまうがジブシートを替えず、裏帆のまま。あとは上と同じだが、風を受ける舷が反対になる

の上)。

　もう一つの方法は(図17-4の下)同じ手順で始めるが、いったんタッキングしてしまう。しかしジブシートは替えず、裏帆のままにする。後はさっきの手順と同じだが、風を受ける舷が反対になる。

　どちらの方法にせよヒーブツーに入ってからあと、上っていってタッキングしてしまいそうだったら、ジブシートを少し締めるか舵を少し戻してみる。落ちていって走り出しそうだったらジブシートを少し緩めるか、舵柄をもっと風下へ移す。この調節を少しずつ行って様子を見ていると船の姿勢が安定して、放っておいてもある限度以上、上りも落ちもしない状態が分かってくる。それがその船のヒーブツーの癖だからジブの裏帆の程度と舵柄の位置を覚えておく。舵柄は縛り付けて固定する。

*

　経験によるとロングキールの船はセパレートラダーの船よりこれがやりやすいようだ。またジブがあまり大きいとうまくいかない。船によってはどう調節してもこの方法では姿勢の安定しないことがある。また、ある程度の海況まではできるが、それより悪くなるとうまくいかないこともある。

*

　次善の、そしてこれはまず間違いなくいく方法はジブを降ろしてしまいメインセールいっぱい引き込み、舵柄風下いっぱい固定だ。風浪をほとんど真横か、少し前よりに受けてやんわりと波に浮かぶ。風が強ければメインセールの代わりにトライスルを使うのもよい。初代〈春一番〉は台風外縁の東風、風力7と黒潮がぶつかりあう海を一夜この方法で過ごしたことがあるが、まったく安定してヒールもたいしたことはなかった。見張りのクルーは一晩中一度も舵もシートも触らなかったそうだ。

　ヨールやケッチではミズンとジブ(またはフォアステイスル)で同じことをする。スループやカッターよりうまくいくといわれている。またミズンだけでヒーブツーしても1本マストの船よりも風浪を受ける角度が前寄りになるのではないかと思う。もっとも一本釣漁船がよく沖でやっているように風に立ってしまうことは船型から考えてあるまい。また、仮に可能だったとしてもむしろまずいと思う。ミズンが暴れていずれ裂

けてしまうだろうから。

# 18 荒天を乗り切るタクティクス(2)

　風力に応じてだんだん帆を小さくし、それでも走りづらくなれば小さな帆を張ったままヒーブツー(漂泊)して荒天をやりすごす。ここまでは正常な荒天運用の範囲で気分的にも余裕がある。前章(1)で書いたようにその手順もほぼ確立していて、誰に聞いてもどの本を読んでも、だいたい同じようだ。浅い場所とか海、潮流の強い所で起こる異常な波を別にすれば、全長7メートル以上のしっかりしたクルーザーなら風力8くらいまではこの範囲に入ると考えてよいだろう。

　日本近海でいえば本格的な台風の強風圏に巻き込まれるか、ひと冬に2、3回来るくらいの強烈な季節風の吹き出しにつかまるかしない限り、そして海岸から安全な距離を保っている限り、この"正常な荒天運用"の範囲に入ることになるだろう。台風や季節風は発生する季節は決まっているし、いよいよやって来る時には少なくとも3日前にははっきり分かる。こんな手荒い日和には万が一にもつかまることのないようにしたいものだ。NHKやNSB(日本短波放送)の気象通報を聞いて描く天気図の一番の効用はこれだと思う。ウェザーファクスも同じ。あの程度の大まかな天気図で、素人のわれわれにできる天気予報は、たかが知れている。局地的な風向、風力、その時期の予測などは漁師直伝の観天望気術のほうが素人天気図よりは役に立つことも多い。ところが大きな規模の

気象の動きとなると、これはやはり天気図を書いてみるに限る。論より証拠、1日2回以上ラジオの天気図を書き続けていれば、大型台風や本格的な冬の季節風の襲来はかなり早くに予知できるはずだ。不意打ちを食うことは決してないと言ってよいだろう。

＊

こうして航海の時期と場所を上手に選び気象情報に十分注意して行動していても、それでもヨットに乗っているからには、いつかは本格的な荒天に行き合ってしまうだろう。その準備はできていなければならない。

外海で風力9を超える荒天にとらえられたヨット乗りは不運と言うほかない。賢明に行動すれば乗り切れるだろうけれども、一生忘れることのない経験をすることは確実だ。こんな状況になると、人により書物により、ずいぶん言うことが違う。船の個性や、その時の状況で最善の運用法も大きく異なるかも知れないし、第一、最善などというものがあるかどうかも疑わしい。

いずれにしても、従来多くのヨット乗りたちがそんな大時化を乗り切ってきた方法は、あらかた次の三つに大別できるようだ。

(1) 裸マスト漂泊、帆を全部下ろし舵柄を風下に固定して、なすがままにまかせる (lying a hullまたはhulling)
(2) 裸マスト風下落とし (scudding)
(3) シーアンカーにかかる

どれがよいかは一概に言えないが、いい加減時化ている時にこれらを次々に試しておくことは大いに役立つだろう。なかなかやれないことではあるが、ひとつ奮発して風力6くらいの時、せめて(1)と(2)だけは、やっておくことを強くお勧めする。その船のくせが分かり、そして、いざという時の練習にもなるにちがいない。

## 裸マスト漂泊 (lying a hull)

帆を全部降ろしてしっかり縛りつけ、すべての出入口を閉じて船を流す。舵が暴れて壊れないように縛りつけるが、舵柄を風下側、すなわちラフする方向に固定する。こうしておくと船首が風下に落ちて、マストの風圧で船が走り始めて間もなくラフしてしまうので行き足が止まる。結局、船は風浪をほぼ真横に受けて横たわる形になる(図18-1)。この運用の哲学は無抵抗主義であり自然至上主義だ。なすがままにまかせれば波は無害であり、何もしなければ船

図18-1 裸マスト漂泊（lying a hull）

は一番自然な姿勢を取る、それが最も無理のない、安全な状態なのだ。この論理は感覚的に魅力がある。

＊

　この方法の弱味は、まともに横波を受けることだ。どんな船でも裸マストで漂泊すれば、まず例外なく真横に風浪を受けて横たわる形になる。マストの風圧で相当の角度傾き、その両側に激しくローリングするだろう。こんな荒天では波の頂上はちょうど磯波が崩れる直前のように垂直に立ち上がり、ものすごい音を立てて逆巻きながら前方へ崩れ落ちる。波との出合いのタイミングが悪いと、2～3メートルにも達する垂直な水の壁が真横から襲いかかることは十分起こり得る。この水の壁のふもとのほうは45°とか、とにかく非常識な水面傾斜になっているわけで、ちょうど運悪くこの状態に巻きこまれたヨットは、瞬時にして横倒しになるだろう。荒天域の大波は生まれては消え、崩れ落ちては盛り上がりしているから、ちょうどこの状態に巻きこまれる確率はそんなに高くないが、おそらく一晩に何回かというくらいの確率はあり得るだろう。

もう一つの危険は一瞬タイミングが遅れて波が直前に崩れ落ち、その大量の水が船の上に覆いかぶさってくることだ。その破壊力たるや凄まじいもので、デッキに積んだテンダーなどは絶対に助からないし、キャビントップの側壁が叩き破られた例も多い。いわゆるオールドソルト（old salt）たちが、最近のプロダクションボートの広々とした窓を見て眉をひそめるのも、あながち時代錯誤とは言えない。

　この上部構造の損傷は風上側とは限らず、風下側にもしばしば致命的な損傷が起こることが報告されている。崩れ波の強烈なパンチで船が横にすっ飛び、風下の海面に叩きつけられる時の衝撃によるものだろうと言われている。

＊

　日本型の漁船はもちろん、北海周辺の帆走漁船にしても、その復原性消失角と甲板の水密性から考えて、今述べたような横波の脅威には耐えられそうにない。大型帆船はマスト、リギンの風圧が大きいので、横から襲う風浪に弱い。さらに大型であるだけに、波のパンチによる船体艤装の損傷が避けがたいだろう。裸マスト漂泊が帆船時代の伝統の中であまり重視されなかったのはそのためではないだろうか。

　一方、現在の外洋ヨットの復原性消失角は120°から140°を超えるものさえあり、ハッチがしっかりしていれば横倒しになっても大量の海水流入は起こらず、コクピットは自然排水になっている。こう考えてくると、裸マスト漂泊がヨット乗りの間で見なおされてきて、現在では外洋ヨットマンの多数がこの方法の信奉者になったのは理由がありそうに思われる。事実、たくさんのクルーザーがこの方法でハリケーンなどの想像を絶する荒天を生き残っている実績がある。

　このことは裏を返せば同じクルーザーであっても、これらの条件に疑いのある船は、裸マスト漂泊は危険だと思わなければならない。軽クルーザーなどにあるように復原性消失角や海水流入角が90°そこそこの船だとか、コクピットがやたらに広くて排水口の小さいもの、窓が大きいのも不安だし、ハッチやコンパニオンの差し板の弱いのも気にかかる。日曜日の帆走以外は決してしないというのなら別だが、一応何日間かでも外海をクルージングしようとする船は、これらの点は十分に考えておきたい。

＊

これらの条件を備えた外洋ヨットなら、この漂泊法は確かによい方法だと思う。何より有難いのは、何もしないでよいことだ。ただ帆を降ろし舵を固定し、出入口を閉じて休んでいればよいのだから、どんなに疲労困ぱいした人間にもできるだろう。体力も消耗しなければ間違う恐れもない。こうしていれば、相当の大時化までは大丈夫だということは、この状況に追いこまれた人に大きな心の支えになるに違いない。事実、もう駄目だと思って放棄された船が無人のまま大時化を生き残った例は、これは全く枚挙にいとまないほどだ。

\*

今世紀はじめの外洋クルージングの草分けの1人で米誌『Rudder』の編集者でもあったフレミング・デイは、アメリカ人らしい明快さでこう言っている。「良い船だったら、本当の荒天の中でどうしたらよいかを、あなたよりよく知っている。余計な手出しをせずに彼女にまかしなさい。あなたが手を出せば十中八九はヘマをやる」彼は lying a hull 戦術の開拓者の1人で、その普及は彼に負う所が多いと言われている。

\*

こうして裸マスト漂泊は、今や世界の外洋ヨットマンの間に強い支持がある。しかし、これとて万能ではない。事実『Once is enough』で有名なツーハン号の第2回転覆を始めとして、これをやっていて転覆したり大損傷を受けた例も、結構たくさん知られている。行方不明になった船の中にもこのケースはあるかも知れない。名著『帆走巡航の手引き』(前出)の中でヒスコックは、風力10くらいまではlying a hullで何とか乗り切れるかもしれないが、それを上回る荒天でヨットが生き残る最後の手段は、裸マストで真風下へ落とす以外ないのではないか、と書いている。

## 裸マストで風下へ走る（scudding、スカッディング）

裸マスト漂泊の弱味は風浪を横に受けてしまうことだが、それなら船首か船尾を波に向ければよいわけだ。船は本来船首で海に立ち向かうようにできているから、できれば船首を風浪に向けたいところだが、それが帆船ではうまく行かない。その理由は次のシーアンカーの所で述べよう。とにかく船首を風浪に立てることができないので次善の策として船尾を風に向ける、すなわち真追っ手に風浪を受けて落として行くわけだ。

　　　　　＊

　最近の外洋レースのベテランたちの中に、この荒天中の風下落としでは適当に小さい帆を張って、波といっしょに走るくらいに飛ばしてゆくほうが安全だという意見がある。

　船の運動力学からも興味をそそられる問題なのだが、ただ、本当に何度も荒天を乗り切ってきた人たちは、この意見に懐疑的であるようだ。

　評判の高い『Sea Sence』（R. Henderson, International Marine Publishing Co. USA）や『Heavy Weather Sailing』（Adlard Coles, London）にも舵が十分利く程度の速力、おそらく3〜4ノットを超えないのが安全だと書いてある。だから今のところは伝統に従ってそれくらいの速力に抑えておくのが賢明だろう。

　舵が利くことは、この運用法、スカッディングには欠かせない。舵が利くからこそ恐ろしい波をいつも正しく船尾に受けることができるし、少々くらいは波との出合いの最悪のタイミングをかわすこともできようというものだ。

　　　　　＊

　ところで、今考えているような大時化では、裸マストの風圧だけでも速く走りすぎるかもしれない。波乗りすればなおのことで、そのうえ舵がふらついてくる恐れもある。そこで船尾から長いロープを曳いて減速し、同時に船尾が振られるのを防ぐ方法がある。これはほとんど定石だと言ってよい。船の長さの10ないし15倍くらいの、なるべく太いロープの両端を船尾両舷に取って流す。ロープは長いU字型をなして船尾に曳かれることになる（図18-2）。

　実際にやってみると、U字曳綱をきれいに流すのは案外むずかしい。それに、いったん流し始めたら相当の抵抗でちょっとのことでは取り込めないから、やり直しは大変だ。まず太いロープの端を船尾片舷にしっかりとめ（図18-3では左舷のクリート）、ロープを全部コクピットの中か船尾のデッキにコイルアップする。上の端を同じ舷のビットの横から舷外に出し、船尾を回って今度は反対舷ビットへ舷外からとめる（図18-3）。あとはコイルアップしたロープを上から順次に海へ流していくのだが、すごい力で引かれるからロープの下端をとめてあるほうのビットなどに一巻きか二巻きしてから少しずつ流していく。足に絡めないよう。

　　　　　＊

**図18-2** 船尾からU字にロープを曳いての風下落とし。船尾シーアンカーもこれと同じだが、抵抗が大きいのでスピードはさらに抑えられ、また舵を縛りつけてしまうと操舵の必要がない

　スカッディング中には大きな崩れ波が船尾を襲うことを覚悟しなければならない。広いコクピット、大きなコンパニオン（船室への入口）は常日頃は快適だが、この荒天運用には不向きだ。特にコンパニオンの差し板は十分な強度が必要だし、ハーネスの着用も絶対的だ。

　目的地が風下にある時はこの裸マスト風下落としは特にありがたい。船の安全を守りながら目的地に近づけるとは結構な話だ。一方、風下に危険がある時には、どうしてもこれしかないならば、なるべく大きい抵抗物、おそらくシーアンカーを曳いて減速せざるを得ないだろう。

　この風下落としでは操舵の自由が大切なことはすでに述べた。船尾の曳綱は船尾が振られるのを抑制して針路を安定させる効果はあるが、それが過ぎて操舵の自由が妨げられて危いという意見がある。例の第1回単独無寄港世界一周レースでただひとり完走ということになっているノックス・ジョンストンより、実はずっと早くホーン岬を回って南大西洋に入りながら、目前に控えた栄光を思うと厭気がさしてきて、とうとうレースを放棄してしまい、さらに無寄港で東航すること何と地球をさらに半

周、南海の楽園仏領ポリネシアへ隠遁してしまったモアトシェという人物がその代表だ。何しろ世界中のブルーウォータリストから横目で一目も二目もおかれている彼の意見だから大分議論を巻き起こしたようだ。その事情は前掲『Sea Sense』に詳しい。これが気になる人は、U字曳綱を船尾両舷でなしにメインマストの両舷シュラウドの根元あたりから曳くとよいそうだ。着力点が舵よりずっと前だから操舵の自由を妨げることが少ないという。私はやったことがないが、理屈には合っていると思う。だが南緯50°あたりのこの世のものとも思えぬ波のことは知らないが、これが問題になる状況がそんなにたびたび起こるとは考えがたい。むしろ船尾から曳いて、少々操舵を怠けても船のコースが安定しているほうが楽な場合が多いのではないだろうか。

＊

スカッディングの最大の危険は船がとんぼ返りすることだ。船が前後方向に転覆するとは、まったく常識を超えているが、しかしたまには起こっているようだ。先の『Sea Sense』の

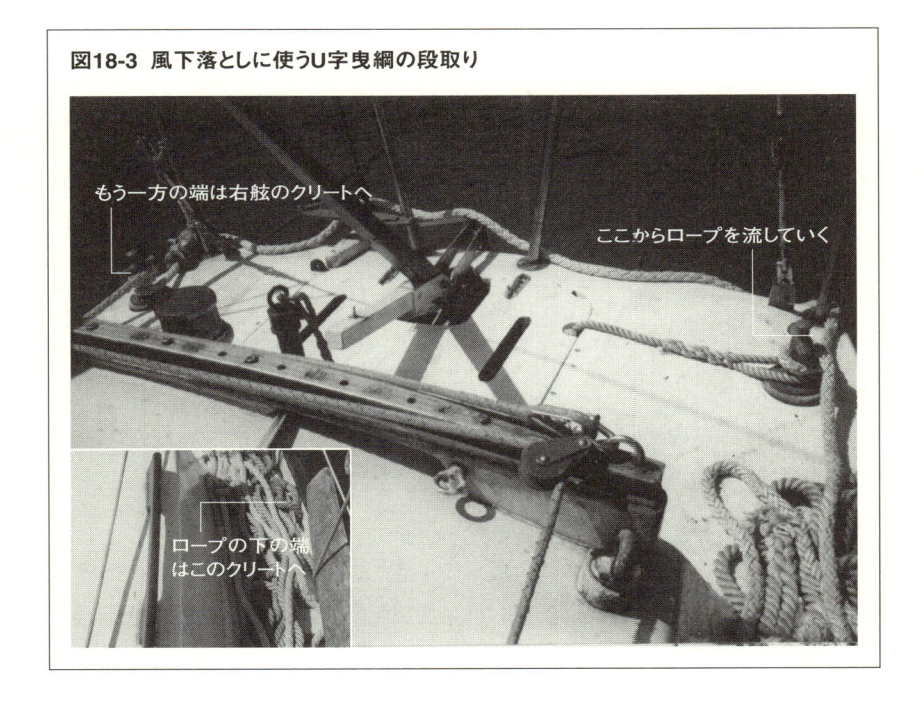

**図18-3 風下落としに使うU字曳綱の段取り**

- もう一方の端は右舷のクリートへ
- ここからロープを流していく
- ロープの下の端はこのクリートへ

ヘンダーソンは、とんぼ返りはめったに起こるものではないが、万一起こると致命的な被害を受ける。横転のほうがましだから、とんぼ返りしそうになったら覚悟を決めて裸マスト漂泊をするほかないだろうと言っている。しかし私の想像では船尾から太いロープをU型に曳いていれば、とんぼ返りを防ぐのに大いに役立つだろう。だから風下に十分な安全距離さえあるならば、U型ロープを曳いて風下落としをするのは大時化を生き延びるよい方法だと思う。

## シーアンカー

　シーアンカーは周知のように頑丈な吹き流し、またはパラシュート状のもので、普通の錨が海底に引っかかる代わりに、海水を抱かえこんで錨と同様の作用をさせようというものだ。これも古いシーマンシップで、日本でも漁網など抵抗の大きいものをロープにつけて流す"たらせ"が知られている。

　シーアンカーを船首から打って船を風浪に立てることができれば、これは強いに違いない。船は本来船首で海に立ち向かうようにできているのだから。捕鯨漁艇とか救命艇などは、船幅の半分くらいの直径の吹き流し型海錨で風に立つ。学生ヨットのA級ディンギーもマストを倒すと船底の敷板などで応急に作ったシーアンカーで風に立ったものだ。ところが高いマストと深いキールをもつ現在のクルージングヨットは、実用可能な寸法のシーアンカーでは風浪に立てることができないと思ってよい。

　これを理解するには、普通に錨を入れて振れ回しにしている状態を考えるとよいだろう。錨はもちろん海底をガッチリつかんでいるのだが、それでも風が強くなると船首が右に左に大きく振れていって落着かないことがよくある。錨の場合には振れるところまで振れてしまうと錨綱が利いてきて、今度は反対側に振れていくのだが、シーアンカーは相手が水だからそうはいかない。シーアンカーはいわば常に走錨しているのだ。よほど大きなシーアンカーでないかぎり、船首はそのまま振れ落ちていって風を真横に受ける姿勢に落ち着く。マストにあたる風圧が、舵やキールに加わる水圧とシーアンカーのロープの張力の2本足で支えられてバランスすることになるらしい（図18-4）。

　だからシーアンカーで船首が風に立つかどうかは船型によることを忘れてはならない。総トン数20トンクラス

の近海漁船でもパラシュート型でうまく立つしバラストキールのないカタマランクルーザーも同じだが、深いキールや舵のある一般のクルーザーは話がちがうのだ。

近年市場にも出ているパラシュート型や、その変形の十字傘などは吹き流し型よりもずっと大きいシーアンカーを作ることができるから、あるいはうまくいくのかもしれないが確認されているとは言い難い。いずれにせよ、強度には十分の配慮が必要だ。

　　　　　　＊

しかし結局のところ理屈は理屈であって、自分でやってみるのが一番だ。外国の雑誌などにもシーアンカーで風に立つと書いてあるのを読んだことがある。しかし実際に使った経験のあるヒスコックやヘンダーソン（前出）は船首では立たないから船尾から流すと言っている。私も風力9くらいの外洋で試みたことがあるが、やはり船首は立たなかった。そこでシーアンカーを船尾に回すと当然ながら見る見る船尾は風波に立って落ち着いた。それから約一昼夜、八丈と潮岬の中間あたりで、四国に向かって北上する台風の強風圏をこうしてしのいだのだが、かなり安定していてまだ気分的に余裕があった。

図18-4　深いキールや舵のある普通のクルーザーは船首からシーアンカーを流しても風に立たない。点線のように少し斜めになると、ますます船首が風下に落とされて結局、真横に風を受ける姿勢に落ち着く

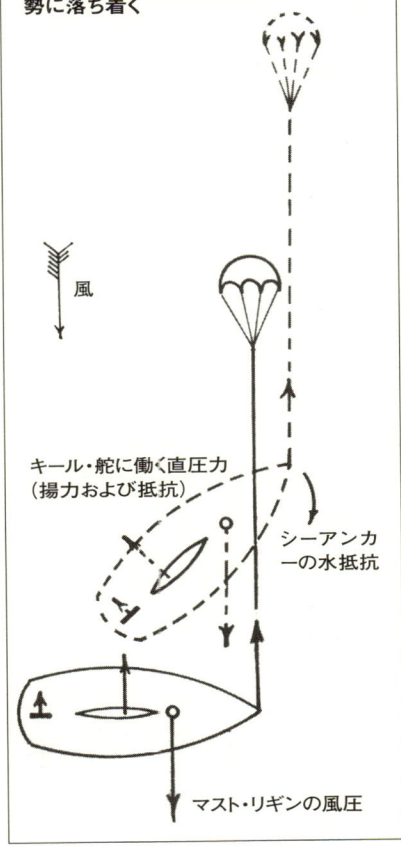

こんなわけで、普通のクルーザーは船首からシーアンカーを引くと結局横波を受ける姿になると考えるのが無難だろう。その点、何もしない裸マスト漂泊と同じことになってしまう。ただ、風下岸への距離が十分でな

く、漂流をできるだけ小さくしたい時には、この方法は価値がある。台風の右前四分円に巻き込まれかけた時も考慮すべきだろう。何もしない漂泊と違う点は、大きい抵抗を曳いているので、波のパンチを柳に風と受け流せない。それだけ損傷の危険があるから、どちらの危険が優先するかの問題になる。

＊

こう考えてくると、普通のクルーザーでは、シーアンカーを引くなら船尾からということになる。これなら文句なしに横波は避けられる。図18-2の"風下落とし"の一種で、特別大きい抵抗を引いているというだけのことだ。これに対する反対意見は、シーアンカーが船を過度に引き止めて船尾に対する波のパンチを強くしてしまうという点だ。この意見は非常に一般的なので軽視できないが、私の考えでは、波を横に受けて漂泊している時の船の抵抗とシーアンカーの抵抗は似たようなものだから、船尾シーアンカーと裸マスト漂泊を比べて前者のほうが波のパンチが本当に強いだろうかと思う。パンチを受ける面積が小さいだけ前者のほうがましなような気もする。もちろんシーアンカーのロープを取る場所の強度には注意すべきで、場合によってはマストに取って、船尾で左右の振れだけ止めるのもよい。事実、シーアンカーにトランサムをもぎ取られかけた例があるそうだ。

＊

船尾シーアンカーのありがたい点は、普通の風下落としと違って操舵の必要がない。出入口を閉じて人間は中で休むことができる。これはたいしたメリットだ。舵はしっかり縛りつけて、追い波に壊されないようにしておかねばならない。

シーアンカーの構造にもずいぶんと種類がある。要点は強度だ。どんなシーアンカーでも結局は壊れるからシーアンカーは駄目だ、と言う人もいるくらいだ。

## この章の結論

これくらい書きならべると、いささか混乱してくる。一体どうすればよいのか。一つの意見として最後にまとめてみよう。

（1）まず荒天に出合わないこと。特に風力9を超す恐れのある状況は徹底的に避けること。
（2）走るのが無理と判断したら、小さな帆を張ったままヒーブツーに入る。ここまでは正常な荒天運用。

（3）それが不安な状況になったら裸マスト漂泊（lying a hull）。そのためには十分な復原力消失角と強い上部構造が必要。復原力に自信のない船や大きい窓やハウスの船は、早めに裸マスト風下落とし（scudding）か、船尾シーアンカーが安全だろう。また風下に目的地があり危険がなければ、強い船でも風下落としが最良の手段。

（4）裸マスト漂泊もできなくなる極限状況では風下落とししかない。U字ロープはかならず曳くこと。風下に危険がある時、休養を取る必要がある時は、船尾シーアンカーが一番よいだろう。シーアンカーは、よほど強くてしかも取り扱いやすいものでなければならぬ。

（5）バラストキールと深い舵をもつ普通のクルーザーでは、船首からシーアンカーを流しても船首は風に立たず、風波をほぼ真横に受けると思ったほうがよい。

## 台風を港でやりすごすこと

　これは日本のヨット乗りが避けて通れない大仕事の一つに数えられる。ありがたいことに我が国の気象情報、とくに台風情報は世界一で、NHK気象通報（またはファクス）とラジオの台風情報を天気図の上に記入していけば3日以上前から台風の動きはよく分かる。まずこれをまじめにやることが第一歩だ。テレビのニュースになりだしてからでは遅いことがある。そして自分のいるところへ（もちろん母港も含めて）接近する恐れが出てきたらさっそく手を打たねばならない。

*

　旅に出ているときには、まずどこで台風をやりすごすか、安全な港を決めて、そこへ移動する。地元のヨット仲間や、漁師の意見は貴重だ。一般的に言って、屈曲した海岸線の奥まったあたりの、昔からある漁港はよいことが多い。湾の本当のどんづまりではなくて、その手前を横に切れ込んだ支湾のような地形は理想的だ（図17-3）。どんづまりは漁師の言う"波の捨て場"で、押しこんできた巨大なうねりがここで砕けて消える。新しく造成された港はこの波の捨て場のないことが多く、それでは直接の波は防げても"底波"が侵入して港内の水の流動が激しく、手がつけられないから注意。一方、理想的な避泊地には付近の漁船などが集まってくることもあるから、事情を聞いておくことは必要だ。早めに入って地元

図18-5　嵐の前の静けさ——漁船と密集隊形を組んで大型台風に備える。1994年7月、屋久島一湊港

の人たちと話しておけばまず間違いない。みんなが避泊係留を始めて火事場のような所へよそ者が入ってきてはいい顔をされなくても仕方がない。狭い漁港の船溜りでは漁船が目白押しに並び、お互いに綱を四方に取り合い、またできるだけ陸からももやいをとって船を固める（図18-5）。こんなときはとりわけ漁師は最良の教師だ。この係留にはロープがいくらあっても足りないくらいだから、旅に出るときにはせいぜいたくさんロープを積んでいくことだ。フェンダーはいうまでもない。

比較的広い泊地や天然の小湾などでは錨に頼ることになるだろう。水深が10メートル余りまでなら、十分なチェーンをつけた太いロープを水深の10倍は延ばすべきだ。そして可能なかぎり、陸の立ち木とか橋桁、ビットなどからも長いロープを取り、チェーンなどの重りをつけて沈めておく。いよいよ吹き出したら、もう通る船はないからいっぱいに張る。

台風の進路から、まず強く吹いてくる方向は予測できることが多い。よく言われているのは「北半球では、風を背に受けて左手を真横に伸ばすとそれから20°ばかり前に台風の中心がある。南半球では同じことを

右手ですればよい」という法則で、これは陸上や沿岸部でもだいたいはよく合う。それに加えて地形の影響は地元の漁師がよく知っている。こうして予測される風向きに合わせてこれらのロープを配置し、原則としてみな船首に止める。風向きに応じて船がいつも風に立つようにするためだ。

　台風が付近を通過すると、次には"吹き返し"が来る。風向きは大きく変わるから、今まで利いていたロープは緩み、緩んでいた何本かが張ってくる。このときロープがキールや舵などにからまないように気をつける。普通、吹き返しが来る前に20分かそこらは静かな時期があるから、その間にこの取り直しはすませてしまう。初めの吹き出しの時に風下側で緩んでいるロープを適当にたるませて船尾にとめておく手順もある。

　吹き降りのさなかにエンジンを使って船を支えるのは感心しないが、残念ながら私は走錨の兆候を感じてこれをしたことが何度かある。効果はあったと思うが、やはり外道で、最後の手段だろう。もっとも一般船舶では普通にやっているけれども。

＊

　嵐のなかで人間が乗っているのがよいか、議論が分かれるところだが、私は乗ることにしている。なにか起こったときにそれなりの対処ができるだろうということと、台風避泊にふさわしいだけの泊地なら最悪の事態になっても生命を失う可能性はなさそうに思うから。もちろん、慣れない家族やゲストは別の話だ。

＊

　それからマリーナで台風をしのぐ場合だが、従来の経験によるとマリーナで沈んだヨットの多くは横着けしている浮き桟橋で横腹をたたき破られている。横着けは日常は便利だが、この点は問題だ。台風が接近したら、枝桟橋（フィンガー）2本の間に船首船尾つなぎで入れてはどうだろう。北欧のヨット泊地には枝桟橋がなく、長い1本の桟橋に船首着けで目白押しに並べていた。船尾は左右後方の2本の杭につなぎ、隣の船との間にはフェンダーを入れる。北欧は台風やハリケーンは来ないところだが、この係留方法のほうが時化には強い。

# 19 古くて新しい
# ナビゲーション
## 天測航法

　GPSがこれくらい普及した今日、実用の面ではもう天測の時代は終わったのかもしれない。しかしまた数知れない船乗りやヨット航海者たちが、それを頼りに大洋を渡ってきたこのエレガントな技術を全く忘れてしまうのももったいない気がする。

＊

　それと、これはGPSはじめ電波航法のめざましい発展の陰に隠れてあまり注目されていないと思うのだが、とりわけヨット乗りにとって見逃せない天測計算法の進歩がこの近年にあったといってよい。それは今、ほとんど誰でも持っているくらいのポケット電卓を使えば従来の天測計算表、いわゆる米村表や簡易天測表は実はもう要らなくなっていることだ。天測計算用の特別な電卓でなくても、高校程度のポケット電卓（技術計算用）でよいのだからこれはちょっとした革新ではないだろうか。

　手っ取り早くいえば、これらの天測計算表はみな、サインやコサインを含む数式の計算をなるべく簡単に、手早く実行できるように工夫されたものだ。ところが、今の電卓はサインやコサインを指1本で即座に呼び出せて、あとは簡単な足し算、掛け算だけだからこれまた電卓のお手のものというわけで、計算表はなくてもよいことになったのだ。

＊

　日本のヨット乗りがおそらくもっとも

広く使っていたのは簡易天測表だと思うが、この表にはちょっとした問題点がある。星の赤緯とはその星の真下の地点の緯度だが、簡易天測表ではこれを一定不変としてその星の高度と方位角を求めている。なるほど1年や2年はそれでよいけれども、5年、10年となると星の赤緯もだんだんずれてきて、高度方位角に無視できない誤差が生まれる。一方、天測略暦には星の赤緯が毎日出ているから、それを使って電卓で高度、方位角を計算すればこの問題はなくなるわけだ。昭和55年以後の新版簡易天測表では5年ごとに改版して新しい赤緯に合わせているのだが、ヨット乗りにとって5年ごとに天測表を何冊も買い替えるのはありがたい話ではない。これも天測表の代わりにポケット電卓を使うメリットの一つに数えられる（簡易天測表は現在廃版となっている）。

＊

ところで従来の天測計算表で求める高度と方位角をポケット電卓で出すことはもちろんできるのだが（この章の終わりの付録参照）、どうせ電卓を使うのならば、これから述べる手順のほうがさらに使い勝手がよい。面白いことにその方法は、19世紀前半にサムナー船長というアメリカ人が偶然に発見したものだが、その後は高度・方位角法に押されて博物館行きになっていた。それが電卓を使うとなると高度・方位角法よりも便利な点があり、とくに揺れ動いているヨットの狭いチャートテーブル上の作業には向いているのだ。まずそのサムナー船長のエピソードを振り返ってみよう。

## サムナー船長の位置の線の発見とその後

トマス・H・サムナー船長は1837年の秋も終わる頃、サウスカロライナのチャールストンを出帆してスコットランドへ向かった。西の強風続きで船足は早く、12月半ばにはもうアイルランドと英本土ウェールズ地方の間のセントジョージ海峡に近づいていた。ところが何日もずっと視界が悪く、山も見えなければ天測も全然できてない。これでは危なくてそれ以上動くことができない。そこへ昼前になって太陽がいっとき雲の間に現れた。すかさず高度を測り、クロノメーターで時刻を記録した。

＊

現在私たちが使っている高度・方位角の計算は当時まだ開発されて

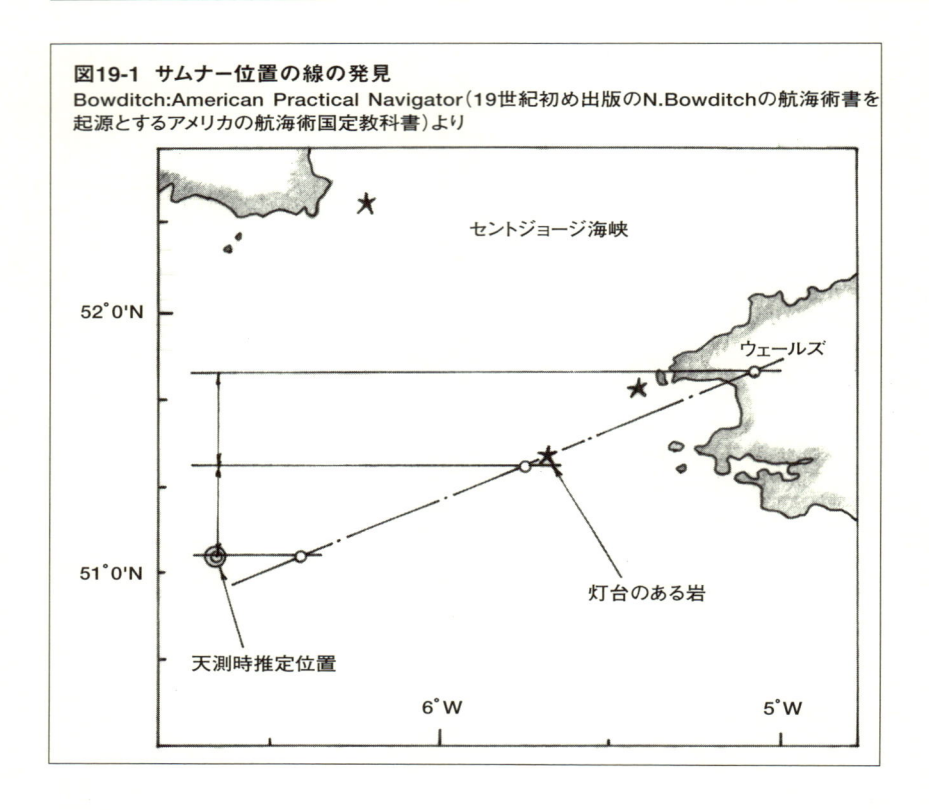

**図19-1 サムナー位置の線の発見**
Bowditch:American Practical Navigator（19世紀初め出版のN.Bowditchの航海術書を起源とするアメリカの航海術国定教科書）より

セントジョージ海峡
52°0'N
ウェールズ
51°0'N
灯台のある岩
天測時推定位置
6°W　　5°W

おらず、緯度がわかっていればそれに基づいて天測から経度が計算できるだけだった。ところが長い間天測ができてないので、肝心の緯度が確かでない。

サムナーはやっと30歳になったばかりの若い船長だったが、名門のハーバード大学の卒業生だそうで、頭のよい人だったらしい。それならと、天測した時のおおよそこのあたりという緯度と、それから10′高い緯度、さらにもう10′高い緯度と合計3個の緯度を仮定してそれぞれにもとづく計算をして位置を出してみた。すると驚いたことにそれら3点は一直線に並ぶではないか（図19-1）。考えてみると船はこの直線の上のどこかにいるにちがいない。これが天文航法の歴史に一時期を画した"位置の線"の発見だったのだ。

おまけに彼の幸運は、この位置の線のちょうど真上に灯台のある孤立岩があったことだ。この線に沿って進めばその岩が見えるはずだ。こうし

てサムナーは1時間足らずでこの灯台を視認し、船位が確定したと言う。

　　　　　　＊

　この計算法は急速に普及した。いったん"位置の線"のアイデアが生まれれば、数え切れない応用がある。二つの天体を同時に測れば2本の位置の線の交点から船位が一挙に決まる。緯度はおおよその所が分かっていればよい。その近所に少し離して二つの緯度を仮定して計算すれば、一つの天体からそれぞれ1本の位置の線が得られるから。

　太陽はどんどん動いていくから、少し時間をおいて同じことをすれば2本の位置の線ができる。その間の船の動いた距離と方向で、初めのほうの線を平行に移動して交点を取れば船位が求められる。いわゆるランニングフィックスだ。

　　　　　　＊

　天測による位置の線航法の仕上げは、サムナー船長の発見後約40年、1875年に今度はフランス海軍のマーク・サンティレールの卓抜な着想によって完成した。私たちが現在使っている、自分の位置を仮定して天体の高度と方位角を計算し、観測高度との差を取って位置の線を引く方法がこれで、そのための計算表は世界中に枚挙にいとまがないくらいだ。日本の天測計算表や簡易天測表もこれに属する。

　この方法はサムナーのやり方に比べて汎用性が高く、直感的に理解できる利点も大きい。こうしてサムナーの計算法は博物館に収められ、現在市販されている天測プログラム付き電卓もみな、この"ニューナビゲーション"、すなわち高度方位角計算法を使っている。

## ポケット電卓を使うと
## サムナー法はヨット向き

　ところが高度方位角法では、まず自分の概略の位置を海図の上に仮定し、そこから見る天体（太陽など）の方角を計算して、その方向に線を引かねばならない。次に先の仮定位置から見上げる天体の仰角（高度）を計算し、六分儀で測った仰角との差を先ほどの線の上に移して位置の線を引く。この作図、とくに仮定位置から天体の方角へ線を引く作業は揺れるヨットの上では簡単ではない。実際にやってみるとサムナー法の作図はその点ずっとやりやすい。天体のほうへ引く斜めの線がないのがよい。それに、計算自体もサムナー法が高度方位角法よりいくらか

簡単だ。

## 実際の計算のしかた／例（1）は太陽、例（2）は恒星アンタレス

実際の計算にはやはり表を使うのがよい。私の使っている表（図19-2）で説明しよう。表の最上段にある二つの式がもとになる式で、理工系の方なら「なんだ、こんなものか」と言われるかと思う。文系の人にもそんなにあぶない式ではないだろう。

記号の意味は計算表の右に示してあるが、要は緯度を $\iota_1$ と $\iota_2$ と二つ仮定し、観測した高度amと天体の赤緯dを使って、自船と天体の経度差hをそれぞれの仮定緯度に対して求める（左のほうの式）。天体の東経hGEASTに経度差hを加減して、仮定した2つの緯度に対応する自船の経度がそれぞれ得られる（右の式）。これで位置の線上の2点が決まったから、それを通る直線を引けばよい。仮定緯度は自分の推測位置より少し高いのと少し低いのを取るのが普通だ。

＊

図19-2の例（1）を取ろう。7月25日、16時53分55秒に太陽高度を六分儀で測ると24°49′だった。この時刻の太陽の赤緯dを天測略暦から読み取ると19°41′N、ついでにEoも略暦から2h 53m 36sと読み取っておく。

＊

測定高度の修正11′は図19-3から求めたもの。これは眼の高さが水面から少し上にあることの修正と、地球を包む空気が上空ほど薄いために起こる光の屈折の修正、さらに六分儀では太陽の下縁と水平線の間の角度を測るので、それを太陽の中心と水平線との角度に直す修正（太陽視半径差という）の三つを加えたもので、ヨットなら眼高2〜3メートル用のこの表でよいだろう。1分以下は四捨五入してある。

次の器差−3′は六分儀のゼロ点補正で、水平線が1本に見えるように微調節ツマミを回した時の読みがゼロ点になる。この例ではゼロ点が＋3′だったから3′を引いている。

以上2つの補正をすると、
真の観測高度 am = 24°49′11′−3′ = 24°57′となり、以後の計算にはこれを使う。

＊

ここでちょっと道草を食うと、図19-3は旧版の簡易天測表の巻頭にある測高度改正表に似ているが数字

が少し違う。これは同表では、空気の密度差による光の屈折の修正（気差という）の一部を高度方位角表の高度に含めるという特殊な細工をしているためだ。昭和55年以降の新版では、気差を全面的に高度方位角表に含めてしまったので測高度改正が高度に無関係になっている（詳細は同表巻末の説明参照）。どちらにしても、簡易天測表の高度は天体の高度の基礎算式で求めたものとは少し差があることに注意。ポケット電卓を使う天測計算では天体の高度の基礎算式で計算するから、眼高差と気差と視半径差の全量を観測高度に修正した"真の観測高度"を使わなければならない。図19-3はそのためのものだ。その点、この表は天測計算表（いわゆる米村表）の高度改正と原則的には一致している。

*

元へ戻って、次の観測時刻からの9行は観測した時の太陽の経度（太陽の真下の地点の経度）を東経で求める計算。時計が進んでいたので修正して正確な観測時刻T＝16h 52m 28s、日本近海だから日本標準時を使っている。略暦も日本標準時だ。世界規模の航海では世界時（グリニッチ標準時）を使い、天測暦はこちらを使っている。どちらでもまったく同じことだが、まぜこぜにすると混乱が起こる。

*

すでに読み取ってあるEoをTに加えれば太陽の経度を時間で、そして西経（西回り）で表す数字を得る。この例では19h 46m 4sとなる。これを角度にするには24時間を360°の割合で換算すればよい。ポケット電卓の出番で、4を60で割ったものに46を足し、その和をまた60で割ったものに19を足せば19.768hとなり、これは太陽の西経を時間の単位で表わしている。これを24で割り360を掛ければ太陽の西経（角度）になって296.52°、それを360から引いて東経hGEAST＝63.48°となった。これが観測時の太陽の東経だ。太陽はインドの西、アラビア海のあたりの真上にいることになる。電卓がないころはこの計算を時間弧度換算表を引いたり筆算の加減でやったものだが、ヨットの上のふやけた頭には結構大変だった。ポケット電卓だとあっという間だ。ポケット電卓は一つは予備を積んでおきたい。これを太陽電池式にしておくのはよい考えだ。

*

### 図19-2 サムナー法による天測計算表

**サムナー法による天測計算表**

$$h = \cos^{-1}\left\{\frac{\sin a_m - \sin d \cdot \sin \iota}{\cos d \cdot \cos \iota}\right\}$$

$L = h_{G\,EAST} \pm h$ （東経海域）
天体が自船の西なら＋、東なら－

$L = h_{G\,WEST} \pm h$ （西経海域）
天体が自船の東なら＋、西なら－

緯度 $\iota$、赤緯 $d$ はいずれもNが＋、Sが－。

| 日<br>星名 | 例1 7/25<br>◎（太陽） | 例2 7/28<br>アンタレス | 例3 7/26<br>◎（太陽） | 備考 |
|---|---|---|---|---|
| $d$ (° -′) | 19° 41′ N | 26° 21′ S | 19° 31′ N | 天測略暦より読み取り |
| 測定高度 | 24° 49′ | 32° 52′ | 76° 56′ | 六分儀で測定 |
| 修正 | 11′ | −5′ | 13 | 表 19.2 から読み取り |
| 器差 | −3′ | −3′ | −3′ | 六分儀のゼロ点補正 |
| $a_m$ (° -′) | 24° 57′ | 32° 44′ | 77° 06′ | 「真の観測高度」 |
| 観測時刻 | 16h 53m 55s | 19h 25m 0s | 11h 57m ころ | （日本標準時） |
| 時計差 | −1 27 | −1 23 | | 時計の誤差 |
| T | 16 52 28 | 19 23 37 | | 正しい観測時刻 |
| $E_0$ | 2 53 36 | 18 53 02 | | 天測略暦より読み取り |
| △E | | 3 11 | | 同上（星の場合のみ） |
| T+$E_0$+△E | 19 46 04 | 38 19 50 | | 天体の西経を時間で |
| 360° | 360° | 360° | | |
| $h$ G WEST | 296.52° | 214.96° | | 天体の西経 |
| $h$ G EAST | 63.48° | 145.04° | | 東経＝360°－西経 |
| $a_m$ ° | 24.95° | 32.73° | | 「真の観測高度」を ° で |
| $d$ ° | 19.68° N | −26.35° S | | 赤緯 $d$ を °の単位で |
| $\iota_1$ | 33° N | 30.5° N | | 最初の仮定緯度 |
| $h_1$ | 72.43° | 7.24° | | 天体と自船の経度差 |
| $L_1 = h_{G\,EAST} \pm h_1$ | 135.91° | 137.80° | | （計算手順は下記の註）<br>最初の仮定緯度に対応 |
| $L_1$ (° -′) | 135° 55′ | 137° 48′ | | する自船の経度（東経） |
| $\iota_2$ | 32.5° N | 30.7° N | | 2番めの仮定緯度 |
| $h_2$ | 72.34° | 5.24° | | 対応する経度差 |
| $L_2 = h_{GE} \pm h_2$ | 135.82° | 139.80° | | 2番目の仮定緯度に対 |
| $L_2$ (° -′) | 135° 49′ | 139° 48′ | | 応する自船の経度 |
| $\iota_3$<br>$h_3$<br>$L_3 = $<br>$L_3$ (° -′) | | | | 3番めの仮定緯度<br>（必要に応じて使う） |
| 90°<br>$d$ (° -′)<br>$a_m$ (° -′)<br>$\iota = 90° \pm d - a_m$<br>（緯度と赤緯同名：＋、異名：－） | | | 89° 60′<br>19° 31′ N<br>77° 06′ N<br>32° 25′ N | 一番上がった太陽高度<br>太陽正中高度から緯度 |

図19-2の註：hの計算手順（CASIO fx 3800使用。他の機種もほとんど同じ）

上の例1の計算で、仮定緯度 $\iota_1 = 33°$ Nを与えて天体と自船の経度差 $h_1$ を求める操作を示す。　上表の左上の式の計算。

| 電卓のキー操作 | 電卓の表示 |
|---|---|
| 24.95 を入れる | 24.95 |
| sin を押す | 0.4218... |
| － を押す | 0.4218... |
| 19.68 を入れ | 19.68 |
| sin を押す | 0.3367... |
| × を押す | 0.3367... |
| 33 を入れる | 33 |
| sin を押す | 0.5446... |
| ＝ を押す | 0.2384... |
| ÷を押す | 0.2384... |
| 19.68 | 19.68 |
| cos を押す | 0.9415... |
| ÷ を押す | 0.2532... |
| 33 を入れる | 33 |
| cos を押す | 0.8386... |
| ＝ を押す | 0.3019... |
| shift, cos をつづいて押す | 72.4277... |

4捨5入して $h_1 = 72.43°$

眼高2〜3m

| 測高度(°) | 5° | 6 | 7 | 8 | 9 | 10° | 15 | 20 | 30 | 45 | 90° |
|---|---|---|---|---|---|---|---|---|---|---|---|
| 太陽下縁<br>高度修正 (′) | 4′ | 5 | 6 | 7 | 7 | 8′ | 10 | 10 | 11 | 12 | 13′ |
| 星中心<br>高度修正 (′) | -12′ | -11 | -10 | -9 | -9 | -8′ | -6 | -6 | -5 | -4 | -3′ |

図19-3　測高度改正表──眼高差、気差、太陽視半径差の修正で、六分儀で測った高度（仰角）に表の値を加えると真の観測高度amになる。ただし六分儀のゼロ点補正（器差）は別に必要

ここでまたちょっと道草。英米流の天測暦では上記のEを使わず、hGEASTを1時間おきとかに直接表示する（GHA：Greenwich Hour Angleと書いてある）。hGEASTは時刻とともにどんどん変化するから、観測時刻の分、秒までの間読み（内挿）はかなり面倒だ。ところがこの変化の大部分は実は時刻そのものなのだ。だからhGEASTの中の時刻の成分を取り去った残り、それがすなわちEなのだが、これを表示すれば変化はまったく緩やかで太陽なら間読みはほとんど要らない（星ではEの表示間隔が長いので少しそれが出てくる。ΔEがそれ）。観測時刻の足し算は知れている。結論はEを使う日本の暦のほうが使いやすい。

\*

これで準備完了、サムナー法の計算に入る。普通のポケット電卓では角度の分、秒ではサイン、コサインが出ないからamとdを角度の単位に直してそれぞれ24.95°と19.68°、この計算もさきの時間と同じく分の数字を60で割って度の数字に加えるだけ。この例では仮定緯度は33°と32.50°とした。

\*

これで表の上段の左の式に入れて経度差hを求めるのだが、少し慣れれば式を見ながら次々に数字を入れて一気にhが出てくる。普通のポケット電卓での手順を表の次の註に書いてある。途中の数字を書き出す必要はないが、もしそれをするなら桁数を余分なくらい書き出したほうがよい。場合によるといわゆる"桁落ち"が起こってまずいことになる恐れがあるから。

もちろんこの式は簡単だからちょっとしたプログラム機能のあるポケット電卓ならプログラムできる。そうしておけば仮定緯度は二つといわず、いくらあっても苦にならないだろう。

こうして仮定緯度33°Nに対する経度差hは72.43°、この時太陽は西にいるから、太陽の東経に経度差を加えて自船経度は135.91°となった。この結果の意味は、もし自分の緯度が33°だったら、ちょうどこの経度の地点で、あの時刻に太陽をあの角度で見上げたはずだということだ。同様にもし自分の緯度が32.50°だったら、少しちがって135.82°の経度の地点で、同じ時刻に太陽を同じ角度に見たはずだ。自分のほんとうの緯度はよく分からないが、とにかく33°と32.50°の間か、悪くてもそれから遠くはない。それなら自分はこの2地点を

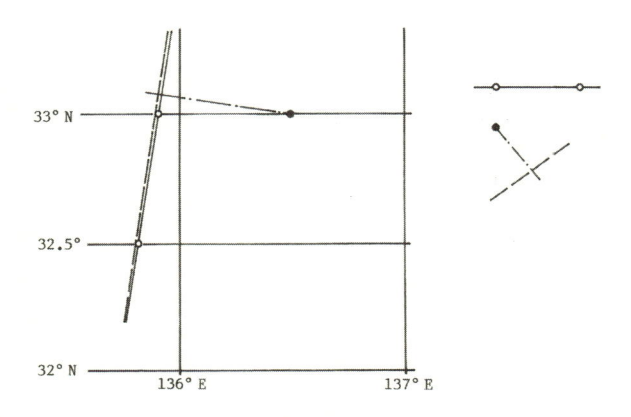

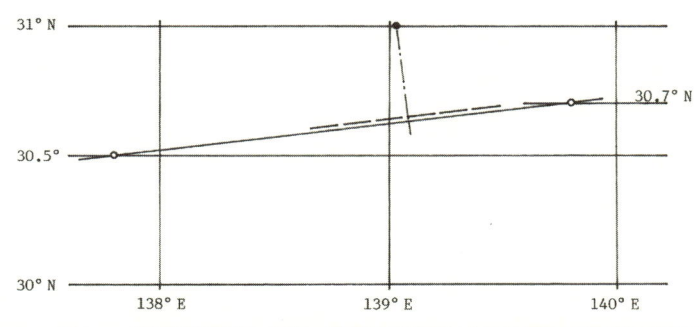

図19-4　図19-2の天測計算の作図。簡易天測表による結果とも比較してある。サムナー法の作図は緯度、経度の値からプロットした2点を結ぶだけなのでヨットの上ではやりやすい

結ぶ直線上のどこかにいるはずだ。こうして位置の線が得られた。ここでは2点しか取っていないが、もう一つの緯度を仮定して（$l_3$）、もう1点出して3点を通る直線を引くことにすると、もし計算違いをしてもすぐにバレるから安心だ。間違えていると、3点は一直線から大きく外れてしまう。

これを図に描いてみると図19-4のようになる。海図に記入するためには、度、分の表示が必要だから最後にその換算をしている。比較のために同じ観測結果を簡易天測表の高度方位角法で得た位置の線も破線で示してあるが、ほとんど一致している。

## 正中時の太陽の場合

　正中時の太陽測は簡単有効な緯度決定法でこれを使わない手はない。ところが実はこの点がサムナー法の弱点で、例えば北極星や正中時（南中時）の太陽にサムナー法を試みると計算がなかなかうまくいかない。よほど正しい緯度を仮定しないかぎり答が出てこないのだ。サンティレールに始まる"ニューナビゲーション"は汎用性があると言うのはここの所で、このグループに属する米村表や簡易天測表は一般の天体でも北極星でも正中時太陽でも単一の方法で取り扱うことができる。

＊

　結局、サムナー法は真南または真北の両側3°以内の天体には使わないほうがよいと思う。そこで正中時緯度を求める数行をサムナー法計算表（図19-2）の最下段に付加しておくと便利だ。太陽正中時の高度は、太陽が一番高くなったときの高度だから、その少し前から六分儀をセットしておいて時々太陽をのぞく。まだ上がる、まだ上がると言っているうちにほとんど止まって、しばらくすると明らかに下がり始める。登りつめた時刻はなかなか正確に測れるものではないが、登りつめた角度はおそらく1、2分以内の精度で測れることが多い。要領は、まだ上がる、まだ上がるの間は太陽をのぞくたびに六分儀のツマミを少し回して太陽を追っかけるが、少し下がったかなと見えてもツマミはそのままにしておく。そのうちにはっきりと下がり始めるから、これでさきほどの高度が最大で、正中時高度だったと確認できる。その値から図19-2の例3の下のほうにあるような簡単な計算で緯度が決まる。

　これに9～10時ころか、14～15時ころのサムナー法の位置の線があれば、ランニングフィックスで船位が決まる。両方あればさらに確実。

## 天測の話の付録

　ポケット電卓のおかげで天測計算表や簡易天測表は積まなくてよいことになっても、天測用の暦はやはり必要だ。私はヨット向きには"天測略暦"がよいと思う。日本時間を使っても世界時（グリニッチ時）を使っても同じことだし、コンパクトなだけ略暦に分がある。

　この暦には太陽、月、金火木土の各惑星、それから天測に使う主な恒星43個のEの値と赤緯dが2時間とか4時間おきとかに出ている（Eとdは先の計算表図19-2で説明ずみ）。

見開き2頁が4日ずつになっており、日付、時、分、秒まで合わせた観測時刻におけるEとdを間読みするための表も付いている。ちょっと慣れれば非常に簡単。

　この暦はあまり安価なものではないので、1年に何度かしか使わないとなると少し考えさされるかも。私も以前はかなりよく天測をするところまで出たので、ほぼ毎年買っていたが、最近はこれをおいている図書館を見つけて必要なところだけ利用させてもらっている。

*

　北極星で緯度を決めるのは、有名な割にあまり便利でない気がする。北極星が見えている時なら他にもっと明るい星がたくさんあるわけで、その三つくらいを次々測っていると北極星の順番までこなかったり、その必要もなかったりする。また夏の日本近海では北の水平線が明瞭でないことも多い。しかしその必要があれば天測略暦の北極星緯度表が便利だ。サムナー法はさきに述べたように使えない。

*

　天測計算表や簡易天測表の高度方位角法、サンティレールに始まる"ニューナビゲーション"だが、この計算もポケット電卓でできる。ヨットではサムナー法の方が便利とは思うけれども、ご参考までにそれ用の算式に次のとおり。図19-2の一番上の式の代わりにこれを使って高度と方位角を求めることができる。

*

　なお、この式で求めた計算高度aは簡易天測表の数値と少し違うことが多い。それはさっきの道草で言ったように、簡易天測表の高度は気差修正をしてあるからだ。それと恒星の場合、年度の古い簡易天測表を使うとその星の赤緯dが少し変わっていてaとzの両方に影響があることもある。これもすでに述べたように、この基礎式に略暦から読んだ現在の赤緯を入れて計算したものが正しい。

---

計算高度 $a = \sin^{-1}(\sin l \cdot \sin d + \cos l \cdot \cos d \cdot \cos h)$

方位角 $z = \tan^{-1}\left(\dfrac{\sin h}{\cos l \cdot \tan d - \sin l \cdot \cos h}\right)$

$l$：仮定位置の緯度　　$d$：天体の赤緯　　$h$：仮定位置と天体の経度差

# 20 海で行き逢う
# 人々(続)

　5章の「海で行き逢う人々」の頃からもう20年が過ぎた。その20年の間にもまた次々に大ぜいの人たちに行き合ってきたのだが、それは絵巻きものでも開いていくように、脳裏に現れては消える。北欧のもの悲しい日暮れ、豊後水道の離島の夜のしじま、その時々の海の姿と、そこへひとり帆を上げて入って行った時の心のときめきとともにそれらの出会いが思い起こされる。この絵巻きは私のヨット人生の大きな内容になっている。

　　　　　　　＊

　スウェーデン西岸の港町イェテボリを出た〈春一番Ⅱ〉は10メートル毎秒あまりの風を真正面に受けて南下した。ステイスルは降ろしてしまい、ジブと少しリーフしたメインセールだけでけっこう艇速は出ているのだが、かなりの逆潮があるらしく、あまり足が伸びない。少しうんざりしてきて、まだ休暇は2～3日あるし、早めにどこか静かな所でひと休みしようという気になった。海図で探すと本土側になかなかよさそうな小湾がある。フリーで流し込んで湾内を眺めるが港らしいものはない。岸は大方は低い岩棚で、ところどころサマーハウスらしいものがあり、小さな桟橋などもあるが、専ら自家用らしい。

　沖がかりで一晩休むつもりで南の湾の奥まで間切り込んだ。錨を入れる作業をしているとき船外機の

音がして振り向くとボートが1隻やって来た。船首に7〜8歳くらいの女の子が乗っている。ニッコリした笑顔が可愛い。操縦してきた紳士が、「こんにちは、日本の船ですね。1人ですか？ 向こうの入江に私たちのサマーハウスがあるから、そこで皆で夕食をしませんか」と誘ってくれた。

風上、風下と2本錨を入れて双錨泊、教えられたコースで〈こはるいち〉を漕いだ。桟橋に近づくとさっきの少女リルがペインターを取ってくれた。

感心したのは、庭先、といっても天然の岩棚の一隅に野生の芝が生えているだけだが、そこで皆で話しているときリルが桟橋の方へ歩いて行き、桟橋の上にうつぶせになって何かしている。行ってみると〈こはるいち〉が寄り波で時々桟橋の柱にコツンコツンと当たるのを止めるため、フェンダーを吊り下げようとしている。小学校3年生の女の子がこんな気が利くとはやはりヴァイキングの孫娘はちがう。

彼はデンマークの外交官で、この子は小さいとき、任地のアフリカで育ったので、この年にしては英語が上手なのです、と言っていた。当時、私も国連関係の勤めだったから、2人で途上国技術協力の話になった。私が、途上国援助を慈善事業だと思っている人がいるがそれは違うと思う、と言うと、リルは少し嬉しそうな顔をして私を見た。その眼は「そうよ、そうよ」と言っていた。あの賢そうな澄んだ瞳は私の心に長く残っている。

一家は明日はもう対岸のデンマークへ引き上げるところで、奥さんはそんなわけでご馳走できなくて、と言いながら夕食の支度をしてくれた。もう北欧の夏の晩い日暮れが近づいていたが、リルは今日がおしまいだから、と下の岩場へ泳ぎに行った。さすがにまもなく寒そうに震えながら帰ってきて、バスタオルで体を拭くと生き返ったようにニッコリした。そして、もうそろそろあのウサギが出てくる頃だわ、と言う。

スウェーデンのウサギは丸っこい体つきで地中に巣穴を掘るアナウサギと、もっと大型でのびのびした体格の、林野を走りまわっているノウサギがある。日本の野生のウサギは後のほうらしい。この近所にもノウサギが住んでいるのだが、そのなかの1匹がおもしろいウサギで、毎日決まって日暮れになると窓の下の

スピン・ナ・ヤーン●海で行き逢う人々（続）

岩の上に出てきて夕日を眺めるのだそうだ。

　窓の所にいたリルが小さい声で、「来たわ、来たわ」と知らせてくれる。のぞいてみると、なるほど下の岩の小高いところに海に向かって、ちょこんと坐っている。耳が２本、ぴんと立っているのが夕日に浮かぶ。太陽は水平線に近づき、空は北欧特有の限りなく透明な、淡い黄金色に染まってきた。何を思っているのか、そのウサギは身動きひとつせず、じっと坐り続ける。人間たちにも静かな夕暮れのひととき。

　可愛い子どもたちにはもちろん国内でもよく出会う。とりわけ、少し都会を離れた漁港などでチャンスが多いように思う。いつか九州の南の端に近い小さな港で一泊した時のことだ。船尾錨の船首着けで、岸壁からは２本ロープを取った。一休みしていると、小学校３年生くらいの、丸い顔をしたやんちゃ坊主どもがさっそくやってきた。３人ばかりが渾身の力をこめてロープを引っ張るので、

「おい、あんまり引くなよ、船が当たるじゃないか」とたしなめた。

　これで彼らとコミュニケーションができて、

「これ、ヨットですか？」ときた。

「そうだよ」

　しばらく黙って、しげしげと〈春一番Ⅱ〉を眺めていたが、そのうち一斉にさけびはじめた。

「うそじゃぁ、これヨットじゃない。船じゃぁ！」

＊

　いっしょに笑いながら私はなるほどなぁ、と思っていた。ヨーロッパやニューイングランドなどには今でも、漁船や荷船など、その地方土着の小型船をヨットとして使い、それに強い愛着と誇りを持っている人たちがいる。考えてみれば、彼らのヨットはもともとそのようにして生まれ、現在の姿に進化してきたのだった。だから船とヨットの間に境界線も差別もない。わが国ではヨットというと何かハイカラな舶来品の、普通の漁船などとは別のものと思われている。ヨット乗り自身さえそうかもしれない。それはヨットの世間を狭くし、ヨットが社会の基本構造になかなか溶け込めないことにつながっていないだろうか。「ヨットじゃない、船じゃぁ」は子どもの見事な直感でこれをついたのだ。

＊

　またこんな子もいる。日本海の越

図20-1 "みょうとぶね"のおかみさんたち。今日は時化で漁は休み、わらを編んではえ縄の釣り針を整理する道具を作っている。楽しいおしゃべり。向こうに彼女たちの"みょうとぶね"が見える。ずいぶん近代的になった

前岬の近くの漁港だった。日暮れに入って錨を落とし、岸からロープをとっているとき船外機の音がしてちっぽけな釣り船が帰ってきた。

見事な舵さばきで近づいてきたのをみると、まだあどけなさの残る少年が1人で乗っている。

「どこから来たんですか、1人ですか？」

までは一人前だったが、一言二言交わしているともう地が出てきて「魚やろか」となった。結局あとで魚持って話に来ていいですか、という約束ができた。

潮焼けして、いかにも引き締まった少年だった。中学一年生だそうだ。

「ほんとは学校なんか行かずに毎日船に乗りたいんじゃが、じいちゃんがオコるからしかたない」

両親は少し離れた所で民宿を営んでおり、彼にじいちゃんとこの浦に住んでいる。いつか学校を休んで釣りに出て、じいちゃんにバレた。

「恐ろしかったぞ、あんなにじいちゃんがオコったの見たことない。なぐられた、なぐられた、もうせんけん言うてやっとこらえてもろた」

「そんでもなぁ、何で算数なんて、あ

んなもんせんならんのやろ。小舟なら誰にも負けんが勉強はかなわん」
　なるほどなぁ、でも
「君は大人になったら、もっと大きい船に乗るつもりだろ？」
「うん、100トンのイカ釣り船で大和堆(たい)まで行ってイカを山ほど獲りたい」
「大和堆は日本海のどまんなかで何の印もないぞ。ここからならコンパスで345°くらいかな、その角度のとおりまっすぐ走らんならん。345°いうたらどっちか分かるか？」
「そういうのがかなわん。北とか南とかならええけど」
「北や南だけでは細かいことは分からん。それじゃぁ何の目標もない大和堆へは行けん。そこで北を0°にして時計回りに、東が90°、南が180°、西が270°と刻んでいけば途中の半端な方角もきっちり決まる」
　鉛筆を回して説明していると彼の目が輝いた。
「あ、そんなら北はぐるっと一回りして90カケ4の360°、それは0°と一緒か。そんなら345°は北から15°西寄りか。この前、角度のこと習うたがそんなこと聞かなんだな」
「よう分かっとるやないか、これも数学のなかよ。結構おもしろい思うけどな」

＊

　彼の釣ってきたアナゴを網で焼いて2人で食べながら話は続く。おもしろい。
「まだ齢が足らんけん免許が取れん、無免許よ」といたずらっぽく笑う。
「じゃけん、保安庁の船が見えたら、すぐに錨上げて逃げるんよ。あいつら双眼鏡で見とるけん、体の小さいのは子どもと分かるやろ。よう釣れとる時なんか腹立つけどしようない。まだ捕まったことないけどな」
　彼の得意そうな笑顔を思い出す。好漢、自愛せよ。

＊

　広島県豊島の"みょうとぶね"も健在だ。船はずいぶん立派になって舷の高いFRP製、スマートな操舵室の下にはきれいな居住区がある。おもての合羽(フォクスル)の下へもぐりこんで寝たのは昔がたり。それでもこの人たちの気分は変わらない。
　一夜の泊まりを求めて見知らぬ漁港へ入っていくと、地元の船の混み合わない、それでいて安全な一隅に"みょうとぶね"が2、3隻ひっそりと泊まっている。寄せていって声をかけると、

「ああ、ここはええよ。ともから錨入れて前の岸壁に鼻着けしたらええ。うちの船の隣へ来いよ」

おおきに、と言っていったん離し、錨をいれフェンダーを吊るして寄っていく。船頭が綱を取ってくれる。このあたりでおかみさんのほうも顔を見せて係留を手伝ってくれながら、「あんた、どこからおいでたん？　1人？　さびしいねえ。とうちゃん、うちアナゴ活けとったやろ、あれ少し、この人にわけてあげよ」

「ありがたいなぁ、でもあんたら、せっかく釣ってきたんじゃけん、これ少しじゃけど取っといてよ」

「いやいや、これは売り物じゃない。金くれるんじゃったら魚やらん」

＊

もう11月も下旬に入るころで、翌日は冷たい西が吹き立った。船頭たちはきょうに漁が休みじゃと朝から陸へいったようすだったが、しばらくすると稲藁をどっさり担いで帰ってきた。岸壁の上の日だまりに集まったおかみさんたちはその藁を編んでしめ縄のようなものを作っている。聞いてみるとこれを輪にして、はえ縄の釣針を刺しておく道具にするのだ

図20-2　離島の墓場に満開の桜。頭の尖った墓石は戦死者のもの。こんな小さな集落がこれだけの犠牲を払ったことを思う。津々浦々によくある風景

そうだ。はえ縄は細いロープを何百メートルものばし、それにつけたたくさんの枝縄に釣り針をつけた仕掛けだから、その整理や収納には工夫がいる。絡めると始末が悪いし、針を指などに引っかけて怪我する危険もある。海が時化て漁ができない日にはこうしてみんなで楽しくおしゃべりしながら、必要なものを手作りするわけだ。

この人たちの暮らしを見ていると、日本の海辺の文化の原点を見る思いがする。そして、もともと私たちはみな、こんなに開放的で人懐こい心情を持っていたのだろうと今更のように思うのだ。

＊

日本の海辺に暮らす人々を語るとき、私には忘れられない記憶がある。あれは豊後水道の離れ島の漁港だった。日もすっかり暮れ、船の出入りも終わって静かになった。おそい夕食を済まし、ひと休みしていると岸壁の方で人の気配がした。

＊

「にいさん、もう寝たかな、わたし、あんたが入って来たとき、ここで釣りしとったおばあちゃんよ」とその黒い人影は言った。
「もう寝とったんじゃけど、あんたのこと考えるとアジでもあげよと思うて出て来たんよ。このコアジどう？」

ありがとう、と言って船首に立ち、相手は遠い裸電球の明かりに影を落として、しばらく言葉を交わす。

問わず語りの身の上話では、彼女は学校を出るとまもなく大阪へ奉公に出た。戦争になって、つれあいは造船所で働いていたが終戦で失職し、一家で生まれ故郷の島へ帰って来た。つれあいは小舟で毎日漁に出、彼女は狭い畑でイモや麦を作って食べ盛りの子どもを育てた。

＊

昭和24年6月20日は明るい月夜だったという。当時はテレビも台風情報もなかった。突如として襲ったデラ台風は一夜にして数知れぬ人命を奪い、宇和海一円に"デラ後家"の言葉を残した。彼女が38歳、つれあいは42歳だったと言う。

もう娘も成人して孫もできて、いまは安気なものよ、と言うけれど、その40余年ににじむ汗と涙がだれに分かるだろう。

＊

「なぁ、にいさん」
声もなく聞いていた私にそう呼びかけて彼女は続けた。

図20-3 南予三瓶港の朝(朝井章氏撮影)

「見たところ、そんなに若うもないのに、あんたはそんな大きなヨットで1人旅をしてのようじゃが、ひょっとしたらあんた、その船で世界一周しようとしているんとちがう？ にいさん、なぁ、世界一周はやめとき」

\*

私は胸を突かれた。この人はせっかく眠りかけていたのに、このことを言いたいばかりに出てきてくれたのだ。人を海で死なせてはいけない、と身にしみて知っているにちがいないこの人の言葉が心を打つ。私は、おばちゃん、ありがとう、おやすみなさい、とだけ言った。彼女も明るい声で、おやすみな、と言って帰って行った。

\*

ヨットの櫓を押す姿に昔のつれあいへの追憶が重なり合って、他人ごととと思えなかったのだろうか、と思う。孤島の静かな夜に包まれたこの会話は私の心にいつまでも残っている。

# 終わりの章

　ヨットの乗りかたは十人十色（じゅうにんといろ）、『舵』誌などでおなじみのJ・ハワード氏ではないが、一人一人にマイウェイがありユアウェイがある。しかし一つのマイウェイが唯一最良だなどと言えるはずがない。まったく正直なところ、私の乗りかたが万人向きだとは思えないし、〈春一番Ⅱ〉が万人向きの船でないことも明らかだ。しかし一方では、一つのマイウェイがもう一つのマイウェイの何かの参考になることはあるだろう。昔の人も「他山の石、もって我が玉を磨くに足る」と言っている。

*

　シーマンシップの追求は半ば無意識に私のヨッティングの原点だったと思う。ここで注釈をしなければならないのだが、日本語の"シーマンシップ"には船乗り精神とでもいうような倫理的要素を含むことが多い。しかし本来の"シーマンシップ"はロープの扱い、錨の打ち方からメインテナンス作業まで、およそ船乗りに必要とされるすべての技能ないしは職人芸のことで、心構えとか船乗りらしさとかの意味はない。

　私が追求したのはこの「帆船を走らせ、メインテナンスをする職人芸」を磨くことだった。船を帆で走らせる一流の技を身につけたいものだ。それはヨットに乗る時、いつも私の心の底にある志のようなものだったと思う。

*

　それがどこから来たものか、自分にもよく分からない。ただ私が初めて帆走を習った人たち、彼らは沿岸スクーナーの船頭や打瀬網漁船の漁師だったが、その人たちがすばらしいシーマンシップの持ち主だったことは疑う余地がない。60尺におよぶ大

豊後水道に入り衰弱の兆しを見せた台風9407号の後を追って屋久島一湊港を出帆、鹿児島山川港へ渡る。西北西風力6〜7、波高4m、ワーキングジブと2pリーフしたメインセールのクローズリーチ、6〜6.5ノット、豪快な帆走。ウィンドベーンがよく働いている

五島中通島、青方内港への狭水路を間切って上る。両岸の民家に三々五々と観客が立ち、操船を見守る。さすが五島は海の民、ちょっと得意な気分も（谷口悦一氏撮影）

大潮の干底を狙って岸壁にもたれかかり、旅先で船底塗装。これも昔の帆船乗りから習ったシーマンシップ

打瀬や、石炭を200トンも積んだ3本マストのスクーナーを彼らがどんなに自由に乗りこなしたことか。もちろんエンジンはまったく持たない純帆船だった。あるときは決してあせらず一歩一歩着実に、またあるときは一瞬の遅れもないすばやさで、彼らはそれをこなした。

それは長年の、文字どおり血の滲む経験に支えられていた。今でも忘れられないが1人の老水夫は、

「わしらが船に乗りだしたころはマストへ登るのに地下足袋はだしで足指の股と両手でレゲンのワイヤー2本に取りついて登ったもんじゃ。ワイヤーがささくれだって足指に突き刺さって痛うてのう、泣きながら登ったで」と話してくれたことがある。

＊

若い日に彼らの技に心を打たれ、いつの日かあのように自由に帆で船を動かせるようになりたいと思った。ロープの端止めやワイヤースプライスを教えてくれたのも彼らだった。出入港などで意地を張っていると言われるくらい、帆走にこだわるのもおそらくこのあたりから来ている。風がなくなってもエンジンを使わず、いつま

でも風を待つのも同じだ。

　職人芸そのものに精神的要素は少ないと思うが、職人たちが自分の芸に、人知れぬ誇りを持っていることは疑いない。入り込んだ水路を帆走で通り抜けて目的の泊地まで船をもって来た時の、自分の心の中だけにある誇り、これをハル・ロスはシーマンシップの誇りと呼んだ。船をいつもシップシェイプに一糸乱れぬ状態に保つのも同じ誇りだと思う。私たちヨット乗りはもっとこのひそかな誇りを楽しむことを覚えてよいのではないだろうか。

＊

　それではあなたのヨットにいい風が吹くことを祈ります。どうぞいい帆走を！

# 著者略歴
# ヨット歴と〈春一番Ⅱ〉

1925年　愛媛県松山市生まれ。父の任地の南予地方で育つ。どこへ行くにも船に乗らねばならぬ地方だったが、家族の中で母と2人だけ船に弱く、弟妹たちが船窓から外を見てはしゃいでいる後ろ姿をぼんやり眺めていた。そのくせ、どうしたものか船が大好きで小学校低学年から模型作りに熱中。プラモデルのない時代だから、すべてを棒切れから削り出した。川幅数十メートルの肱川をゴムひも動力のスクリューで渡りきる船が目標だった。

＊

1938年　松山中学校（現松山東高）入学、郡中村（現伊予市）に居住。郡中港は沿岸海運でにぎわっており、和洋折衷の合いの子船、洋型スクーナー、それに当時急速に普及してきた焼玉機関の機帆船などで狭い船溜りはいつもいっぱいだった。それに加えて季節になると何隻かで船隊を組んで出漁してくる島方の愛知県型打瀬がいた。これはスクーナーを真似て昔からの帆走底引き網漁船を改良した船でその帆走性能は際立っていた。こんな船の船頭や水夫たちから帆走の手ほどきを受け、ロープの扱いや錨の打ち方などを習った。港の近くには造船所があり、そこの棟梁から船体線図の引き方、現図のおろし方などを習い、春休みには何週間も実習させてもらった。

＊

1942年　松山高等学校（旧制）入学、その夏に海洋訓練部創部、愛知県型打瀬の船型のクルージングヨット（と言えるかどうか）〈新潮〉進水。戦局急を告げ、文科の仲間は学徒出陣して行った。

1944年　九州帝国大学造船学科入学、ヨット部入部。この国内最古の大学ヨット部で初めて本式のヨットに接し、それまでの我流を大いに修正される。

＊

1947年　帆走の力学解析の卒業論文で造船学会賞受賞、船の運動

力学の世界へ。

1949年　大阪大学造船学科着任。

1951年　阪大ヨット部クルーザー〈摩耶〉進水、これも愛知県型打瀬の船型。

1952年　〈摩耶〉、関西のヨットで初めて黒潮の海へ。南紀市江埼まで。

1953年　〈摩耶〉改良型の〈暖流〉和歌山で進水、津田郁太郎氏らと潮岬初回航。

1954年　〈摩耶〉、室戸岬手前の佐喜浜沖まで。時間切れで室戸回航断念。

1955年　〈暖流〉、53年と同じメンバーで室戸岬初回航。

　こうして日本のヨットで潮岬、室戸岬をはじめて回航する栄誉を担ったのは愛知県型打瀬の船型をもつセンターボードクルーザーの〈暖流〉となった。その後も〈摩耶〉と〈暖流〉は紀伊半島、四国南東岸、冬は瀬戸内と巡航を続ける。

1959年　大阪大学工学部助教授、船体運動力学専攻。

1963年　初めて自前の船〈春一番〉（初代）進水、7月には潮岬南80海里、北緯32°まで南下してそのまま北上、パールレースのスタートを見ようと鳥羽へ入港。

1964年　南方定点（北緯29°、東経135°）往復。

1965年　鳥島往復。帰路、濃霧の御前崎で座礁、翌日土用波に乗せてトラック2台で強引に浜へ引き上げたが、幸い損傷は軽微。

1966年　瀬戸内、日向美々津、土佐沖、紀伊水道。

1967年　紀伊水道、土佐沿岸、足摺岬、都井岬、大隅内之浦、土佐沖、紀伊水道。

1968年　返還直後の小笠原一番乗りをめざして南下したが、台風6804号の季節外れの北上に妨げられ、鳥島の西で反転北上、3昼夜にわたる荒天運用を余儀なくされる。結局自力で志摩安乗入港。ここまでの6年間の〈春一番〉の航程5,300海里。クルーは阪大ヨット部OBの大学院生が主力。

1970年　広島大学工学部教授、船体運動力学講座担当、大阪大学工学部兼務。

1973年　大阪大学工学部教授、船体運動力学講座担当。

1970年〜1975年　種子島往復、平戸、佐世保下り、再度の四国周航、紀州志摩周航、ここまでの航程1万海里強。このころから1人乗りや夫婦だけの巡航が増えてきた。とくに1人が多い。年齢とともに心境の

変化がうかがわれる。

1976年　一生乗るつもりの〈春一番Ⅱ〉世の計画が進み、初代最後の遠航。クルーは東京水産大の学生、山形、根本両君。鳥島西方まで南下したのち御前崎、五ケ所湾、潮岬を回って帰港。初代〈春一番〉の全航程11,300海里。初代はこの後、松山の鈴木邦裕氏の手に。

\*

1977年9月　〈春一番Ⅱ〉の第1次進水、A級12フィートディンギーのセール2枚の応急帆装とヤンマーディーゼルYS12の機帆船で若狭小浜から和歌山、下津大崎へ回航、上架してヨットの艤装。

1978年6月　2回目の進水、シェークダウン航海（椿泊、琴塚、西宮）。

1979年　シェークダウン続き（内海ランデブーそのほか）。

1980年　春から秋に小航海数回。年末から新年に瀬戸内西下。

1981年　新年に冬の大西の中を帰港。内海ランデブー。年末から新年に瀬戸内西下。

1982年　四国周航。南紀田辺往復、小航海若干。

1983年　文部省より国連IMO世界海事大学教授に派遣。〈春一番Ⅱ〉をアムステルダムへ船積みすべく常石造船回航。〈春一番Ⅱ〉進水後の航程2,850海里。

\*

1984年　アムステルダム～レマーハーフェン～北海運河～バルト海～マルメの回航。オーレスンド、カテガット海南部の小手しらべ巡航。

1985年　スウェーデン周航（エータ運河経由）。他に小巡航若干。

1986年　スウェーデン西岸、オスロフィヨルド往復。小巡航若干。

1987年　大阪大学、世界海事大学退職。大阪大学名誉教授。

1987年　〈春一番Ⅱ〉は"みょうとぶね"になり、デンマーク、ノルウェー、スウェーデン巡航を続ける。83年以来、北欧における総航程5,300海里。

\*

1988年1月　スウェーデン船籍の自動車運搬船〈フィガロ〉で〈春一番Ⅱ〉名古屋港到着、1人乗りで西宮へ。ニッポンチャレンジに参加のため翌年秋まで大崎係船。

1990年　本州、北海道周航。再度ニッポンチャレンジに参加、翌年夏まで大崎係船。

1991年8月　西宮帰着。10～12月四国周航。

1992年　日本海北上、南下して博多湾、琴塚帰着。

スピン・ナ・ヤーン ● 著者略歴、ヨット歴と〈春一番Ⅱ〉

1993年　沖の島、対馬、壱岐、五島、佐世保、長崎、天草、八代、島原、佐世保。
1994年　天草、坊津、硫黄島、トカラ列島、奄美、屋久島、鹿児島、種子島、内之浦、日向、豊後沿岸、瀬戸内、西宮。
1995年　隠岐、佐世保、五島、佐世保。
1996年　佐世保、瀬戸内、西宮。
1997年　土佐南東岸、阿波南東・東岸、熊野、志摩、伊勢湾往復、西宮帰着。1988年の帰国後の総航程11,800海里。
1997年末までの〈春一番Ⅱ〉の全航程19,950海里。

〈春一番Ⅱ〉の帆装図

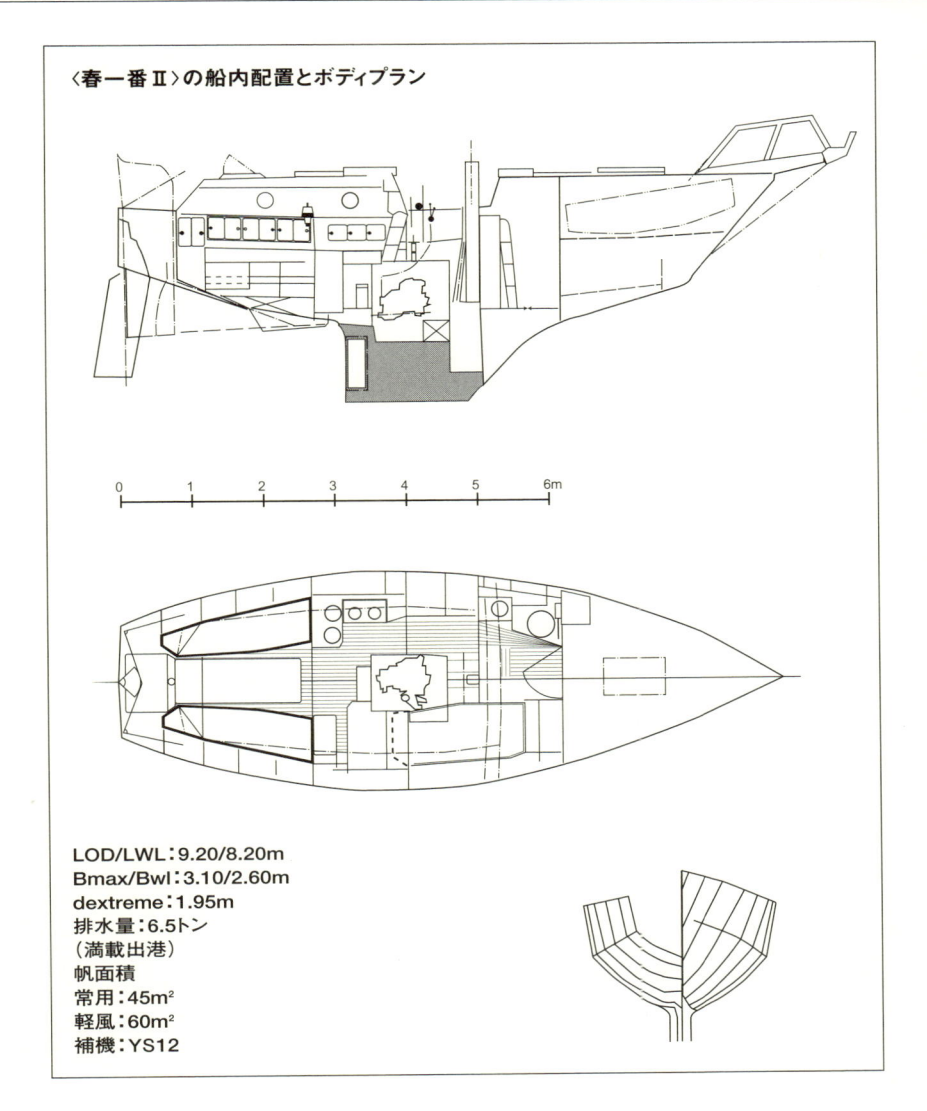

〈春一番Ⅱ〉の船内配置とボディプラン

LOD/LWL：9.20/8.20m
Bmax/Bwl：3.10/2.60m
dextreme：1.95m
排水量：6.5トン
（満載出港）
帆面積
　常用：45m²
　軽風：60m²
補機：YS12

スピン・ア・ヤーン ● 著者略歴、ヨット歴と〈春一番Ⅱ〉

新装版
セーリングクルーザーのシーマンシップ
## スピン・ナ・ヤーン
2010年10月30日　第1版　第1刷発行

著　者　野本謙作
発行者　大田川茂樹
発行所　株式会社 舵社
〒105-0013
東京都港区浜松町1-2-17 ストークベル浜松町
Tel.03-3434-5181 Fax.03-3434-5184

装　丁　木村 修
印　刷　株式会社 シナノ パブリッシング プレス

定価はカバーに表示してあります
不許可無断複写複製

© 2010 by KAZI CO.,LTD. Printed in Japan
ISBN978-4-8072-1128-9 C0095